Christian Meunier, Jean Piètre-Cambacédès

Gérard Meunier

Enseigner le système participatif
« la-grammaire-du -fle »

Avec la participation active des apprenants

et l'utilisation d'Internet

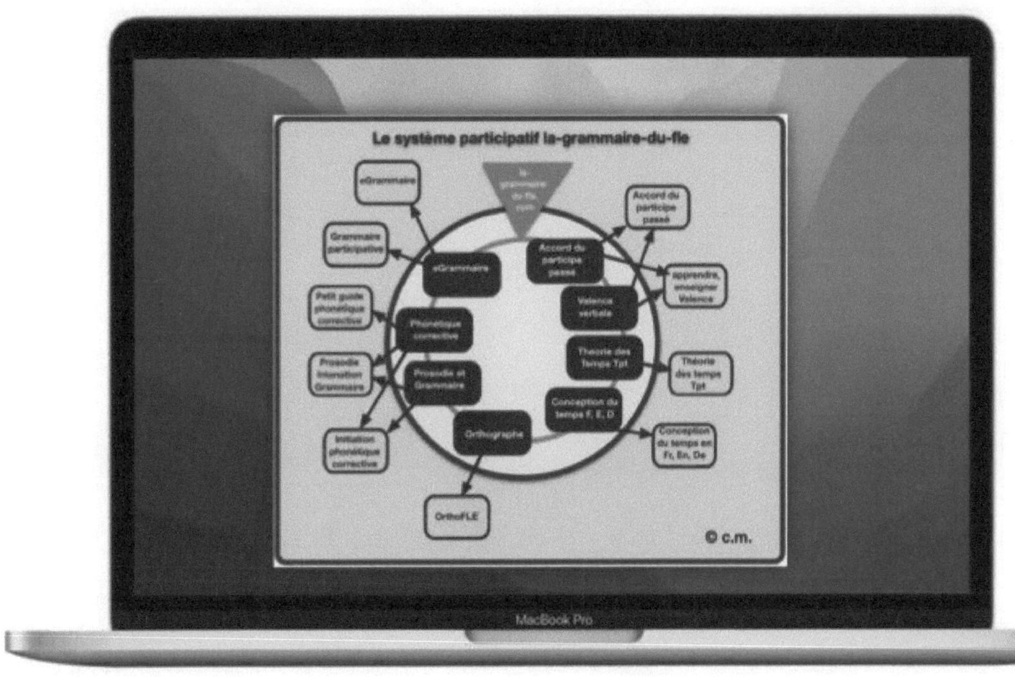

Comment utiliser les quatre sites :

https://www.la-grammaire-du-fle.com

http://www.la-grammaire-du-fle.fr

http://prof-de-français.com

http://www.christianmeunier.fr

1 Avant-Propos

Nous allons vous présenter ici un ensemble de sites, le système participatif « ***La-Grammaire-du-FLE*** », qui doit permettre à l'enseignante de planifier et d'assurer son enseignement de la Grammaire du Français Langue étrangère. Cet ensemble de sites permet également aux apprenants de travailler seuls, en complète autonomie. Le site propose le cours d'apprentissage, les tests et les exercices autocorrigés.

Avant d'enseigner un problème, l'enseignante peut réviser pour elle-même le sujet, faire les tests et les exercices.

Les enseignantes qui ont des apprenants se destinant à l'enseignement peuvent les envoyer étudier divers problèmes. Ainsi, les futures enseignantes pourront d'une part réviser voire apprendre les difficultés grammaticales, et étudier en parallèle comment aborder le problème grammatical dans leur futur enseignement.

L'enseignante peut ainsi prévoir différentes phases dans son enseignement :

- Un enseignement en plénum, pour les parties où sa présence semble inévitable vu la difficulté du sujet.
- Des phases en groupes de 4 à 5 élèves, où le groupe travaille en suivant les indications d'une feuille d'apprentissage. Cette feuille se réfère à des passages du site, offrant les explications, les sujets de réflexion, les exercices et les tests proposés et corrigés par l'ordinateur ou la tablette. Les groupes, une fois cette activité terminée, se rassemblent dans le cours et les résultats obtenus par chacun sont comparés, de façon à arriver à une solution commune unique.

Lorsque le problème traité semble plus facile à dominer, l'enseignante propose une phase de travail autonome comprenant la leçon explicative, les exercices et les tests corrigés par la machine est proposée, toujours avec une feuille de travail pour organiser l'étude et l'apprentissage.

Ainsi, le site soutient aussi bien le travail de l'enseignante et celui des apprenants.

Le système ***La-Grammaire-du-FLE*** s'est construit par étapes de 2007 à 2020.

Il couvre la totalité de la grammaire française, présentant certaines parties inédites, telles l'initiation à la phonétique et à la phonétique corrective y compris l'intonation, qu'elle soit marquée ou non marquée, un approfondissement de la notion de valence verbale, une approche personnelle de l'emploi des temps simples du passé. En outre, il aborde d'une façon innovante l'emploi des temps grammaticaux en introduisant l'idée de traits pertinents temporels, destinés à remplacer les notions plus que fluctuantes d'un auteur à l'autre d'aspects et de modalités.

Les éléments sonores (phonèmes, découpage en syllabes, puis en mots phoniques et intonation) sont mis à profit pour enseigner et apprendre l'orthographe, mais aussi pour expliquer maints problèmes grammaticaux, transformant en règles ce qui est souvent pris pour des exceptions. Enfin, en utilisant les bases d'eGrammaire pour le français, la-Grammaire-du-FLE franchit les limites de la langue d'origine pour comparer l'emploi des temps du français, de l'anglais et de l'allemand.

Les moyens que La-Grammaire-du-FLE met à la disposition des utilisatrices et utilisateurs comprennent :

- Des ouvrages imprimés.
- Un site, https://www.la-grammaire-du-fle.com , comprenant un module pour chacune des parties précitées, et permettant de coordonner des textes écrits ou parlés, des éléments graphiques, ainsi que des exercices s'appuyant sur l'écrit ou l'oral, évalués par l'ordinateur, qui corrige et commente chaque réponse, et fournit une appréciation générale sur l'exercice. Des tests autocorrigés permettent d'évaluer la progression de l'apprentissage.
- Un site destiné aux enseignantes ou futures enseignantes et expliquant les contenus du site précédent, ainsi que la façon d'apprendre en autonomie.

Un site http://www.prof-de-grammaire.com, dont le plan est le suivant :

- Présentation du groupe de sites "***la-grammaire-du-fle.com***", destiné tout autant à l'enseignement qu'à l'apprentissage, en cours ou individuellement.
- Présentation du site "***la-grammaire-du-fle.fr***" , plus précisément destiné à l'enseignement du FLE.
- Présentation du site "www.christianmeunier.fr" , qui présente l'ensemble des sites et des livres que j'ai écrits, ou auxquels j'ai participé avec mon ami Jean PIETRE-CAMBACEDES et mon frère Gérard MEUNIER.
- Application de ces mêmes sites en mettant au point avec vous une unité de travail sur la valence verbale.
- Application de ces mêmes sites en mettant au point avec vous une unité de travail sur l'accord du participe passé.

Les modules ***eGrammaire, Phonétique corrective, Valence verbale, Théorie des temps fondée sur les Tpt (traits pertinents temporels), Conception des temps en français, anglais et allemand, l'orthographe du FLE*** s'adressent aussi bien aux enseignantes qu'aux apprenants.

À l'intérieur d'un cours, La-Grammaire-du-FLE met à la disposition des apprenants un recueil de feuilles de route téléchargeables par l'enseignante, et destinées à guider le travail des apprenants en groupe en leur présentant des sujets de réflexion, des explications et des exercices autocorrigés. L'enseignante peut bien sûr s'en servir pour assurer son enseignement en plénum, tout en le panachant avec des phases de travail en groupes ou même en individuel, se réservant certains chapitres et laissant travailler les apprenants seuls ou en groupes pour apprendre en autonomie les chapitres les plus abordables, ou ceux dont le savoir est requis pour la bonne conduite du cours.

Le principe de la-Grammaire-du-FLE est de permettre aux enseignantes de se remettre à niveau en l'utilisant en qualité d'apprenant, mais aussi en tant qu'enseignantes pour assurer leurs cours. Quant aux apprenants, ils alternent le travail en groupes, individuel et en plénum, guidés par les feuilles de route et le site https://www.la-grammaire-du-fle.com, sous le contrôle et la direction de leur enseignante. Un apprentissage en complète autonomie est également possible, guidé exclusivement par l'ordinateur, qui fournit les explications, les pistes de réflexion, les tests et exercices qu'il corrige lui-même.

Voici les constituants de base du système La-Grammaire-du-FLE :

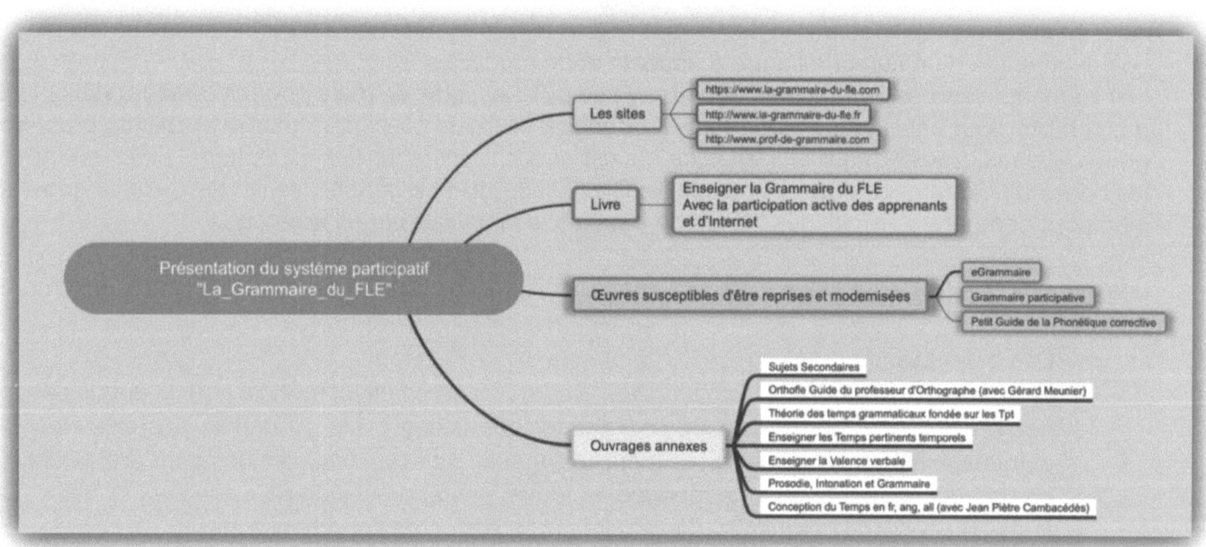

C'est avec ce matériel de base que l'enseignante peut préparer et assurer son enseignement.

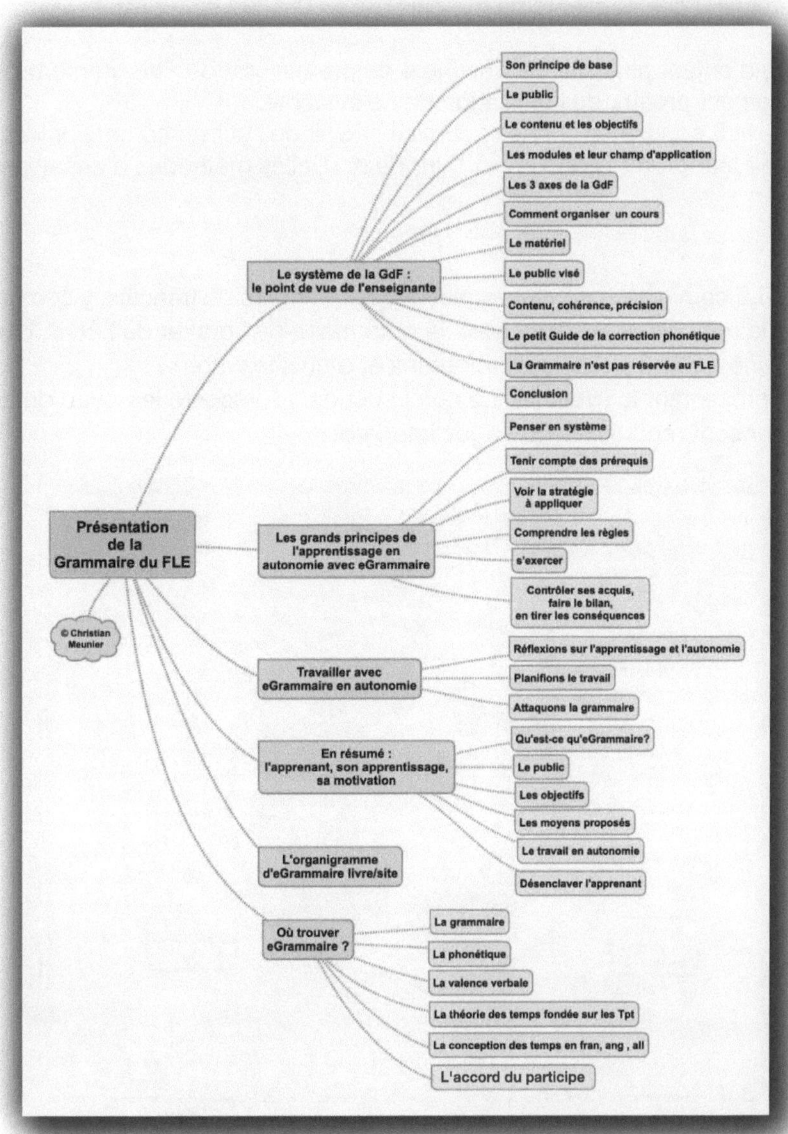

1.1   Son principe de base

Le système « *la-Grammaire-du-FLE* » est destiné à l'enseignement et à l'apprentissage actifs de la grammaire du FLE. Il repose sur l'idée bien connue chez les enseignantes que l'on retient mieux ce que l'on a découvert soi-même. Ainsi, la-Grammaire-du-FLE favorise l'enseignement dans le cadre d'un cours qui encourage le travail en groupes des apprenants, lesquels groupes confrontent réguliè-rement le résultat de leurs recherches entre eux, sous la direction de leur enseignante.
Le travail des groupes est orienté par une feuille de route qui guide les recherches de chaque groupe, leur offrant des sujets de réflexions accompagnés d'exercices autocorrigés sur ordinateur. Cette feuille de route est téléchargeable à tout moment sur le site https://www.la-grammaire-du-fle.com   .

Le travail intergroupes ou en plénum est piloté par l'enseignante, qui contrôle le travail, assure une confrontation des idées de chaque groupe, amène les apprenants à formuler ensemble les résultats. Outre le fait que les apprenants découvrent eux-mêmes le fonctionnement de la grammaire du français, ils apprennent à défendre, à exposer leurs idées, à les défendre lorsqu'elles sont fondées, à accepter celles des autres lorsqu'elles leur semblent meilleures.

1.2   Le public

Ce système s'adresse à des apprenants à partir du niveau B2 du Cadre européen de Référence pour les Langues, en particulier des étudiants de français qui se destinent au professorat de FLE, ainsi qu'à leurs enseignantes.
Les étudiants natifs, d'autant plus s'ils se destinent au professorat de FLE ou même du français pour natifs, peuvent également profiter de l'utilisation de ce système.
Les enseignantes de FLE non francophones pourront choisir de l'utiliser comme professeur, ou comme apprenant pour revoir leur grammaire ou découvrir de nouvelles méthodes d'enseignement du FLE.

1.3   Le contenu

La-Grammaire-du-FLE couvre le spectre complet de la grammaire du français, y compris la phonétique corrective, incluant la mélodie et les liens avec la grammaire de l'oral et de l'écrit. La-Grammaire-du-FLE se compose d'une dizaine d'ouvrages imprimés et d'un site web.
Voici un graphique présentant le système. Le cercle central représente le noyau du site et ses divers modules. Tout autour sont répartis les ouvrages imprimés.

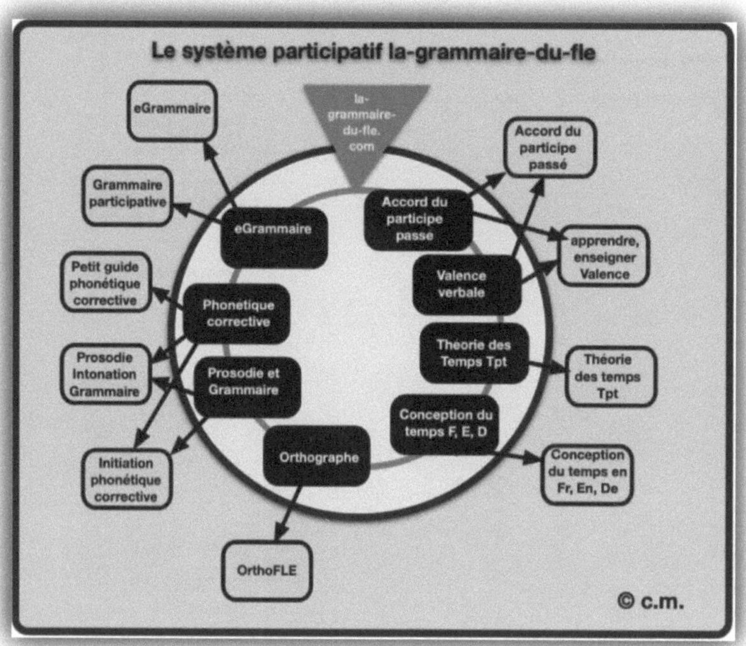

2.3.1   Les ouvrages écrits sont :

Les ouvrages écrits
Christian Meunier : eGrammaire. BoD 2014   ISBN : 978-2-322-08398-5
Christian Meunier : Grammaire participative   BoD 2 015   ISBN : 978-2-322-08403-6
Christian Meunier : Petit guide de la Phonétique corrective BoD   ISBN : 978-2-322-08 399-2
Christian Meunier : Apprendre à enseigner les temps simples du passé   BoD   ISBN : 978-2-322-08 461-6
Gérard Meunier / Christian Meunier : OrthoFle Le guide du professeur d'orthographe   BoD ISBN : 978-2-322-471 50-8
Jean P:ètre-Cambacédès / Christian Meunier La Conception du temps en français, anglais, allemand BoD ISBN : 978-2-322- 19 076-8
Christian Meunier : Théorie des Temps grammaticaux fondée sur les Traits pertinents temporels BOD ISBN : 978-2-322-09134-8
Christian Meunier : Enseigner les Traits pertinents temporels BOD ISBN : 978-2-322-09151-5
Christian Meunier : Unifier l'emploi des Temps par l'utilisation des Traits pertinents temporels BOD ISBN : 978-2-322-16516-2
Christian Meunier : Enseigner la valence verbale BOD ISBN : 978-2-322-12841-9
Christian Meunier : Prosodie, intonation et grammaire BOD ISBN : 978-2-322-09600-8
Christian Meunier : Initiation à la phonétique corrective BOD ISBN-978-2-322-20706-0

Le site soutien comprenant 9 modules est : https://www.la-grammaire-du-fle.com

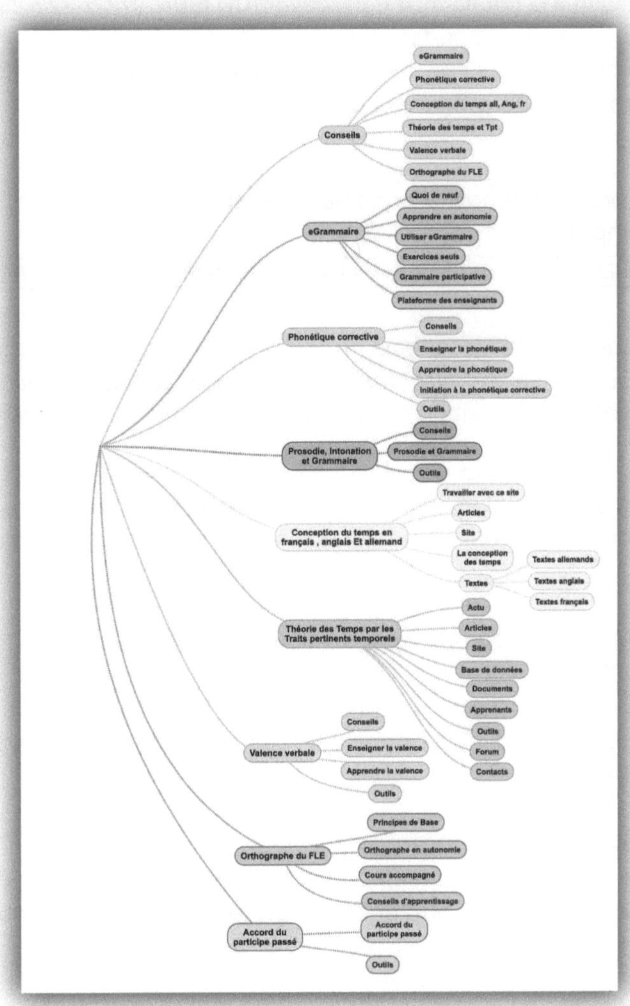

1.4 Les modules et leur champ d'application

1.4.1 Le noyau principal couvre La-Grammaire-du-FLE :

Trois livres assurent l'enseignement et l'apprentissage actif, tous parus chez BoD (Books on Demand).

Christian Meunier : eGrammaire BoD 2 014 ISBN : 978-2-322-08 398-5
Christian Meunier : Grammaire participative BoD 2 015 ISBN : 2 015 978-2-322-08 403-6
Christian Meunier : Apprendre à enseigner les temps simples du passé BoD ISBN : 978-2-322-08 461-6

Ils s'accompagnent du module *eGrammaire* : https://www.la-grammaire-du-fle.com/egrammaire

Un quatrième couvre l'enseignement et l'apprentissage actif de la prononciation du français, phonème et intonation :

Christian Meunier : Petit guide de la Phonétique corrective BoD ISBN : 978-2-322-08 399-2

Il s'accompagne du module de phonétique corrective : https://www.la-grammaire-du-fle.com/phonetique, qui vient d'être actualisé récemment.

Deux autres livres viennent enrichir le petit guide, qui s'accompagnent chacun d'un module sur le site.

- Un livre sur les rapports entre la prosodie et la grammaire :

Christian Meunier : Prosodie, intonation et grammaire BOD ISBN-978-2-322-09600-8

https://www.la-grammaire-du-fle.com/prosIntGram/index.php

- Un livre sur l'initiation à la phonétique corrective pour enseignantes ou futures enseignantes :

> **Christian Meunier : Initiation à la phonétique corrective BOD ISBN-978-2-322-20706-0**

> https://www.la-grammaire-du-fle.com/phonetique
> Cette initiation s'adresse tant à l'enseignante (Enseigner la phonétique/ Initiation à la phonétique corrective) qu'à l'apprenant (Apprendre la phonétique).

1.4.2   La partie sur la valence verbale

Elle vient compléter et préciser le noyau principal et assure l'enseignement et l'apprentissage de la valence verbale. Elle comprend un livre :

> **Christian Meunier : Enseigner la valence verbale BOD ISBN-978-2-322-12841-9**

En outre, il existe un module : valence verbale https://www.la-grammaire-du-fle.com/valence.
Ces ouvrages étudient la valence verbale, ainsi que ses implications dans le choix des pronoms personnels, relatifs, interrogatifs, la formation du passif, la mise en relief d'un élément de la phrase.

1.4.3   La théorie des temps fondée sur les traits pertinents temporels (Tpt).

Cette partie comprend trois livres couvrant l'explication théorique, l'enseignement et l'apprentissage de l'emploi des temps fondés sur l'utilisation des 12 traits pertinents temporels définis dans le premier ouvrage :

> Christian Meunier : Théorie des Temps grammaticaux fondée sur les Traits pertinents temporels BOD ISBN-978-2-322-09134-8
>
> Christian Meunier : Enseigner les Traits pertinents temporels BOD ISBN-978-2-322-09151-5
>
> Christian Meunier : Unifier l'emploi des Temps par l'utilisation des Traits pertinents temporels BOD ISBN-978-2-322-16516-2

À cela s'ajoute un module : https://www.la-grammaire-du-fle.com/tempus
Cette théorie définit des traits pertinents temporels (Tpt) qui permettent de s'affranchir des aspects et modalités, variables selon les auteurs, et d'unifier le système. Le module web couvre l'apprentissage et l'enseignement.

1.4.4   La Conception du temps en français, anglais, allemand (avec Jean Pètre-Cambacédès)

Cette étude compare la façon d'employer les temps en français, anglais et allemand.

> **Jean Pètre-Cambacédès / Christian Meunier : Conception du temps en français, anglais, allemand Publié chez BoD ISBN : 9 782322 190768 : ISBN : 979-1-094-11309-7.**

Il s'accompagne d'un module :
https://www.la-grammaire-du-fle.com/conceptionTemps.
Il est un peu particulier puisqu'il n'est pas uniquement consacré au FLE. Cependant, il devrait être utile aux Français apprenant l'allemand ou l'anglais, de même qu'à des germanophones ou à des anglophones apprenant le français.

1.4.5   OrthoFLE, le guide de l'enseignement de l'orthographe, avec Gérard Meunier

L'orthographe du français, qui échappe de plus en plus aux jeunes Français, s'appuie sur l'oral, dont il s'éloigne très souvent quand on passe à l'écrit, tant pour écrire les mots, dont bon nombre de lettres sont inaudibles et n'ont pas de représentation orale, que pour les accords et les conjugaisons. Le livre paru d'abord chez Bookelis, est désormais proposé chez BoD, et s'accompagne d'un module,
https://www.la-grammaire-du-fle.com/orthofle

> **Gérard Meunier / Christian Meunier : OrthoFle Le guide du professeur d'orthographe   BoD ISBN : 978-2-322-471 50-8**

1.4.6   Les trois axes de la Grammaire du FLE

La-Grammaire-du-FLE suit trois axes :

- Le soutien des enseignantes dans leur enseignement.
- Le soutien de leurs apprenants dans leur travail en groupes, en plénum ou en individuel.
- Le soutien de l'apprenant travaillant en autonomie.

1.5   Comment organiser un cours de grammaire avec le système eGrammaire ?

Cette partie concerne autant l'enseignante que les apprenants

1.6   Le matériel :

Le système eGrammaire repose sur six éléments de base, auxquels s'ajoutent des œuvres plus spécialisées :

1. Le site www.la-grammaire-du-fle.com/egrammaire
2. Le livre eGrammaire et ses exercices en autocorrection sur le site, rubrique : exercices seuls.
3. Le livre Grammaire participative, accompagné du Cahier de l'apprenant téléchargeable et des exercices en autocorrection précités sur le site.
4. Le livre Apprendre et enseigner les temps simples du français.
5. Le livre Petit Guide pratique de la Phonétique corrective, avec son cahier de l'apprenant téléchargeable.
6. Le site de phonétique www.la-grammaire-du-fle.com/phonetique

On peut y ajouter la valence verbale, le livre *Enseigner la valence verbale* comme le site https://www.la-grammaire-du-fle.com/valence

1.7   Le public visé :

Le public visé comporte des apprenants et des enseignantes. Les *apprenants en FLE* correspondent au niveau à partir de B2 du cadre européen commun de référence pour les langues, car ils doivent être en mesure de pouvoir suivre les explications exclusivement données en français. Il peut s'agir de lycéennes ou de lycéens révisant le français pour préparer l'équivalent du baccalauréat dans leur pays, d'étudiantes ou d'étudiants en français se destinant à la recherche, à l'enseignement du FLE ou à tout métier où un bon niveau de grammaire française est attendu. Une catégorie particulière est représentée par des étudiantes ou des étudiants francophones se préparant à l'enseignement du FLE, désireux d'appréhender le mieux possible le fonctionnement du système grammatical du français, y compris la prononciation (phonèmes et intonation) et d'être initiés à la phonétique corrective.

Les bénéficiaires d'eGrammaire peuvent être :

1. Des *apprenants ayant décidé de travailler en autonomie*, et qui organisent leur travail eux-mêmes, en utilisant les aides qu'eGrammaire met à leur disposition. En cas de besoin, ils peuvent communiquer avec d'autres apprenants par le tchat ou le forum de discussion auxquels ils ont accès, ou même, par courriel interposé, avec l'auteur du site.
2. Des *apprenants semi-autonomes, envoyés par leur enseignante* avec une liste de points à réviser ou à apprendre. L'enseignante dont le souci principal n'est pas l'enseignement de la grammaire surveille de loin le travail de ses ouailles. Les apprenants peuvent utiliser les mêmes outils que les apprenants en autonomie, la seule différence étant qu'ils ont une enseignante à qui s'adresser en cas de besoin : la leur, qui leur a demandé d'effectuer ce travail.
3. Des *apprenants non francophones qui assistent à un cours de grammaire du FLE* comme on les rencontre dans les universités, désireux d'apprendre, de réviser ou simplement de systématiser leurs connaissances de La-Grammaire-du-FLE avant un séjour d'études dans un pays francophone, comme les étudiants ERASMUS. Il peut bien sûr s'agir aussi d'étudiants se destinant à l'enseignement du FLE.
4. Des *apprenants francophones se préparant à l'enseignement du FLE*, qui veulent revoir la grammaire de leur langue en tant que système.
5. Des *enseignantes de FLE non francophones*, désireuses de préciser ou de rafraîchir leurs connaissances.

6. Ensuite, *des enseignantes de FLE qui assurent un cours de grammaire* et qui veulent faire participer activement les apprenants à leur propre apprentissage.
7. Et enfin, *des enseignantes qui assurent un cours de didactique du FLE* pour des élèves professeurs.

C'est plus particulièrement à ces deux dernières catégories que s'adresse cet ouvrage. Vous les retrouverez dans cette description du système en fonction des utilisateurs.
Voici une carte mentale montrant l'offre selon l'utilisatrice.

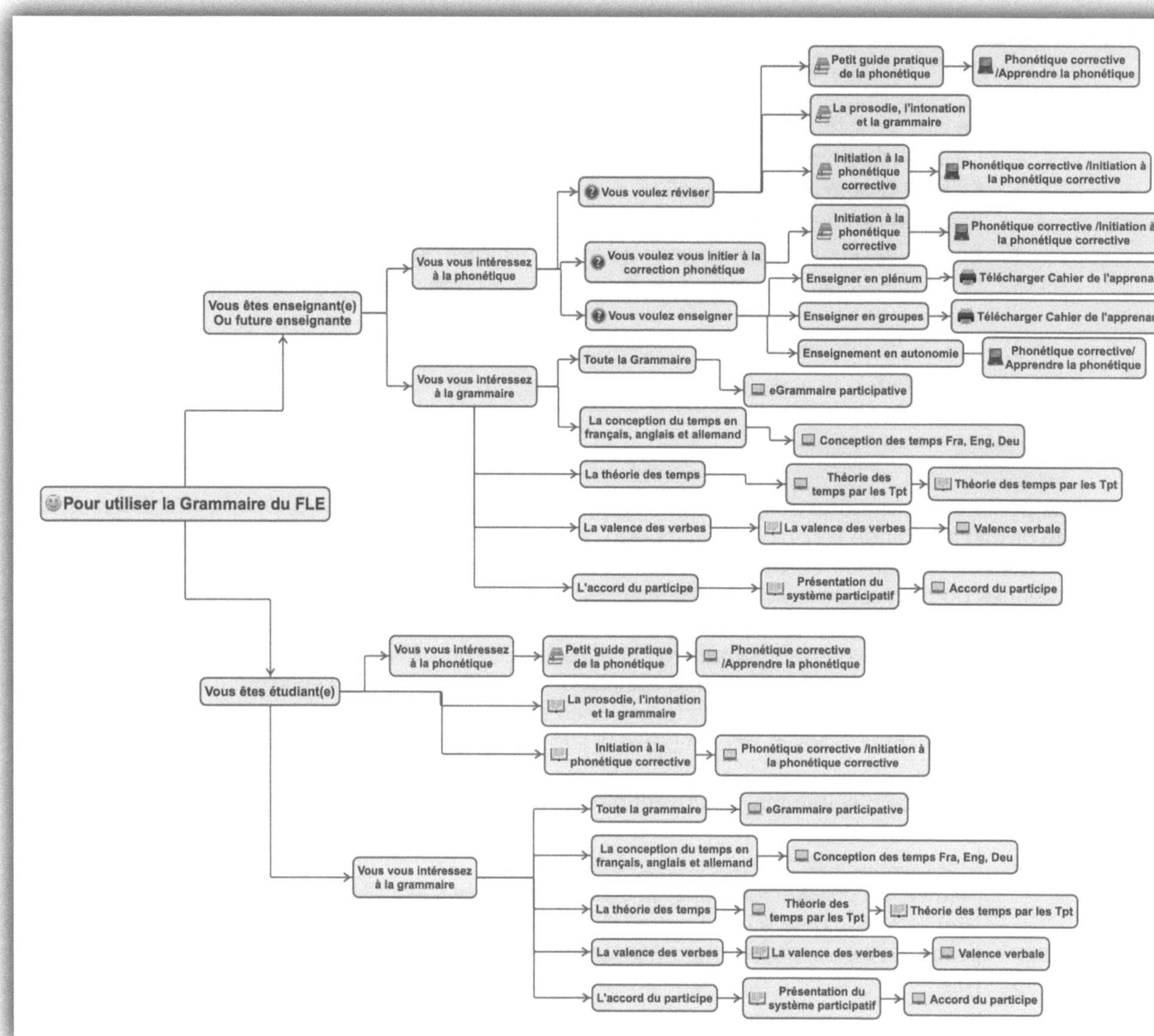

Tableau ci-dessus : Comment utiliser la-Grammaire-du-FLE.

1.8 Contenu, cohérence, précision

L'enseignante qui veut assurer un cours de grammaire trouvera un large choix de livres, et un choix plus modeste de sites Internet ou de logiciels utilisables.

On pourrait croire à priori que les ouvrages se valent, et prendre le plus court, et donc, le moins cher. Or, ce n'est pas du tout le cas. Il faut, avant de se décider pour un ouvrage ou pour un autre, se poser quelques questions fondamentales :

1.8.1 Les conditions à remplir par la grammaire utilisée.

La première question est de savoir si elle aborde bien les principaux problèmes, si les explications sont précises, cohérentes, claires, si les règles sont justes, bien expliquées, (de leurs conditions d'application jusqu'aux conséquences qu'elles entraînent).

1.8.1.1 Contenu
1. L'étude du système phonique et du système intonatif du français. L'organisation de base de la phrase : forme affirmative, forme interrogative, forme négative, mise en relief.
2. Le groupe nominal : les déterminants (article, démonstratif, possessif, indéfini, numéral) et les pronoms correspondants (l'adjectif qualificatif, le nom, l'adverbe), le pronom personnel.
3. Le verbe : conjugaisons, emploi des voix, modes et temps. Les temps simples du passé (imparfait, passé simple et son remplaçant, le passé composé). L'antériorité et les temps composés. Le participe et son accord, la valence des verbes.
4. Les subordonnées : relatives, infinitives, participes. Complétives par *que* et par *si*, discours rapporté, subordonnées circonstancielles (but, temps, cause, conséquence, concession, condition, comparaison).

1.8.1.2 Les explications
Avant tout, les règles doivent être justes, claires et précises.

1.8.1.2.1 Des règles justes
Cela semble incroyable, mais, dans certains ouvrages, beaucoup de règles manquent de précision, quand elles ne sont pas carrément fausses, comme celles qui prétendent que les actions longues sont à l'imparfait, alors que les brèves sont au passé simple, règle fausse que l'on retrouve dans bon nombre de grammaires. Voyons cela de près :
- *L'Everest mit un million d'années pour atteindre l'altitude de 8 800 m* (action longue : ici au passé simple).
- *L'insecte vécut une journée avant de mourir brutalement.* (Action brève : passé simple)
- *Elle nageait depuis huit heures pour atteindre la rive.* (Action longue : imparfait)
- *Elle nageait depuis 30 secondes lorsqu'elle fut avalée par un requin.* (Action brève : imparfait).

On voit bien que le fait qu'une action soit brève ou longue ne permet pas de choisir le temps.
De même, on lit souvent que les habitudes sont à l'imparfait. Pourtant :
- *Il fuma toute sa vie deux paquets de cigarettes par jour.* (Habitude au passé simple).
- *Paul fumait deux paquets de cigarettes par jour et mourut d'un cancer.* (Habitude à l'imparfait).

Là aussi, on constate que ce n'est pas l'habitude qui explique le choix du temps. Et pourtant, bon nombre d'ouvrages offrent cette règle comme explication.

1.8.1.2.2 Des règles précises

Si vous traitez le problème de l'accord du participe, vous savez bien sûr que l'on accorde le participe conjugué avec *être* avec le sujet, alors que l'on accorde le participe passé conjugué avec *avoir* avec le COD placé avant. Oui, mais voilà : il faut savoir reconnaître l'auxiliaire :
> *Elle a été élevée par sa grand-mère* : quel est l'auxiliaire, *a* =avoir, *été* = être ?

Il faut aussi savoir identifier le C.O.D. : la définition la plus connue est : le complément qui répond à la question « *Qui* » ou « *quoi* », ce qui est plus que vague, et peut amener toutes sortes de réponses : *qui est là, tu vois qui, tu parles à qui, tu manges quoi, tu écris sur quoi.*
Comment expliquer :
> *Les pommes, il les a mangées.* Mais : *il en a mangé deux.*
> *Les vacances, il se les est rappelées.* Mais : *il s'en est souvenu.* Quelle

est la fonction de *toi* dans :
> *Je pense à toi.* Ou encore dans : *Regarde-toi dans la glace.*

Quelle est la fonction de *se / s'* dans :
Elle s'est lavée. Ou encore dans : *Elle s'est lavé les pieds.*

Si l'on résume, avant de se lancer dans l'accord du participe, il faut :
- Savoir identifier l'auxiliaire,
- Connaître la valence du verbe.
- Savoir identifier le COD avant de chercher s'il est placé avant le verbe ou non.
- Savoir reconnaître, lorsque le verbe est pronominal, à quelle catégorie il appartient.
- Tenir compte de la présence d'un infinitif après le verbe conjugué.

Tout cela doit être réglé avant que l'on n'applique la fameuse règle, afin de le faire en toute connaissance de cause.

1.8.1.2.3   Importance des prérequis

Avant d'apprendre une règle, il faut donc savoir un certain nombre de choses. Par exemple :
- Avant d'étudier l'emploi des temps, il faut savoir conjuguer les verbes.
- Avant d'étudier les pronoms personnels, il faut savoir reconnaître la fonction grammaticale des mots que l'on va remplacer.
- Avant d'étudier les relatives, il faut savoir reconnaître la fonction du pronom relatif dans la relative, savoir conjuguer l'indicatif, mais aussi le subjonctif, et bien sûr quel mode employer.

Donc, on ne peut pas travailler sur un problème sans avoir acquis un minimum de connaissances avant.

1.8.1.2.4   Conditions d'application

Avant d'appliquer une règle, il faut savoir si l'on en a le droit, vérifier les conditions d'application. Par exemple, si vous voulez mettre une phrase au passif, il faut d'abord vérifier si c'est possible.
- ***On a résolu le problème. - > Le problème a été résolu.***
- ***On a répondu à la question.*** *La question a été répondue* est faux, puisque ***question*** n'est pas un COD. (La valence du verbe est en effet : ***répondre*** *à qc*)

On entend des gens qui disent : *Mon père a été greffé*, ce qui est faux puisqu'on dit : *greffer un rein (COD) à qn*, et que le COD qui doit devenir sujet du passif est *rein*, et non pas *père*. On doit donc dire ou écrire : *Un rein lui a été greffé* ou *On lui a greffé un rein.*

1.8.1.2.5   Cohérence des explications : Les explications fournies doivent se correspondre entre elles, et converger vers un même but.

Les explications doivent se soutenir, et non pas se contredire d'un chapitre à l'autre. Elles doivent être détaillées, bien décortiquer le problème, montrer les liens qui unissent des problèmes apparemment différents, souligner les difficultés, montrer le fonctionnement de la langue en système, aborder les problèmes systématiquement tout en offrant une progression tendant vers un but, celui de faire comprendre comment les choses fonctionnent.

1.8.1.3   Comprendre, apprendre, s'exercer, tester ses connaissances

La grammaire doit permettre à l'apprenant :
- De bien comprendre comment fonctionne le système dans le cadre d'un problème.
- D'apprendre ce fonctionnement.
- De s'exercer dans un nombre suffisant d'exercices corrigés.
- De tester ses connaissances pour mesurer le gain de savoir et de savoir-faire.

1.9   Enseigner avec la Grammaire participative

Le volet *Grammaire participative*, constitué d'un livre, *Grammaire participative*, et profitant du site associé, https://www.la-grammaire-du-fle.com/egrammaire, peut être considéré comme un moteur d'enseignement pour l'enseignante, et un moteur d'apprentissage pour l'apprenant sous la responsabilité de son enseignante, s'appuyant sur la théorie d'eGrammaire et les exercices fournis sur le site.

La Grammaire participative offre à l'enseignante, en 35 chapitres, une réflexion sur les problèmes d'enseignement posés par chaque sujet abordé, et une méthode permettant à l'apprenant, sous la direction et la responsabilité de son enseignante, de participer à son apprentissage par l'utilisation de feuilles de route téléchargeables sur le site : les « *recherches grammaticales* ».

Ces *feuilles de route* permettent à l'apprenant de réfléchir en groupe, seul ou en plénum, sur les problèmes grammaticaux proposés.

Elles organisent le travail des apprenants, permettent à ceux-ci de démonter le système de la langue, d'en comprendre l'organisation et le fonctionnement, et de s'approprier les règles qu'ils viennent de découvrir, le plus souvent en groupes.

Ainsi les apprenants sont encouragés à travailler dans diverses conditions, avec des méthodes variées. C'est en groupe, c'est-à-dire dans une confrontation d'idées, qu'ils apprennent à découvrir les règles. C'est en plénum, sous la direction de l'enseignante, qu'ils apprennent à comparer leurs découvertes à celles des autres groupes, à discuter et à argumenter pour défendre leurs idées, mais aussi à accepter les arguments des autres lorsqu'ils leur semblent meilleurs.

Ces feuilles de route organisent et guident la réflexion, et proposent des exercices, lesquels peuvent être faits soit directement sur la feuille de route, soit sur le site eGrammaire, où ils seront corrigés par l'ordinateur ou la tablette. Les résultats des exercices peuvent alors être repris en groupe et notés sur la feuille de route après discussion.

Les deux volets *eGrammaire* et *Grammaire participative* sont totalement compatibles. Les sujets traités sont les mêmes, les explications et les méthodes identiques. L'enseignante qui envoie ses apprenants travailler sur le site a ainsi la garantie que ce qu'ils vont apprendre correspond à ce qui se trouve dans le livre eGrammaire, et s'imbrique complètement dans la démarche proposée par la Grammaire participative et ses feuilles de Recherche grammaticale.

Il en est de même pour les volets *Phonétique corrective*, *Valence des verbes*, *Orthographe, Théorie des temps*, qui comportent une partie **enseignement** pour l'enseignante, une partie **apprentissage** avec utilisation de feuilles de route pour les apprenants du cours, et une partie apprentissage en autonomie, avec soutien complet de l'ordinateur.

Outre le *matériel d'enseignement de base*, la Grammaire participative offre à l'enseignante des itinéraires autour d'un problème, des articles de réflexion sur des problèmes particuliers.

Les enseignantes utilisant eGrammaire ou la Grammaire participative peuvent faire part de leurs expériences et de leurs réflexions en envoyant sur le site les articles qu'ils ont écrits, et qui paraîtront sur le site http://www.la-grammaire-du-fle.fr.

Enfin, un forum et un tchat viennent enrichir le système de grammaire, à côté d'un lien avec une enseignante par fiche de contact.

1.9.2   Les objectifs

La Grammaire participative a pour objectif de fournir à l'enseignante de grammaire un outil puissant lui permettant d'enseigner cette matière austère en faisant participer les apprenants à leur propre apprentissage. L'enseignante, semblable au chef d'orchestre qui aide ses musiciens à défricher une partition pour se l'approprier, va guider ses étudiants ou ses élèves dans la découverte du système grammatical de la langue française, et leur permettre de démonter les règles pour les reconstruire en les décrivant et mieux en comprendre le mécanisme.

1.9.3   Le public

Il s'agit d'un public à deux têtes : enseignante et apprenant.

La Grammaire participative s'adresse avant tout à des enseignantes de grammaire du français langue étrangère, voire du français tout court, exerçant leur art dans le milieu universitaire, ou encore aux professeurs de 2e cycle dont les élèves se préparent à l'équivalent du baccalauréat de leur pays. Les apprenants doivent avoir atteint le niveau B2 du cadre européen commun de référence pour les langues, car il leur faut être capables de comprendre les explications données en langue française. Il s'agira avant tout d'élèves professeurs, auxquels on pourra ajouter les étudiantes en orthophonie en France, dont le programme de grammaire est imposant.

1.9.4 Le champ d'application

Étant donné le niveau des protagonistes en français, il faut envisager :

- De couvrir l'ensemble des connaissances grammaticales.
- D'envisager la langue comme un système, d'en démonter les mécanismes, d'en enseigner les grandes règles, d'en montrer l'unité, les grandes lignes.
- De montrer que le français est organisé en grandes tendances, en règles précises s'imbriquant les unes dans les autres.
- De donner des descriptions précises de ces mécanismes, de bannir le flou, même s'il devait être artistique.
- De présenter les bases orales de la langue, aussi bien le système phonique que la prosodie, dont l'influence se retrouve dans maints problèmes de grammaire et qui sont souvent absents des grammaires courantes.

Tout comme eGrammaire, la *Grammaire participative* étudie 35 chapitres qui, de la phonétique à la subordonnée circonstancielle de cause, couvrent l'ensemble des connaissances grammaticales nécessaires à une enseignante de français.

1.9.5 Les méthodes

S'adressant à des professeurs et à des étudiants de haut niveau, la *Grammaire participative* se doit d'être **cognitive**. L'apprenant doit comprendre le fonctionnement du système.

Mais pour bien comprendre, ce même apprenant doit **participer activement à l'acquisition** du savoir et du savoir-faire, il doit se les approprier. C'est pourquoi on lui propose de découvrir, en groupe de préférence, et en autonomie quand il le faut, le fonctionnement de la langue française en l'amenant à réfléchir à partir d'exemples choisis pour éclairer le problème.

La réflexion se fait le plus souvent en groupes. Elle est guidée par une feuille de route, nommée *Recherche grammaticale*. Cette feuille de route peut être téléchargée par l'enseignante sur le site de la Grammaire participative, et photocopiée autant de fois que nécessaire.

On lui apprend à exercer son sens critique :

- Il apprend à vérifier si les conditions requises à l'application de la règle sont réunies ou non. Par exemple, une structure peut-elle être mise au passif ou non ?
- Il apprend à ne pas se fier aux apparences et à aller au fond des choses. Ce « *si* » marque-t-il la condition ou introduit-il un discours indirect, ce « *que* » est-il un pronom relatif, une conjonction ou un pronom interrogatif ?
- Il apprend à tenir compte de la valence des verbes, des conditions d'accord, de la différence entre adjectif et pronom, entre adjectif et adverbe, entre préposition et conjonction, etc., bref, à ne pas se lancer tête baissée dans la résolution d'un problème, mais à se servir de ses facultés de réflexion, de son intelligence.
- Comprenant le fonctionnement du système, il sera capable de l'expliquer à d'autres, d'abord, à ceux de son groupe de travail, et ensuite, plus tard, le cas échéant, à ses futurs élèves, et ce de façon claire et précise.

Le travail en groupe permet d'amener les apprenants à dialoguer entre eux, à argumenter. Si la discussion a lieu en français, elle leur permet de s'exercer à convaincre par des arguments, mais aussi d'accepter et d'intégrer les réflexions et les conclusions des autres lorsqu'elles leur paraissent fondées. Lorsque les groupes confrontent leurs résultats, vu que le cheminement de la réflexion peut différer d'un groupe à l'autre, il faudra encore argumenter pour imposer ses choix, ou pour accepter ceux des autres, le cas échéant.

Il appartiendra à l'enseignante de trancher en cas de désaccord, et de préciser les choses. Il lui incombera également de tirer le bilan et de récapituler les résultats acquis.

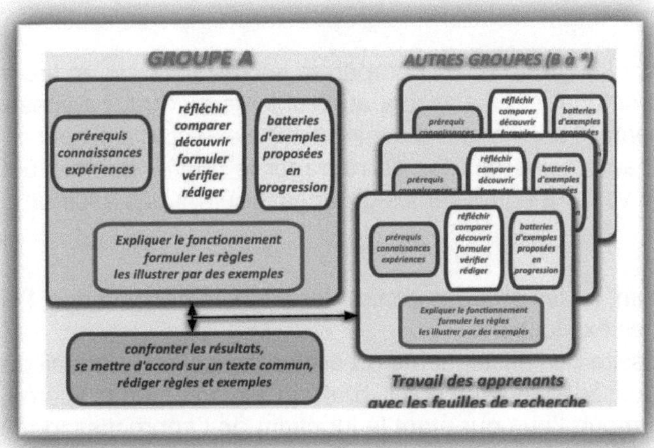

Enfin, l'orthographe, la valence des verbes, les problèmes de phonétiques s'accompagnent d'exercices oraux, placés au début des chapitres, et destinés à provoquer la formation d'une grammaire intuitive, non réflexive, habituant les apprenants à utiliser des structures, des sons ou des patrons intonatifs par habitude. Ils sont rendus possibles par l'emploi oral du fournisseur multimédia qu'est l'ordinateur.

Une fois l'étude du problème terminée et le fonctionnement compris, l'apprenant doit encore appliquer ses connaissances à la résolution d'exercices. Ceux-ci, peuvent être résolus **en plénum**, **en groupe** ou **individuellement**, soit directement sur la feuille de route, soit sur ordinateur ou sur tablette, dans ce cas, en binôme ou seul.

Les exercices se trouvent sur le site https://www.la-grammaire-du-fle.com/egrammaire, eGrammaire étant totalement compatible avec la Grammaire participative. Il suffit d'aller à la rubrique *exercices seuls*. Dans le premier cas, il appartiendra à l'enseignante de révéler les solutions et d'expliquer le cheminement de la pensée qui y mène. Dans le second cas, c'est l'ordinateur qui corrigera et commentera la solution. Il sera bon alors, une fois le travail individuel accompli, que les solutions soient consignées, dans le dialogue du groupe, sur les feuilles de route, pour récapituler ce qui a été vu et acquis.

Dans l'emploi d'eGrammaire, chaque chapitre commence et s'achève par un test destiné à surveiller l'apprentissage et la progression des connaissances et du savoir-faire des apprenants. C'est l'ordinateur qui corrige les tests et commente les résultats.

1.9.6 Le travail de l'enseignante

Vu l'optique de la Grammaire participative, le rôle de l'enseignante change obligatoirement. Au lieu de pérorer sur son estrade, face à des apprenants attentifs pour certains, assoupis pour d'autres, elle se retrouve à la tête de chercheurs en herbe, dont elle va guider le travail. Cela correspond un peu au rôle de l'entraîneur sportif : il faut que ses apprenants soient actifs, tandis qu'elle supervise le travail de ses troupes, les conseille, les encourage, met de l'ordre et de la méthode dans leur travail, les motive.

Avant d'attaquer un chapitre, il lui est conseillé de voir dans eGrammaire l'étendue de la tâche, de revoir les explications et les exemples. Ensuite, elle verra les conseils et la marche à suivre proposés par la Grammaire participative, imprimera la feuille de route correspondante et la photocopiera pour que chaque apprenant ait sa *Recherche grammaticale*.

Le moment arrivé, elle distribuera les feuilles en dispensant ses conseils, formera les groupes qui se mettront au travail.

Il n'est pas si facile de faire travailler des groupes dans une salle aux dimensions limitées. Un groupe peut comporter 4 personnes, 6 si le nombre des présents est trop important. Il faut veiller à ce que le niveau sonore ne soit pas trop gênant, demander à ceux qui travaillent d'éviter les cris d'enthousiasme ou de protestation. Il faudra aller de groupe en groupe pour surveiller la progression, et intervenir en cas de blocage.

Une fois le problème résolu par les groupes, on comparera les résultats, on en tirera les conclusions, on arrivera à une solution commune, et on passera au problème suivant. La vitesse de progression des groupes n'étant pas la même, il conviendra d'avoir un autre exemple à proposer à la sagacité des plus rapides, pour permettre aux moins rapides de rattraper le retard, quitte à accélérer un peu le travail des plus lents. Il faudra veiller à équilibrer les groupes, pour ne pas avoir un groupe de tortues et un autre de lièvres.

Dans les discussions en plénum, où les groupes confronteront leurs découvertes, l'enseignante devra trancher en donnant les bonnes explications.
Cette façon de travailler nécessite de l'enseignante qu'elle sache guider le travail de ses apprenants, qu'elle soit réactive, qu'elle possède bien son sujet, bref, qu'elle soit bien préparée, et qu'elle sache faire preuve de doigté et d'humour, l'humour étant le lubrifiant de l'apprentissage. Ainsi s'établira un lien nouveau entre elle et ses apprenants, fondé sur la compétence de l'une, la confiance et la satisfaction des autres de pouvoir exercer leurs talents et de découvrir la matière étudiée en grande partie par eux-mêmes.

1.9.7   Et l'apprenant, alors ?

L'apprenant est invité à prendre son apprentissage en main. En groupe, seul ou quelquefois en plénum, il est guidé par la feuille de route *Recherche grammaticale* correspondant au problème de grammaire à étudier.
Contrairement à ses congénères qui, dans un cours traditionnel, restent souvent passifs, l'apprenant de la Grammaire participative se voit proposer des activités fondées sur des exemples types, qui ont pour but de lui faire découvrir le fonctionnement du français, et de le mettre en mesure d'énoncer les règles correspondantes et de les expliquer à un public d'étudiants, et plus tard, le cas échéant, à une classe d'élèves.
Notre expérience de 37 ans d'enseignement du FLE tant au lycée qu'à l'université, nous a appris l'importance pour un apprenant d'acquérir son savoir et son savoir-faire par ses propres efforts, même si l'effort fourni par l'auteur et celui de l'enseignante sont déterminants.
Nous partons donc du principe que, sauf si l'on a affaire à un cas pathologique, le fait de rendre l'apprenant actif et responsable de son apprentissage le pousse à mieux apprendre, à mieux comprendre, à être capable d'expliquer de façon plus claire et plus précise, tout en augmentant sa motivation et sa confiance en soi.

1.10   Le Petit guide pratique de la phonétique corrective

Bien des enseignantes de FLE n'ont que de vagues connaissances de phonétique corrective, voire de phonétique tout simplement. La seule chose que le mot **phonétique** évoque dans l'esprit de bien trop d'enseignantes, c'est l'image de l'alphabet phonétique international.
Or, même si l'on a tendance à l'oublier au milieu des livres qui entourent l'enseignement, *la langue est avant tout orale.* Et dans une langue comme le français où l'écrit est tellement éloigné de l'oral, il est bon de soigner les deux aspects de la langue.
Le *Petit guide de la Phonétique corrective* propose à l'enseignante une démarche pour la mettre en mesure d'être aussi à l'aise dans la correction de la prononciation qu'elle l'est dans celle des fautes de grammaire ou d'orthographe.
Pour cela, le livre se divise en trois parties :

- Une **initiation à la phonétique du français**, tant en ce qui concerne le système des phonèmes que celui de l'intonation.
- Une **initiation aux méthodes de la phonétique corrective** en suivant la démarche :
  - Prise de conscience par l'apprenant du problème.
  - Exercices de discrimination auditive pour améliorer la compréhension orale.
  - Exercices de production pour améliorer la prononciation.
  - Exercices de transfert pour « oublier » la phonétique sans oublier la prononciation.

- La **présentation et l'utilisation de fiches de corrections** toutes prêtes, avec les exercices correspondants, téléchargeables sur Internet.

L'accent est mis, dès le départ, sur une **bonne utilisation de l'intonation** :
- Mise en place des mots phoniques ;
- Acquisition de la régularité syllabique des syllabes atones ;
- Placement des accents toniques à la bonne hauteur, avec la bonne durée ;
- Respect des informations essentielles et des informations secondaires ;
- Initiation à l'intonation marquée : mise en doute, évidence, surprise / indignation.

L'objectif est avant tout de donner à l'enseignante tous les moyens pour remarquer la faute, poser le diagnostic (trouver les raisons), et traiter cette faute, selon son importance, soit ad hoc, soit en établissant un plan de traitement.

En outre, et je dirais même avant tout, on veut fournir à l'enseignante les éléments d'une bonne pratique dans son enseignement, afin que les apprenants acquièrent une bonne compréhension auditive et une production orale honnête, pour que l'apprentissage de la langue leur soit plus facile. Le français étant une langue vivante, c'est d'abord par l'oral que doit commencer le travail d'apprentissage, et cela, dès le premier cours de français.

Et enfin, si cet ouvrage fait partie du système *La-Grammaire-du-FLE*, c'est parce que l'influence de la phonétique s'exerce sur de nombreux phénomènes grammaticaux, qui vont de la construction de la phrase aux conjugaisons en passant par exemple par le choix des pronoms personnels, de certains démonstratifs, de certains possessifs, ou encore la formation de la mise en relief, de l'interrogative. On s'apercevra alors que le recours à l'explication phonétique transformera souvent des exceptions inexplicables en banales règles.

Depuis peu, le livre s'accompagne d'un module consacré à l'initiation à la phonétique corrective, à son enseignement et à son apprentissage :
L'enseignante trouvera dans le module https://www.la-grammaire-du-fle.com/phonetique tout ce qu'il faut pour s'initier à la phonétique corrective, et pour permettre à ses apprenants de travailler en groupe ou en autonomie.

Il y a encore deux ouvrages accompagnés d'un module sur le site ci-dessus :
Le premier montre les liens entre la prosodie et l'intonation d'une part, la grammaire de l'autre.

Christian Meunier : Prosodie, intonation et grammaire BOD ISBN-978-2-322-09600-8
Site : https://www.la-grammaire-du-fle.com/prosIntGram/val_pres.php?numtexte=PRO100

Le second propose une initiation plus fouillée de la phonétique corrective

Christian Meunier : Initiation à la phonétique corrective BOD ISBN-978-2-322-20706-0
Site : https://www.la-grammaire-du-fle.com/phonetique/index.php

1.11 La grammaire n'est pas réservée au FLE :

Quelles différences peut-il bien y avoir entre une grammaire du FLE et une grammaire du français pour natifs ?
Les règles devraient bien sûr être les mêmes. Mais celles du FLE doivent être précises, et aussi justes que possible. En effet, l'enseignante de FLE ne peut pas compter sur une quelconque intuition de ses apprenants en français. De plus, pour parler comme un Français, il faut réfléchir comme lui. Il faut donc appréhender la réalité qui nous entoure comme la langue française le permet. Apprendre la grammaire du FLE est donc, pour un natif du français, l'occasion de voir comment fonctionne sa langue maternelle, en se posant des questions sur ce qu'il sait de façon intuitive, sans jamais s'être interrogé dessus. De ce fait, les grammaires du FLE sont donc plus exigeantes que celles destinées aux natifs du français.

En revanche, pour expliquer certains phénomènes, l'enseignante de FLE peut être amenée à prendre des exemples dans les langues étrangères, et peut même, lorsqu'elle a un groupe d'apprenants homogène dont elle possède la langue, recourir à des traductions dans leur langue maternelle.

L'enseignante de français dans un pays francophone s'adressant à des natifs du pays, doit se cantonner à des exemples français, à moins qu'elle n'ait recours à des langues enseignées dans son établissement, le plus généralement l'anglais, l'espagnol, l'italien ou, plus rarement, l'allemand, le russe ou le chinois.

Bien sûr, si les étudiantes sont de futures enseignantes de FLE, on peut recourir à des comparaisons entre les langues, ne serait-ce que pour favoriser la réflexion et montrer que rien ne va de soi. En effet, étant donné que l'*on pense comme on parle dans sa langue maternelle*, et inversement, on a trop souvent tendance à penser que « cela va de soi ».

1.12 Conclusion

L'enseignante et ses apprenants trouveront dans le système *eGrammaire* constitué par la *Grammaire participative*, *eGrammaire* et le petit Guide pratique de la Phonétique corrective, combinant l'utilisation de livres, de sites et de feuilles de route, un outil solide qui les secondera, l'une dans son enseignement, les autres dans leur apprentissage, de façon à rendre plus intéressant, plus fructueux et plus efficace l'apprentissage de la grammaire du français.

Les problèmes traités, les explications fournies par les trois livres et le site sont identiques : il ne peut donc pas y avoir de malentendu.

L'outil est assez flexible pour que l'enseignante puisse varier la conception de son enseignement. Rien ne l'empêche de modifier les feuilles de route, voire d'employer les siennes. Elle peut aussi donner ses propres explications à partir du contenu d'eGrammaire, tout en profitant des exercices du site correspondant.

Quoi qu'elle fasse, elle est invitée, en cas de succès, à en faire profiter les autres enseignantes : elle peut écrire un article et le publier sur le site des http://www.la-grammaire-du-fle.fr en l'envoyant à l'un des auteurs : christmeunier@me.com.

2   Les grands principes de l'apprentissage en autonomie avec eGrammaire

Vous voulez apprendre ou réviser toute la grammaire du français, ou simplement quelques chapitres. Vous vous demandez si vous pouvez choisir *la-Grammaire-du-FLE*, qui vous propose un travail en autonomie, c'est-à-dire en solitaire, mais avec toutes sortes d'outils que ce système met à votre disposition.

Travailler en autonomie n'est pas chose facile. Pour mettre tous les atouts de votre côté, nous allons vous proposer de prendre ensemble votre destin grammatical en main. En fin de compte, c'est vous qui déciderez de tout. Mais il serait dommage que vous ne profitiez pas des conseils des auteurs, qui ont enseigné la grammaire pendant 37 ans, et qui connaissent le site *La-Grammaire-du-FLE* comme leur poche pour l'avoir conçu et réalisé seuls, de A à Z, y compris la programmation.

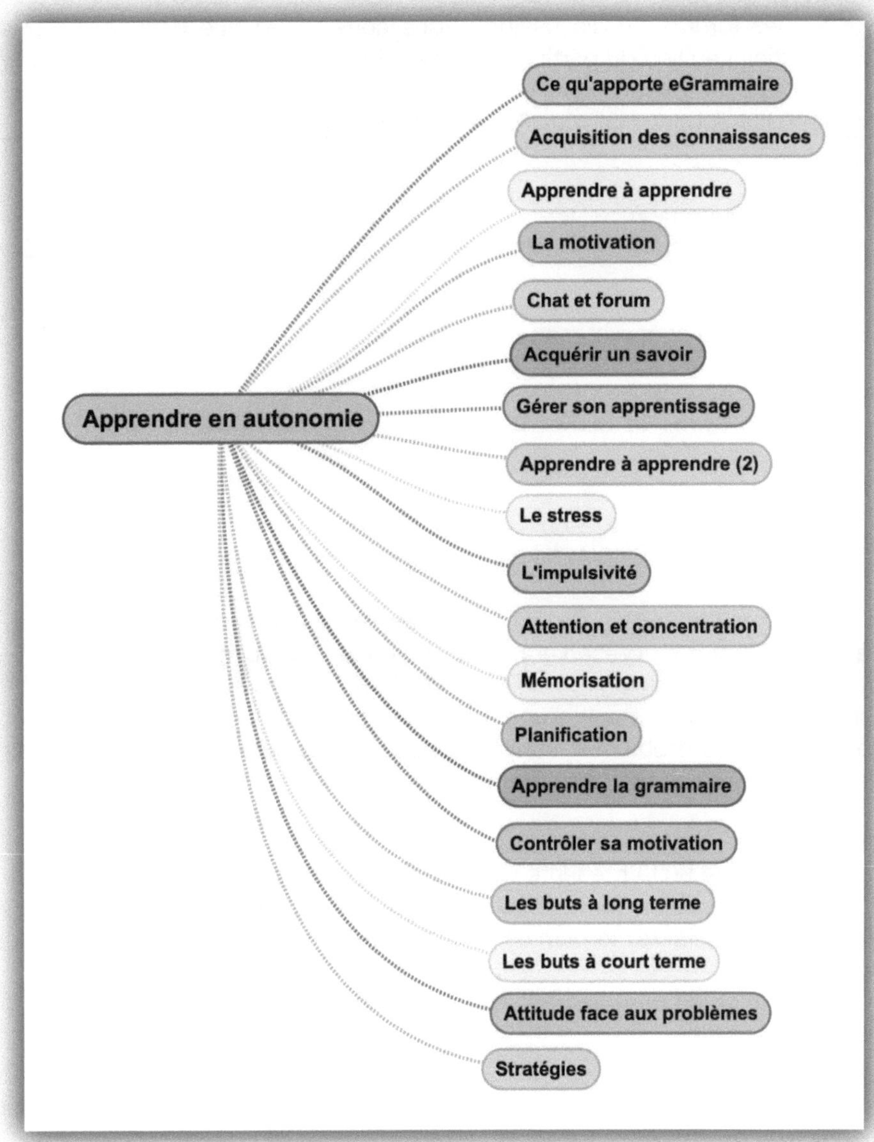

Nous allons d'abord voir les grands principes du travail en autonomie avec *la Grammaire du FLE*, avant de passer à une description au travail concret, au jour le jour.

Avant de vous lancer dans l'apprentissage, vous devriez prendre conscience des grands principes de l'apprentissage en autonomie avec ce système.

2.1 Penser en système

La langue française est un outil destiné à permettre aux francophones de communiquer entre eux. C'est avant tout un outil organisé et systématique. Et comme la façon d'appréhender le monde est en rapport étroit avec la langue maternelle, c'est-à-dire que la langue influence la manière de penser, l'apprenant qui acquiert le français comme langue seconde devra s'approprier cette façon de voir pour bien parler la langue.

2.1.1 La langue est un système

Il ne faut pas perdre de vue, lorsque l'on apprend la grammaire, que l'on a affaire à un système que les règles de grammaire essaient de décrire avec plus ou moins de réussite, selon les auteurs.

Comme son nom l'indique, la *langue* est un outil de communication *oral*. Il faut donc tenir compte de ce fait en apprenant bien *l'unité sur le système phonique et l'intonation du français.* D'ailleurs, lorsque l'on réfléchit en formulant ses idées dans sa tête, c'est la langue orale que l'on utilise. Essayez, observez-vous : vous constaterez que lorsque vous formulez les idées, vous le faites en langue orale.

D'ailleurs, faites un tour sur les forums de discussion : Vous constaterez que beaucoup écrivent comme ils parlent, emploient l'infinitif au lieu du participe, oublient les accords ou en font quand il n'en faut pas etc. La plupart des fautes sont inaudibles à l'oral.

Voici un exemple tiré d'un forum sur Johnny Hallyday (les fautes, en rouge, appartiennent au site) :

> *Re: Rentre chez toi*
>
> *FUENTES le Lun 9 Jan - 21: 34*
>
> *ben si , il reste quand même un inédit puisque il a été édité que pour l'ocasion de l'emission hallyday*
>
> *part johnny passer sur canal +!!*
>
> *se cd est en vente uniquement au fan club et pas dans le comerce!*
>
> *donc il reste inédit!*
>
> *pour moi, il ne sera plus concidérer comme un inédit quand ont l'integrera dans le bercy 92 en*
>
> *comerce!*
>
> *pour l'instant se n'est pas le cas!*
>
> *ont pouvais pensser qu'il aller éttre intégrer dans le bercy 92 du coffret live 2003, ben non!*

Lisez le texte à haute voix : il semble le plus souvent juste. En revanche, les fautes (marquées en rouge) sautent aux yeux à l'écrit. C'est pour préserver l'auteur que nous n'en citons pas le nom.

L'écrit n'arrive qu'en second. En effet, il s'agit d'une façon de coder l'oral par des moyens qui lui sont propres. Ce codage entraîne des problèmes supplémentaires, notamment dans les accords et l'orthographe. Il faudra donc également en tenir compte, mais sans jamais perdre l'oral de vue.

2.1.2 Travailler avec le squelette

La langue étant un système, chaque unité présente une structure, une sorte de squelette qui sous-tend l'apprentissage. Si l'on veut bien saisir le fonctionnement de la langue, il ne faut pas perdre de vue ce squelette. Par exemple, si vous considérez le plan de l'unité sur les démonstratifs, vous verrez qu'il comprend trois grandes parties :

- Définitions : qu'est-ce qu'un démonstratif ? Quelles sortes y a-t-il ?
- Les adjectifs démonstratifs.
- Les pronoms démonstratifs.

On voit donc qu'il va falloir tenir compte de deux catégories concurrentes : les adjectifs et les pronoms, et qu'il va falloir bien faire la différence.

Cette structure vous est donnée, pour chaque unité, à la page : *Que faire ?* Notez-la bien, ou imprimez-la, et gardez-la sous le coude pendant la durée de l'apprentissage.

2.1.3 Tenir compte des prérequis

Dans cette page, on vous précise aussi les prérequis, c'est-à-dire les connaissances qu'il faut posséder avant même de commencer l'apprentissage d'une unité.

Ainsi, si vous voulez apprendre comment faire l'accord du participe, vous devrez avoir des notions de conjugaison (avec *avoir* ou *être*), de la formation du participe passé, et savoir ce qu'est un COD. Tenez-en compte et, si besoin est, apprenez ces prérequis avant.

2.2 Voir la stratégie à appliquer selon le problème

Chaque unité est différente, chaque problème différent. Certaines unités sont assez simples à comprendre (démonstratif, possessif), d'autres sont beaucoup plus complexes (accord du participe, subordonnées). On vous explique dans *eGrammaire,* dans la rubrique *Apprendre à apprendre,* comment aborder ces difficultés. Ces explications sont le résultat de 37 ans d'enseignement de la grammaire du FLE. Vous y trouverez des remarques et des méthodes qui vous feront gagner du temps en mettant l'accent sur les difficultés les plus importantes.

2.2.1 Comprendre les règles

Chacun connaît l'importance des règles dans l'apprentissage de la grammaire. Pourtant, il y aurait quelques réflexions à faire à leur propos :

- Certaines sont fausses, et donc inefficaces (règles traditionnelles de l'emploi de l'imparfait/passé composé/passé simple). Dans *eGrammaire,* ces règles sont justes, et elles ont été vérifiées en cours, à la Freie Universität Berlin.
- D'autres sont très vagues, imprécises, et impossibles à employer (article indéfini/défini).
- Ensuite, ce n'est pas parce que l'on connaît une règle que l'on va faire juste. En effet, l'important, dans une règle, c'est de savoir dans quel cas, à quel moment, et comment l'appliquer. Il faut donc bien la comprendre pour se rendre compte de son emploi.

Étudiez bien la règle, tenez compte des conditions de son emploi, essayez de bien la comprendre, démontez-en le mécanisme, et appliquez-la à tous les exemples que l'on vous propose pour en voir la portée.

2.2.2 Tenir compte des conditions d'applications

Pour s'appliquer, une règle a besoin que certaines conditions soient remplies. Par exemple, pour employer le pronom relatif *dont,* il faut que le mot qu'il remplace soit précédé de la préposition *de.*

Autre exemple : on ne pourra mettre un verbe au passif que s'il est transitif direct, et qu'il admet, donc, un objet direct qui assumera, au passif, le rôle du sujet.

2.2.3 Apprendre les exemples

Une fois que vous avez bien compris, démonté et appliqué la règle, apprenez les exemples par cœur. Cela vous permettra d'acquérir une collection de phrases bien formées, d'expressions idiomatiques, et du vocabulaire. Ayez un carnet dans lequel vous noterez tout ce que vous avez intérêt à savoir et relisez vos notes régulièrement.

2.2.3.1 S'exercer

C'est en forgeant qu'on devient forgeron, et c'est en vous exerçant que vous deviendrez grammairienne ou grammairien.

Ne ratez pas un exercice. Ne le faites pas non plus trop tôt. Faites-le une fois que vous avez bien appris la théorie correspondante que vous appliquerez le mieux possible.

eGrammaire vous propose des pistes de réflexion au cours des exercices. Profitez-en sans hésiter. Lors des corrections, eGrammaire vous propose des explications détaillées. Lisez-les si vous avez fait faux, ou si vous avez choisi la bonne solution au hasard, pour bien comprendre quelles réflexions mènent à la bonne réponse.

2.2.3.2   Contrôle des acquis

C'est bien beau d'apprendre. Encore faut-il faire le bilan quantitatif et qualitatif de ce que vous avez appris.

2.2.3.2.1   Bilan avant apprentissage

Ainsi, il faut d'abord faire le bilan de vos connaissances avant de commencer l'apprentissage de l'unité. Pour ce faire, faites le test d'entrée.

2.2.3.2.2   Apprentissage selon votre plan

Selon le bilan proposé par *eGrammaire,* établissez un plan de votre apprentissage. Utilisez à cet effet les conseils qui vous sont donnés dans chaque unité à la rubrique « que faire ? ». Faites-vous un plan temporel en fonction de la quantité de savoir à acquérir, pour être sure d'avoir assez de temps à consacrer à votre apprentissage.

2.2.3.2.3   Préparation du test

Étudiez bien l'unité. Comprenez bien le problème, étudiez les règles correspondantes, apprenez les exemples en réfléchissant à la manière dont sont employées les règles.

Préparez bien le test avant de le passer, un peu comme si c'était un petit examen, dans lequel vous allez vous montrer à vous-même ce dont vous êtes capable. Certes, votre vie n'en dépend pas, mais je suis sûr que cela ne vous déplairait pas de prouver votre savoir et votre savoir-faire… même si ce n'est qu'à vous-même.

2.2.3.2.4   Bilan après apprentissage

Une fois le test passé arrive le moment du bilan.
• Le résultat est-il à la hauteur de vos espérances raisonnables ?
• Le test était-il difficile ? Les difficultés étaient-elles surprenantes ou vous étaient-elles familières ?
• Avez-vous tout compris, ou reste-t-il encore des zones d'ombre ?

Une fois le bilan établi, il convient encore de revenir sur les domaines mal compris en revoyant les explications, et en refaisant les exercices correspondants.

Si vous êtes satisfaite de vos résultats, il ne vous reste plus qu'à continuer votre apprentissage. Mais si vous avez des doutes, alors, revoyez point par point votre façon de travailler. Utilisez pour cela notre feuille de réflexion. Imprimez-la, et surlignez les points qui vous sembleront les plus pertinents. Essayez alors de remédier aux problèmes que vous aurez identifiés lorsque vous étudierez la prochaine unité.

2.2.3.3   Contrôle de ma méthode

2.2.3.3.1   Le résultat est-il à la hauteur de mes attentes ?
• Ai-je atteint mes objectifs ?
• Suis-je satisfaite de mes résultats ?
• Suis-je sur la bonne voie pour atteindre mon objectif final ?

2.2.3.3.2   Ma façon d'apprendre est-elle adaptée ?

2.2.3.3.2.1   Efficacité en termes de résultats
• Ai-je atteint le maximum de ce que je pouvais atteindre ?
• Ai-je travaillé sans problème, sans gêne extérieure ?

2.2.3.3.2.2   Efficacité en termes de moyens
• Ai-je dépensé l'énergie nécessaire ?
• Ai-je travaillé dans les meilleures conditions ?
• Ai-je travaillé de façon régulière et concentrée ?
• Ai-je bien lu les conseils *d'eGrammaire* au début de chaque unité, à la rubrique « que faire ? » et les ai-je bien suivis ?

2.2.3.4 Mon environnement et mon apprentissage
Suivent quelques réflexions sur mon environnement de travail, physique et humain.

2.2.3.4.1 Plaisir d'apprendre
Cela me fait-il plaisir d'apprendre ou est-ce plutôt une corvée ?

2.2.3.4.2 Les gens qui m'entourent
- Les gens qui m'entourent sont-ils d'accord avec mon apprentissage ?
- M'admirent-ils, ou du moins ont-ils quelque considération pour mon travail ?
- Comprennent-ils mes désirs, mes objectifs ?
- Soutiennent-ils mes efforts ? M'encouragent-ils ?

2.2.3.4.3 Le cadre de mon environnement
- Le cadre dans lequel je travaille me permet-il l'apprentissage ?
- Est-ce que j'y trouve la tranquillité nécessaire à la réflexion, à la concentration ?
- Ai-je de bons outils : ordinateur performant, cahier et stylo pour prendre des notes, une imprimante pour fixer sur le papier les informations les plus importantes ?
- Ai-je la possibilité de me relaxer, de me reposer lorsque c'est nécessaire ?

2.2.3.4.4 Améliorations à apporter
- Dois-je améliorer les conditions dans lesquelles je travaille ?
- Dois-je modifier ma façon de travailler (prise de notes, apprentissage, etc.)
- Y a-t-il quelque chose à changer ?
- Les prérequis sont-ils tous acquis, ou faudrait-il que j'y travaille encore ?

2.2.3.5 Chercher des appuis
Peut-être vous sentez-vous seule ? Dans ce cas, adressez-vous à d'autres personnes pour discuter de vos problèmes. Si vous ne trouvez personne, adressez-vous aux auteurs : christmeunier@me.com., en précisant que vous êtes une utilisatrice de « La-Grammaire-du-FLE ».

2.2.3.5.1.1 Apprendre seul ou se tourner vers les autres ?
On a quelquefois besoin de s'adresser à d'autres humains, vos parents, vos proches, ou encore à des tierces personnes neutres et bienveillantes.

2.2.3.5.1.2 Contacter les « compagnons de chaîne » (comme dans les galères…).
- Ceux qui apprennent comme vous en utilisant *eGrammaire* présentent pour vous un avantage évident : ils connaissent les mêmes problèmes que vous.
- Vous pouvez discuter avec eux en différé sur le forum des apprenants.
- Vous pouvez aussi discuter en direct par le tchat.

2.2.3.5.1.3 Contacter une enseignante
Vous pouvez également vous adresser à un responsable d'*eGrammaire* en utilisant l'adresse christmeunier@me.com. Posez votre question après avoir précisé votre situation d'utilisatrice d'eGrammaire. On vous répondra ou on vous donnera rendez-vous sur le tchat.

2.2.3.5.1.4 Organiser un travail en équipe
Vous pouvez voir s'il existe d'autres apprenants qui utilisent *eGrammaire* autour de vous, et organiser avec eux un groupe pour travailler en équipe. Utilisez un logiciel comme *Skype* pour discuter à plusieurs gratuitement.

2.3 Travailler en autonomie avec eGrammaire

2.3.1 Réflexions sur l'apprentissage en autonomie avec eGrammaire

Nous savons que, pour travailler seul, il faut de la motivation, et que cette motivation, pour triompher des obstacles qui ne manqueront pas de se placer sur votre chemin, doit être solide.

2.3.2 Fixons les objectifs

Vous avez bien sûr réfléchi sur les raisons qui vous ont amenée à prendre la décision de travailler seule sur la grammaire du français. Que vous prépariez un examen ou un concours, que vous le fassiez pour le plaisir, pour obtenir une promotion, par nécessité ou pour faire plaisir à vos parents, vous êtes sûre que ces raisons seront valables et suffisantes pour soutenir votre motivation jusqu'à la fin de votre apprentissage.

2.3.3 Contrôlons que vous remplissez bien les conditions

Pour profiter d'eGrammaire, il faut être capable de lire et de comprendre les explications en français. Il faut donc que vous ayez le niveau de quelqu'un qui a eu au moins 5 ans de français au lycée : vous êtes une lycéenne qui se prépare au baccalauréat, une étudiante qui a besoin de grammaire française pour ses études, peut-être pour devenir professeur de français, une enseignante dont la langue maternelle n'est pas le français, et qui veut réviser la grammaire, ou encore une francophone qui a besoin de grammaire pour des raisons professionnelles (enseignement, concours d'orthophoniste, etc.).

2.3.4 Pourquoi eGrammaire ?

2.3.4.1 D'abord, à cause des contenus :

Liste des chapitres traités:

- *Avant-Propos: Grammaire, vous avez dit "grammaire"?*
- *Bases de la langue*
  - Le système phonique et l'intonation du français.
  - La forme affirmative.
  - La forme interrogative.
  - La forme négative.
  - La mise en relief.
- *Le groupe nominal*
  - *Les déterminants*
    - L'article
    - Les démonstratifs
    - Les possessifs
    - Les indéfinis
  - *Adverbes et adjectifs*
    - Les adjectifs qualificatifs
    - Les adverbes
    - Les adjectifs numéraux
  - Le nom
  - Les pronoms personnels
- *Le verbe*
  - Le verbe : Voix, modes, temps, valence
  - Formation des temps et conjugaisons(lire ou télécharger)
  - Emploi des modes et des temps
    - Les temps de l'indicatif
    - Les temps du passé (imparfait, passé simple, passé composé)
    - Le conditionnel (Conjugaison / Emploi)
    - Le subjonctif (Conjugaison / Emploi)
    - L'impératif (Conjugaison / Emploi)
    - L'infinitif (Conjugaison / Emploi)
    - Les participes: passé, présent / Le gérondif/ L'adjectif verbal
  - L'accord du participe
- *L'articulation syntaxique des idées*
  - Phrase simple / phrase complexe
  - Le discours rapporté
  - Les relatives
  - Les complétives
  - *Les circonstancielles et leurs équivalents*
    - Les circonstancielles de temps
    - Les circonstancielles de cause
    - Les circonstancielles de conséquence
    - Les circonstancielles de but
    - Les circonstancielles de concession
    - Les circonstancielles de condition
    - Les circonstancielles de comparaison

- La grammaire enseignée est cohérente, systématique, complète. Chose rare, elle intègre le système phonique du français, et chose rarissime, elle explique et intègre le système intonatif (mélodie, accent tonique et durée), et se fonde sur ces connaissances pour expliquer la construction des phrases, le fonctionnement de l'affirmative, de l'interrogative, de la négative et de tous les phénomènes dérivés (élision, choix des pronoms personnels à l'impératif, démonstratifs, accord des adjectifs, etc.) qui en découlent.

- Un effort particulier est apporté à l'utilisation systématique de la valence des verbes, qui explique la construction du syntagme verbal, le choix des pronoms relatifs, des pronoms personnels.

- L'accent est mis aussi sur le système verbal comprenant le rôle de la voix, des modes et des temps, comment fonctionne la dualité temps simples / temps composés.

- Le système des temps simples du passé (imparfait / passé simple ou composé) est présenté de façon originale, dans un système qui fonctionne, contrairement aux règles éculées traditionnelles (imparfait = habitude, action qui dure, historique, etc.), qui ne résistent pas à l'analyse rigoureuse, mais qui sont trop souvent employées en pure perte.

- L'argumentation est assurée grâce à l'étude des subordonnées circonstancielles et de leurs substituts (compléments, participes, infinitifs, etc.).

2.3.4.2   Ensuite, à cause de l'organisation qu'apporte le système :

- Des leçons qui couvrent l'ensemble des connaissances.

- Une évaluation avant et après chaque étape de l'apprentissage, permettant le contrôle des acquis ;

- Des explications présentant les problèmes dans un ordre pédagogique, du plus simple au plus compliqué, du plus fréquents au plus rare.

- Puis, à cause des modules d'aide qui utilisent les méthodes « *apprendre à apprendre* » et « *gestion de la motivation* ».

2.3.4.3   Enfin, eGrammaire vous permet d'entrer en contact avec d'autres apprenants et une enseignante ou un enseignant.

Ainsi, vous avez la garantie que votre apprentissage sera fondé, cohérent, progressif, et que vous obtiendrez l'aide nécessaire, tout en gardant la responsabilité de votre démarche.

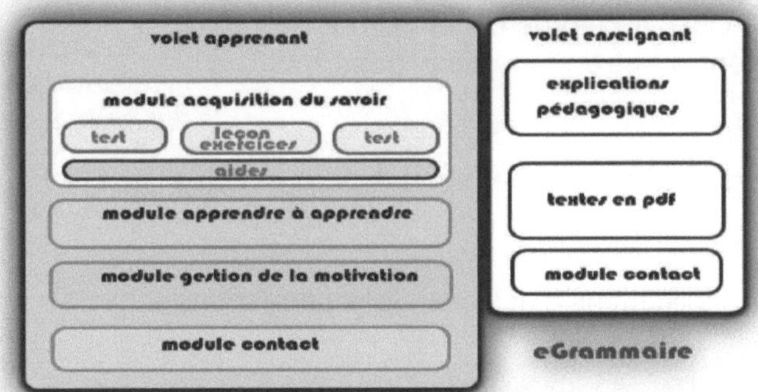

2.3.5   Planifions le travail

2.3.5.1   Tout d'abord, il faudra planifier votre travail dans le temps :
Combien de temps vous faudra-t-il pour atteindre vos objectifs ?
Ensuite, quel moment choisir ? Si votre effort doit durer plusieurs mois, il vaudra mieux placer le moment de votre apprentissage dans votre emploi du temps, à un moment libre, par exemple, le mardi, de 10 heures à 12 heures Ainsi, l'habitude aidant, il vous sera plus naturel d'effectuer votre travail au milieu d'autres tâches, et plus facile de le faire.
Bien entendu, il faudra être flexible au cas où vous auriez des problèmes inattendus. Mais attention : il ne peut s'agir que d'une annulation ou d'un report occasionnel, qui ne devra pas se renouveler trop souvent, sous peine de mettre votre organisation en péril.

2.3.5.2   Il vous faudra aussi trouver un lieu adapté,
offrant la présence d'un ordinateur ou une tablette en mesure d'accéder au WEB, mais aussi un endroit assez confortable, tranquille, propice à la concentration et au travail intellectuel, et où vous ne risquiez pas d'être distraite. Évitez les sources de bruits (radio, télévision ou lecteur MP3) et n'oubliez pas d'éteindre votre téléphone portable. Mettez de la musique douce à faible volume si cela peut vous aider. N'oubliez pas vos proches, que vous devrez avertir, et qui, s'ils veulent vous soutenir, devront rester discrets.

2.3.5.3   Il vous faudra en outre une méthode adaptée :
- Un carnet pour noter le vocabulaire appris. 
- Un cahier pour prendre des notes, ainsi qu'un stylo bicolore.

Pour vous aider dans votre plan, allez à la page « les Unités » et imprimez-la. Vous avez ainsi la liste des unités rangées en catégories, dans un certain ordre.

Si vous voulez revoir l'ensemble de la grammaire, il vous est conseillé d'étudier les unités dans l'ordre proposé. En effet, chacune nécessite comme prérequis des connaissances abordées dans les unités précédentes.

2.4 Attaquons la grammaire

eGrammaire en liberté

Si vous avez *le livre eGrammaire*, vous pouvez lire le chapitre dans votre livre et utiliser la rubrique *exercices seuls*, pour faire les exercices correspondants qui seront corrigés par le serveur du site.

eGrammaire avec tuteur

Vous pouvez bien sûr vous procurer le livre, qui vous permettra de lire le chapitre en toute tranquillité, mais ce n'est pas obligatoire, car *eGrammaire* vous offre à la fois l'organisation et les aides, vous propose les exercices au moment même vous en avez besoin, et les aides sont à votre disposition quand vous en avez besoin.

Lorsque vous choisissez une unité, vous tombez sur une page intitulée « accueil », et qui vous permet d'aller :

- **Au test d'entrée.**
- **À la leçon** comprenant les explications et les exercices correspondants.
- **Au test de sortie.**

Mais avant de se lancer dans le travail d'un chapitre, il convient d'aller voir à la page « *que faire ?* » la liste des prérequis, c'est-à-dire des connaissances dont il faut disposer avant de se lancer dans l'étude de l'unité choisie.

Même si vous vous contentez de survoler les prérequis, en regardant de plus près les problèmes qui vous paraissent les plus importants, il faut vous assurer que vous les possédez.

Si vous avez commencé par la première unité, et que vous ayez suivi l'ordre proposé, vous devez les connaître.

2.4.1 Le test d'entrée

Passez le test. Lisez bien les instructions, et essayez de les respecter.

Une fois le test passé, cliquez sur « corrigez ». *eGrammaire* corrige votre test et vous propose un bilan.

Il analyse les réponses en les regroupant par sous-chapitres, pour que vous sachiez sur quels problèmes précisément doit porter votre effort.

eGrammaire oublie vos résultats. C'est à vous de les inscrire dans une fiche de résultats que vous pouvez télécharger sur le site. Vous pourrez aussi montrer cette feuille à l'enseignante qui dirige votre apprentissage.

2.4.2 La leçon

La leçon vous offre de façon pédagogique les explications dont vous aurez besoin. Si nécessaire, on vous propose des images, photos ou graphiques. Ces illustrations ne sont pas là pour la décoration.

Regardez-les bien : elles sont expliquées dans le texte et ont pour but principal celui de rendre plus claires les explications, selon le principe attribué à Napoléon : « *Un bon croquis vaut mieux qu'un long discours.* »

2.4.3 Les explications

Même si le test vous a dit que vous pouviez vous dispenser de l'étude d'un sous-chapitre, nous vous conseillons de tout lire, ou du moins d'en vérifier le contenu. La raison en est simple : *eGrammaire* vous présente la grammaire française en système. Ainsi, il serait dommage qu'il manque quelques briques à votre mur. Vous pouvez bien sûr passer plus vite sur des contenus déjà assimilés.

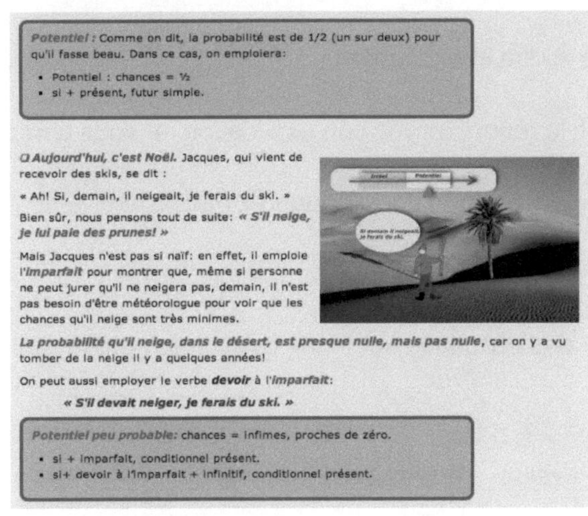

Au début, on vous a nommé les grands traits du contenu de l'unité.

Afin que vous suiviez bien les explications, et que vous reconnaissiez toujours dans quelle branche du système vous vous trouvez, nous vous conseillons d'imprimer la table des matières de la leçon, de garder ce plan sous les yeux, et de replacer ce que vous êtes en train d'apprendre dans l'organisation générale de l'unité.

2.4.4 N'oubliez pas de prendre des notes, c'est-à-dire :
* D'écrire les titres en rouge.
* De résumer, une fois que vous les avez étudiés, les contenus avec vos propres mots.
* D'inscrire les exemples et de les apprendre. Traduisez-les dans votre langue maternelle. Plus tard, relisez ces traductions, et essayez de retrouver l'exemple français.
* Inscrivez le vocabulaire dans un carnet de vocabulaire et apprenez-le. Lorsqu'il s'agit de métalangage (ici, de vocabulaire propre à la grammaire, comme « complément circonstanciel »), précisez-le. En outre, lorsque vous notez un mot, n'oubliez pas de noter son environnement :
  * Pour un nom, notez son genre : *canard (le)*, *souris (la)*, son pluriel lorsqu'il est irrégulier et toute autre particularité : *animal (le - > l') pl. animaux.*
  * Pour un verbe, des indications sur sa conjugaison, son auxiliaire, sa valence : *donner qc à qn* (avoir/ 1er groupe).
  * Pour un adjectif
    * ☐ Sa position (avant ou après le nom),
    * ☐ Ses formes particulières (féminin, pluriel, changements devant voyelles ou h muet) : *beau* (avant), f : *belle(s)*, m.pl. *beaux*
    * ☐ Comparatif ou superlatif irréguliers : *bon - > meilleur <> un beau cochon.*
    * ☐ Devant voyelle ou h muet : *beau - > bel : un bel homme <> un beau cochon.*
  * Notez tout ce qui facilitera l'emploi du mot.

2.4.5 Les exercices
Faites les exercices, et utilisez bien :
* Les *aides* qui vous sont proposées en haut, avant le début de l'exercice. Si l'aide ne vous suffit pas, vous pouvez revoir les paragraphes qui sont traités dans l'exercice.
* Le *dictionnaire grammatical*. Si vous ne savez plus ce qu'est un h muet, si vous voulez avoir la définition d'un mot, alors, n'hésitez pas. Vous aurez droit à une définition, à un exemple, et vous aurez une collection de termes qui correspondent. Vous pourrez les apprendre avec leur(s) exemple(s).

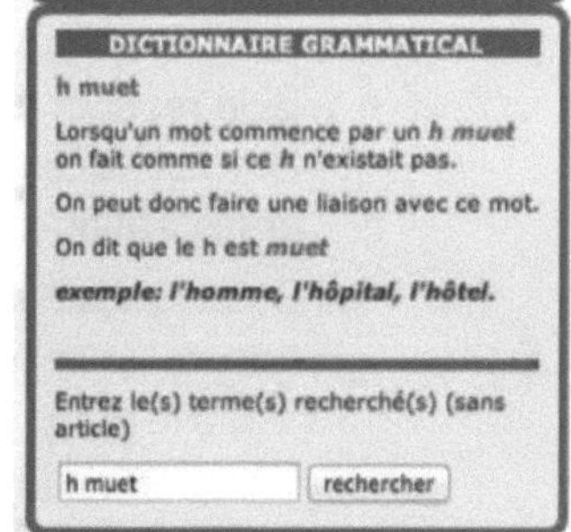

Ces exercices sont corrigés par *eGrammaire*, qui vous donne, en plus de la correction, un commentaire expliquant comment faire pour trouver la bonne réponse.

Vous pouvez beaucoup apprendre de cette correction :

• Si vous avez répondu juste, il vous le dit, et vous explique par quelle réflexion on arrive à la bonne réponse. Vous n'êtes pas obligée de lire toutes les explications. Si vous savez pourquoi votre réponse est juste, allez vite à la suivante.

Mais si vous aviez quelque doute, alors, lisez les explications, et vous saurez pourquoi vous aviez raison de répondre ainsi.

• Si vous avez répondu faux, *eGrammaire* vous le dira et expliquera la solution que vous auriez dû choisir ...

• Si vous n'avez pas répondu, vous aurez droit à la réponse avec son explication, et vous aurez intérêt à bien la lire si vous voulez comprendre.

Notez que vous pouvez refaire un exercice aussi souvent que vous le jugerez nécessaire.

eGrammaire ne conserve aucune trace de vos réponses, pour ne pas compliquer le travail du serveur en créant une foule de données que personne ne relira jamais.

Les explications sont alors simples, car le nombre des réponses est limité. Mais il est prévu, dans une version à venir, d'améliorer les exercices.

2.4.6   Le test de sortie

Il est conseillé de prendre ce test au sérieux, car il évalue votre apprentissage, et donc, la qualité de votre travail.

Avant de le faire, revoyez vos notes, et contrôlez que vous possédez bien votre sujet. Le moment venu, faites-le.

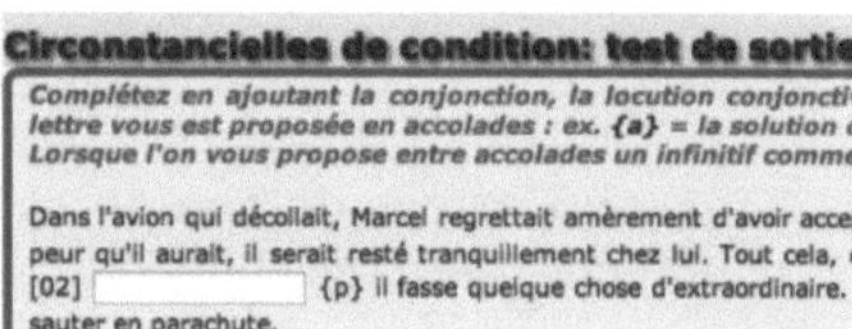

Même si personne ne saura jamais que vous avez fait le test avec vos notes sur les genoux, ou avec l'aide d'une tierce personne, nous vous conseillons de le faire dans les conditions d'un examen, et donc, sans notes, en une fois, et dans un temps raisonnable. Vous savez bien que vous êtes la seule responsable de votre travail, et que c'est à vous seulement que vous devez des comptes.

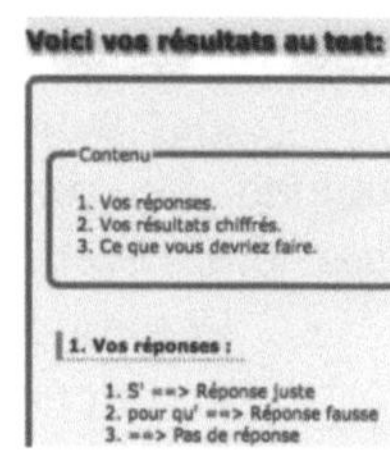

Vous ne pouvez pas tricher avec vous-même. Donc, ayez du respect pour votre travail, ayez confiance en vous, et allez-y. *eGrammaire* fera le bilan de ce test. Elle vous félicitera si vous vous en êtes plutôt bien tirée.
S'il y a des faiblesses, vous le saurez :

Elle vous conseillera peut-être de revoir certains sous-chapitres. *eGrammaire* ne garde pas les résultats, que vous aurez intérêt à inscrire sur la fiche de résultats que vous aurez téléchargée. Ainsi, vous pourrez la consulter à tout moment, ou la montrer à votre enseignante qui pourra vous aider à vous organiser.

Si vous décidez de refaire le test, cela est tout à fait possible. Vous remplacerez les anciens résultats par les nouveaux.

2.5   Apprendre à apprendre : comparer les tests

Avant de passer à l'unité suivante, il faut absolument analyser le bilan du test final, et le comparer au test initial.

• Si le résultat est bon, tout va bien.

• Si vous vous attendiez à mieux, comparez les résultats des deux tests pour voir s'il y a une amélioration.

• Si ces résultats ne sont pas meilleurs, ou au moins peu différents, réfléchissez à l'organisation de votre travail :

  o Avez-vous fait un emploi du temps ?

  o Les moments de travail sont-ils bien choisis, pas trop tard, ou alors que vous êtes déjà fatiguée ?

  o Respectez-vous scrupuleusement votre plan ?

Contrôlez votre environnement de travail, en particulier réfléchissez sur la présence de proches, et sur les conditions de tranquillité.

- Votre attention est-elle distraite par la présence de quelqu'un ?
- Y a-t-il autour de vous des sources de distraction ? La télévision, la radio et surtout votre téléphone portable sont-ils éteints.

Lorsque vous êtes fatiguée et que plus rien ne rentre, vous accordez-vous des moments de récupération ?

Réfléchissez à votre façon d'apprendre :

- Lisez-vous bien les explications ?
- Les comprenez-vous ? Seriez-vous capable, une fois que vous les avez lues, de les récapituler de mémoire ?
- Prenez-vous des notes dans votre cahier : par exemple, les grands titres, avec si nécessaire, quelques remarques ?
- Notez-vous bien les exemples et les apprenez-vous ?

2.5.1   Contrôlez votre motivation.

- Vos objectifs sont-ils toujours les mêmes ? Sont-ils toujours aussi forts ?
- Avez-vous rencontré des difficultés d'origine extérieure dans votre apprentissage (maladie, mauvaise nouvelle, coup du sort) ?
- Ressentez-vous des difficultés intérieures, du vague à l'âme, du découragement ?
- Prenez-vous des excitants, des médicaments, voire des drogues qui expliqueraient que vous êtes fatiguée, voire plus ?

2.5.2   Souvent, il suffit de trouver la raison pour trouver une solution.

- Si vous en faites trop, réduisez la somme de travail pour vous accorder un peu de repos, le temps de reprendre le rythme.
- Si vous n'en faites pas assez, augmentez ce rythme.
- Si le problème vient de votre environnement qui distrait votre attention, prenez la décision qui rétablira l'équilibre (éteignez le téléphone : vous avez une messagerie que vous écouterez après. Éteignez la télévision. Dites au bavard qui vous empêche de vous concentrer de se taire, poliment et en lui expliquant pourquoi.)
- Si vous travaillez trop en dilettante, apportez-y plus de sérieux : prenez des notes, relisez-les, apprenez les exemples.

Relisez les conseils de la rubrique Apprendre à apprendre et ceux de la rubrique Contrôle de la motivation.

Si vous ne trouvez toujours pas les raisons, ou la solution, vous pouvez, par l'intermédiaire du forum ou du tchat, prendre contact avec un autre apprenant, ou encore, vous adresser à une enseignante de *eGrammaire* en lui exposant votre problème (sauf ceux d'argent : les professeurs sont en général de mauvais banquiers).

2.5.3   Contribuez à améliorer eGrammaire

Vous pouvez, si vous le désirez, faire des propositions d'amélioration à l'auteur. Servez-vous pour cela du formulaire correspondant. Vous y aurez accès à partir de la rubrique « mon apprentissage ».

« *La critique est aisée, mais l'art est difficile.* », écrivait BOILEAU dans son *Art poétique*. Tenez en compte, et pratiquez la critique constructive, si vous en ressentez le besoin.

L'auteur ,qui a beaucoup investi de son temps, de son savoir, et même de son argent, se réjouira de chaque marque de satisfaction, ce qui ne doit pas vous empêcher, bien sûr, d'émettre une critique constructive.

En outre, l'auteur aimerait bien recevoir des informations sur le temps que vous avez passé sur chaque unité, sur les difficultés rencontrées, bref, sur toutes les expériences que l'on pourrait transmettre aux futures utilisatrices pour leur permettre de faciliter leur apprentissage. Merci d'avance à toutes celles et à tous ceux qui prendront le temps de faire part de leurs expériences sur le formulaire prévu à cet effet.

3 En résumé : eGrammaire, l'apprenant, son apprentissage et sa motivation

La conception d'eGrammaire tient compte de tous ces aspects.

3.1 Qu'est-ce qu'eGrammaire ?

eGrammaire est un module du site **la-grammaire-du-fle.com** dont l'adresse est :

https://www.la-grammaire-du-fle.com/egrammaire

Il est ouvert gratuitement à toutes celles et à tous ceux qui estiment pouvoir en avoir besoin.

Il offre une grammaire complète du Français Langue étrangère (FLE), composée de 4 modules principaux :

- **D'un module d'acquisition du savoir**, composé de 35 unités. Ce module d'apprentissage s'accompagne
- **D'un module « apprendre à apprendre »** pour permettre à l'apprenant d'apprendre le plus facilement possible, avec les méthodes les plus adaptées à son cas, et d'en changer en cas de besoin.
- **D'un module « motivation »** permettant à l'apprenant de gérer sa motivation.

D'un module de désenclavement de l'apprenant lui offrant la possibilité de s'adresser : aux autres apprenants par l'intermédiaire d'un forum des apprenants à une enseignante par courriel.

Il est en outre accompagné d'un module "phonétique corrective" : https://www.la-grammaire-dufle.com/phonetique, et d'un module sur la valence verbale : https://www.la-grammaire-du-fle.com/valence. Ils sont tous bâtis sur le même principe

eGrammaire offre aux enseignantes un deuxième volet leur proposant :

- Des explications pédagogiques et didactiques sur la façon d'enseigner la grammaire du français langue étrangère, en général pour commencer, puis unité par unité.
- À celles qui enseignent le français, mais qui ne veulent pas se charger d'enseigner la grammaire, *eGrammaire* propose de s'occuper de l'enseignement de la grammaire à leur place.

3.2 Le public

Selon le volet envisagé, le système s'adresse :

- À des apprenants ayant au moins 5 ans de français, et désireux de réviser ou d'apprendre la grammaire du FLE, que ce soit en totalité, ou en partie, et décidés à travailler en autonomie.
- À des apprenants ayant au moins 5 ans de français, et envoyés par leur enseignante pour apprendre La-Grammaire-du-FLE parallèlement son enseignement.

Le volet « enseignante » s'adresse exclusivement :

- Aux enseignantes qui s'intéressent en qualité d'apprenante Page 31 sur 191 ou comme enseignantes à La-Grammaire-du-FLE et au travail en autonomie.

- À des enseignantes de FLE dont la langue maternelle n'est pas le français, et qui désirent réviser La-Grammaire-du-FLE en autonomie.

3.3 Les objectifs

Les objectifs sont nombreux et variés, mais ils ont tous pour point commun l'apprentissage de la grammaire du FLE. Les utilisatrices ou utilisateurs peuvent :

- Vouloir réviser une unité ou plusieurs pour des raisons diverses.
- Préparer un examen dans le cadre d'études (professeur de français, orthophoniste)
- Compléter leurs connaissances, ou les préciser en tant qu'enseignante de FLE.

3.4   Les moyens proposés

Comme décrit plus haut, eGrammaire propose :

3.4.1   Le savoir et les compétences
Un module d'acquisition du savoir, composé de 36 unités, propose pour chacune d'elles :
- Un test d'entrée pour identifier les besoins,
- Une leçon illustrée accompagnée d'exercices,
- Un test de sortie pour évaluer les acquis.

Le savoir est proposé selon le système de la difficulté fractionnée, pour faciliter l'apprentissage. Les problèmes sont présentés du plus simple au plus compliqué, chaque étape se construisant sur l'étape précédente.

Chaque unité est replacée dans le contexte général : on propose à l'apprenant, avant qu'il n'aborde l'unité (test, explications, test) une liste de prérequis, c'est-à-dire de connaissances nécessaires à l'apprentissage de l'unité.

Tout est donc fait pour proposer à l'apprenant un apprentissage à sa portée, ordonné, progressif dans sa difficulté.

3.4.2   Apprendre à apprendre
Le module « apprendre à apprendre » propose :
- Des explications d'ordre général montrant l'importance de savoir apprendre.
- Pour chaque unité, une stratégie d'apprentissage adaptée à la difficulté traitée dans l'unité.
- À l'heure du bilan du test de sortie, une comparaison entre les résultats du test d'entrée, et ceux du test de sortie, permettant une réflexion sur la pertinence des méthodes utilisées et proposant une modification de ces méthodes en cas de besoin.

3.4.3   Motivation
L'apprentissage en autonomie nécessitant une motivation à toute épreuve, *eGrammaire* permet à l'apprenant de réfléchir, en cas de besoin, sur cette motivation. Là aussi, il propose :
- Des explications d'ordre général permettant la prise de conscience du problème et de son importance.
- Un formulaire auto-évalué permet à l'apprenant de réfléchir sur sa motivation.
- Les efforts déployés par le système pour rendre l'apprentissage plus facile contribuent grandement à lutter contre la démotivation.

3.4.4   Le travail en autonomie eGrammaire est donc un système permettant le travail en autonomie, éclairé et soutenu par plusieurs fonctions.

L'apprenant est libre d'organiser son apprentissage en toute connaissance de cause. Il est responsable de ses stratégies, mais il peut prendre ses décisions en sachant ce que ses choix peuvent entraîner.

3.4.4.1   Désenclaver l'apprenant

Les apprenants en autonomie sont souvent des loups solitaires. Cependant, *eGrammaire* leur donne la possibilité de s'adresser :

- À d'autres apprenants pour échanges d'expériences.
- À une enseignante pour obtenir une aide que le système ne peut fournir.

4 L'organigramme d'eGrammaire livre / site

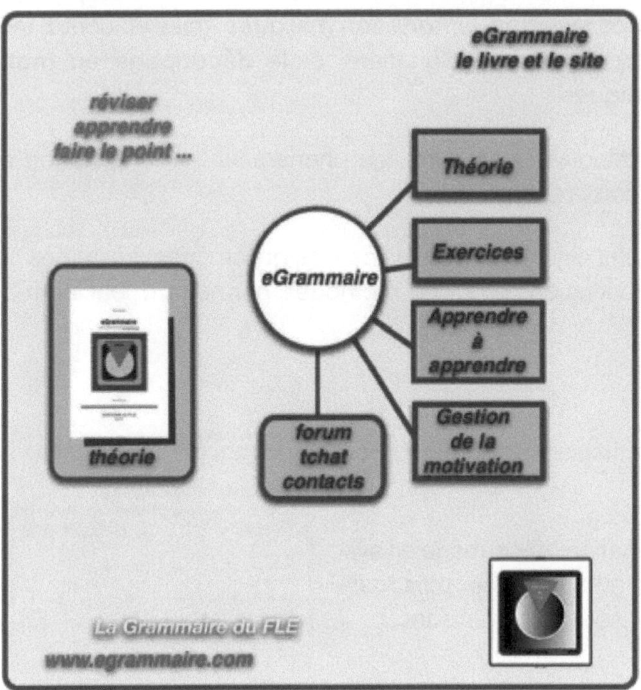

4.1 Où trouver eGrammaire ?

4.1.1 Le module de grammaire :
https://www.la-grammaire-du-fle.com/egrammaire (règles, exemples, exercices, tests)
http://www.la-grammaire-du-fle.fr (Explications pour enseignantes et apprenants)

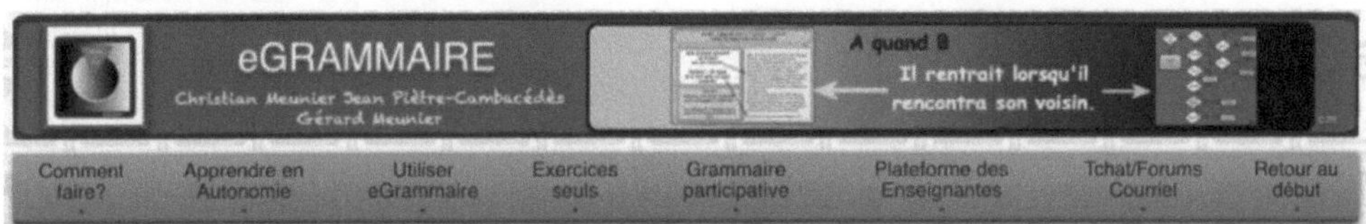

Notez que vous pouvez **chater**, écrire sur un **forum** ou **envoyer un courriel** de ce site : Tchat / Forums Courriel.
Vous pouvez, en interrogeant « **Comment faire ?** », avoir des conseils pour l'emploi du site **https://www.la-grammaire-du-fle.com** .

4.1.2 Le module de phonétique corrective
https://www.la-grammaire-du-fle.com/phonetique
Pour s'initier comme enseignante à la phonétique corrective, ou pour apprendre la prononciation des phonèmes et de l'intonation du français.

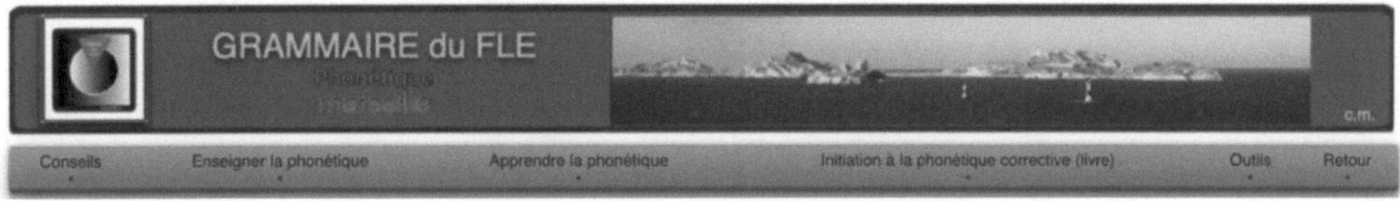

« **Enseigner la Phonétique** » initie l'enseignante à la phonétique (phonèmes, séparation en syllabes, découpage en mots phoniques, intonation) et aux méthodes de correction du FLE.

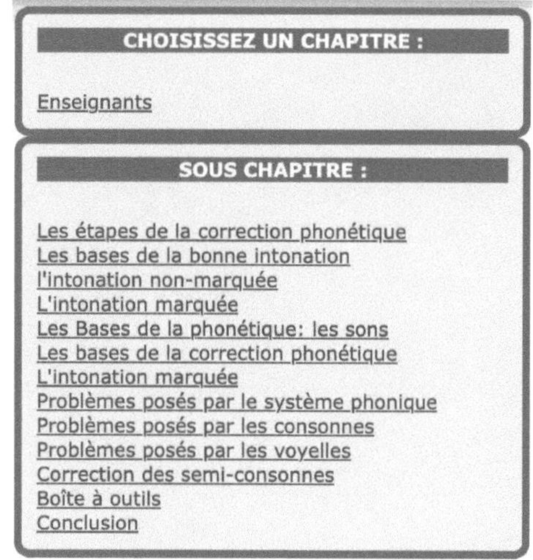

Ainsi, l'enseignante peut s'initier à la phonétique en découvrant **l'intonation non marquée** (sans intention particulière) avec ses trois composantes : **mélodie/ accent tonique/ durée des syllabes**, **l'intonation marquée** (mise en doute, évidence, surprise, indignation), et le **découpage en mots phoniques**.

Elle découvrira en outre les phonèmes, leur articulation et leur compréhension.

Ensuite, elle découvrira les causes qui amènent les fautes de prononciation, puis, les méthodes permettant leur correction.

Apprendre la phonétique propose un apprentissage en groupes, ou en autonomie, sur les éléments ci-contre :

L'alphabet phonétique international (API), l'intonation (découpage en syllabes, en mots phoniques, liaisons, intonation non marquée, puis marquée) les voyelles, les consonnes, les semi-consonnes, les liaisons.

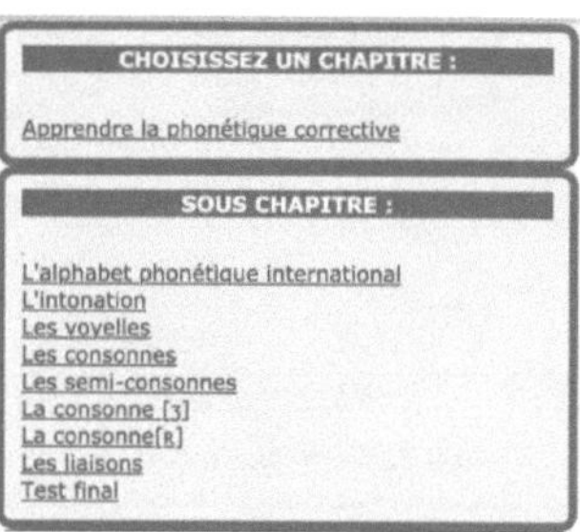

Ce module comprend des explications illustrées d'exemples sonores, de graphiques normés, de nombreux exercices corrigés par l'ordinateur, ainsi qu'un test final permettant de faire le bilan.

Ce module peut être utilisé par l'enseignante pour s'initier, en particulier si elle a appris avec le module **Enseigner la phonétique**, mais aussi pour un travail en groupe ou en individuel, dans le cadre d'un cours, ou enfin, dans un apprentissage en autonomie.

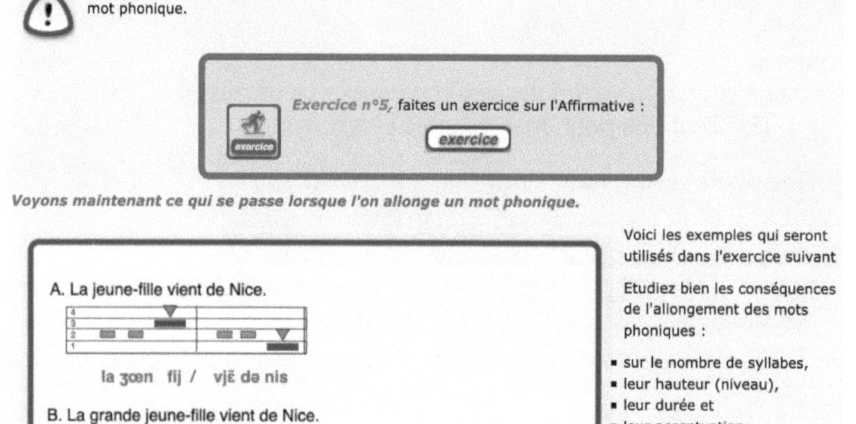

L'initiation à la phonétique corrective est destinée aux enseignantes ou futures enseignantes désireuses de s'initier aux problèmes posés par la prononciation des voyelles, consonnes et semi-consonnes, mais aussi par l'intonation (mélodie, accent tonique, durée des phonèmes).

Les exemples sont sonorisés, l'intonation présentée sous la forme de graphiques pédagogiques représentant la mélodie, l'accent tonique ainsi que la durée moyenne des syllabes.

L'accent est mis sur la description des fautes possibles, ainsi que sur les causes, les méthodes pour les corriger, les traitements à mettre en place.

4.1.3 Le module sur la valence verbale

https://www.la-grammaire-du-fle.com/valence

Pour s'initier comme enseignante à la valence verbale ou pour apprendre à s'en servir.

Outre des conseils, ce module offre :
- Une initiation à l'enseignement de la valence
- Un apprentissage en groupe ou en individuel de la valence
- Des outils utilisables pour ces deux activités.

4.1.3.1 Enseigner la valence

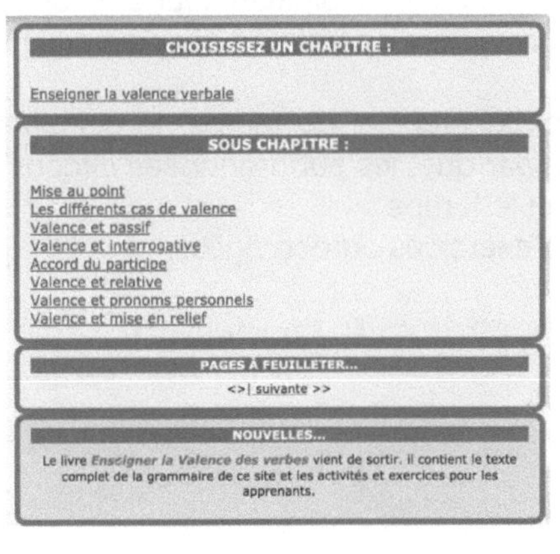

- Après une présentation détaillée du principe de la valence pour bien en comprendre le principe et l'utilisation, on étudiera les rapports de la valence avec :
- L'utilisation du passif
- Ses effets sur l'interrogative
- Sur l'accord du participe passé,
- Sur la formation des relatives
- Sur l'emploi des pronoms personnels
- Sur la mise en relief d'éléments de la phrase.

4.1.3.2 Apprendre la valence

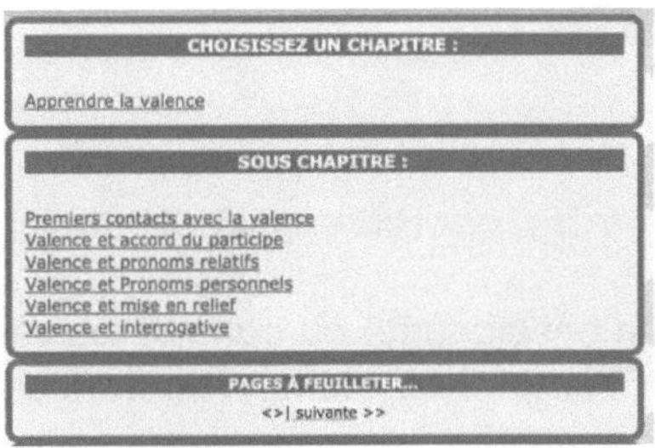

Reprenant les mêmes chapitres, ce module propose un apprentissage de la valence par des explications et des exercices autocorrigés.

L'apprentissage peut, là aussi, être envisagé dans le cadre d'un cours, en travail en groupes ou en individuel, ou hors cours en autonomie.

4.1.4 Le module sur la conception des temps en français, anglais et allemand (avec Jean Piètre- Cambacédès et la participation, pour l'allemand, de Corinne Meunier).

Le livre compare l'emploi des temps grammaticaux en français, en anglais et en allemand.

Ce livre accompagné d'un module permet de comparer et de mieux comprendre l'emploi des temps en anglais, en allemand et en français.

Le module situé sur le site est : https://www.la-grammaire-du-fle.com/conceptionTemps

Il contient :

- **Des conseils pour employer ce système .**

- **Des articles sur l'emploi des temps .**

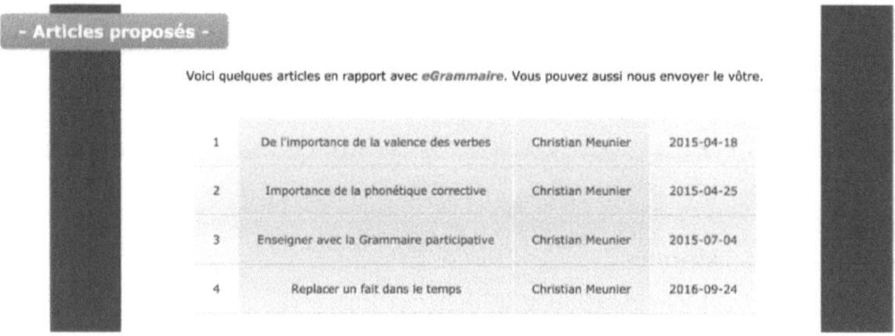

- Articles proposés -

Voici quelques articles en rapport avec *eGrammaire*. Vous pouvez aussi nous envoyer le vôtre.

1	De l'importance de la valence des verbes	Christian Meunier	2015-04-18
2	Importance de la phonétique corrective	Christian Meunier	2015-04-25
3	Enseigner avec la Grammaire participative	Christian Meunier	2015-07-04
4	Replacer un fait dans le temps	Christian Meunier	2016-09-24

- **La conception des temps en français, anglais et allemand**

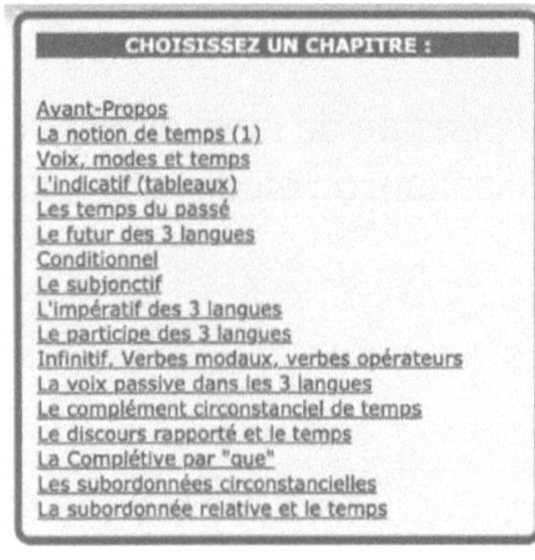

Après une réflexion sur le problème, les notions de temps, de voix, de mode, on présente les modes et les temps en expliquant leur emploi.

On en arrive aux verbes modaux, aux verbes opérateurs, au passif dans les 3 langues.

Viennent ensuite le complément circonstanciel de temps, le discours rapporté et le temps, la complétive par que, les subordonnées circonstancielles, la subordonnée relative et le temps.

Les explications s'accompagnent d'exercices autocorrigés.

- **Travail sur des textes anglais, allemand et français**

- **Des outils** viennent soutenir le travail sur les temps :

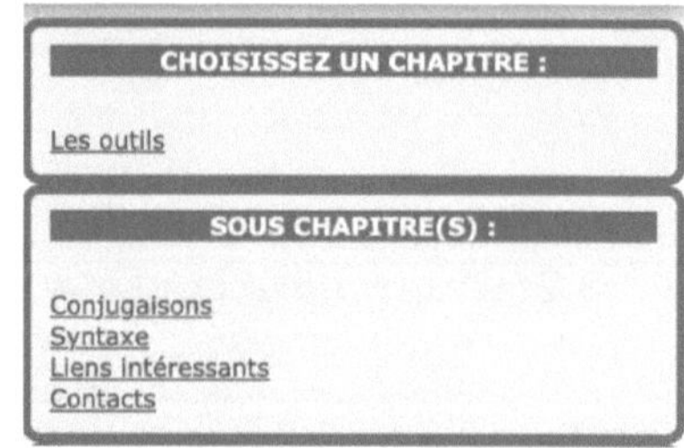

- Des documents décrivant les conjugaisons
- Un dictionnaire de syntaxe
- Des liens intéressants
- Une possibilité de contacts (chat, forum de discussions, contact mail)

4.1.5 Le module sur la théorie des temps fondée sur les traits pertinents temporels

Pour s'initier à une nouvelle approche de l'emploi des temps, comme enseignante ou comme apprenant, trois livres et un module du site vous permettent d'envisager l'emploi des temps du français autrement.

Les trois livres sont :

Christian Meunier : Théorie des Temps grammaticaux fondée sur les Traits pertinents temporels BOD ISBN-978-2-322-09134-8
Christian Meunier : Enseigner les Traits pertinents temporels BOD ISBN-978-2-322-09151-5
Christian Meunier : Unifier l'emploi des Temps par l'utilisation des Traits pertinents temporels BOD ISBN-978-2-322-16516-2

Le premier contient la théorie de base du projet.
Le second est destiné à l'enseignante désireuse d'enseigner selon cette théorie.
Le troisième montre comment utiliser cette théorie pour enseigner ou apprendre l'emploi des temps du français.

https://www.la-grammaire-du-fle.com/tempus

Ce module offre les points suivants :

Articles

Ce point propose quelques articles se rapportant à la Grammaire participative, la phonétique ou l'emploi des temps, dont la théorie des traits pertinents temporels (Tpt).

Ces articles peuvent être lus et même téléchargés gratuitement sur ce site.

Présentation du site :

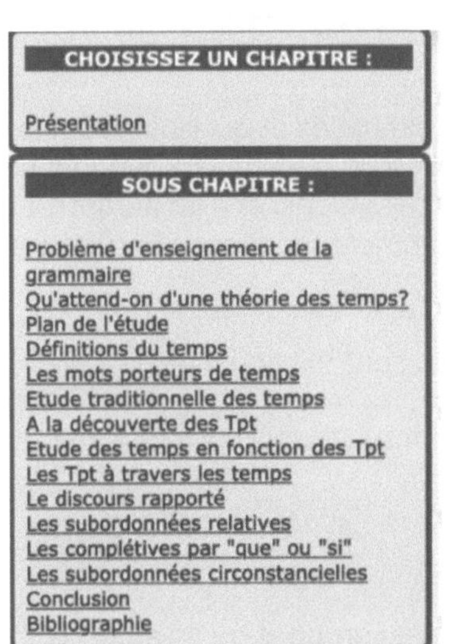

- Problème d'enseignement posé par l'emploi des temps
- Qu'attend-on d'une théorie des temps
- Plan de l'étude
- Définition du temps (physique, philosophie, grammaire)
- Les mots porteurs de temps
- Étude traditionnelle des temps
- À la découverte des traits pertinents temporels (Tpt)
- Étude des temps en fonction des Traits pertinents temporels
- Les Traits pertinents temporels à travers les temps
- Le discours rapporté
- Les subordonnées relatives
- Les complétives par « *que* » et « *si* »
- Les subordonnées circonstancielles
- Conclusion
- Bibliographie

Documents.

Ce sont les documents utilisables dans l'enseignement, le plus souvent des algorithmes. Par exemple, l'antériorité dans la subordonnée :

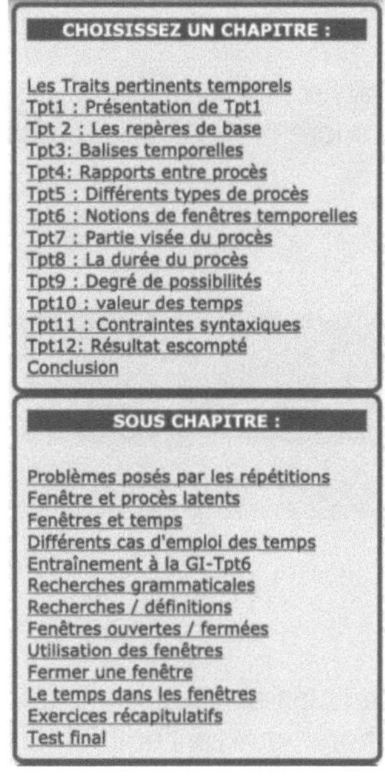

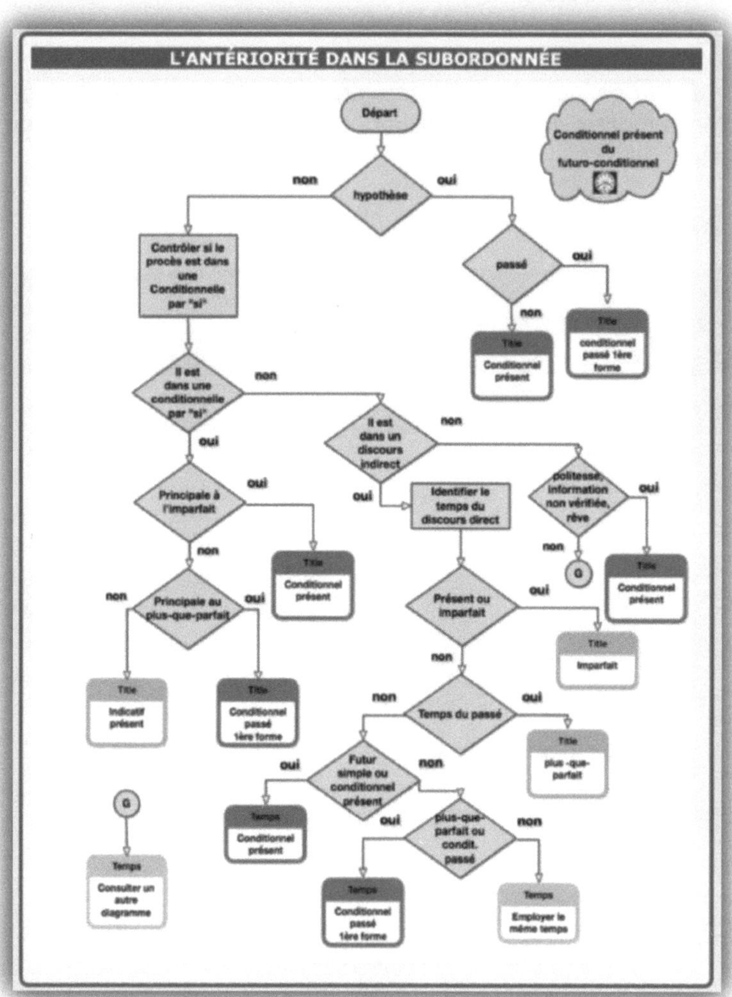

Il suffit de prévoir un certain nombre de cas que l'on intégrera dans des exercices et qui illustreront les chemins à suivre sur l'algorithme, avec les questions permettant le choix d'un chemin plutôt que d'un autre. Les apprenants pourront se servir de ces documents pour faire les exercices, et n'en auront plus besoin lorsqu'ils seront habitués à les utiliser et qu'ils auront compris comment fonctionne le système.

Apprenants

Ce point est destiné aux apprenants. Les 12 traits pertinents temporels sont expliqués en détail. Ici, par exemple, on a choisi le chapitre des fenêtres temporelles.
Ce chapitre contient 12 sous-chapitres : problèmes posés par les répétitions… Exercices récapitulatifs, test final.

Des exercices aident à la compréhension.

On peut utiliser ces chapitres dans le cadre d'un cours, ou dans un travail en groupes ou en autonomie. On retrouve ensuite les outils (des textes à télécharger, en rapport avec la formation, la conjugaison et l'emploi des temps), des possibilités de contact (forum de discussion, fiche e-mail à envoyer).

4.1.6 L'orthographe (avec Gérard Meunier)

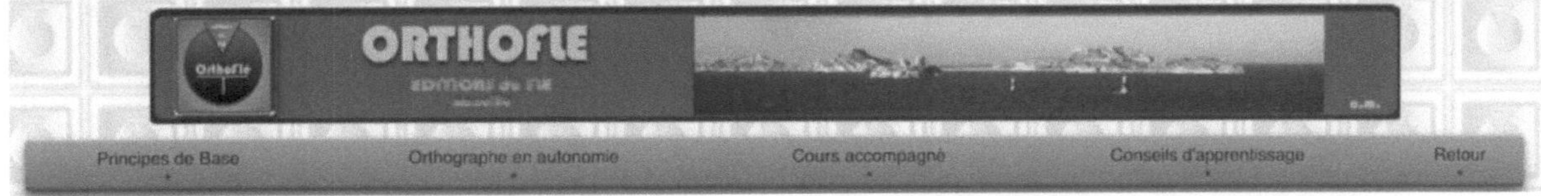

Adresse du site :

https://www.la-grammaire-du-fle.com/orthofle/orthographe/ortho_pres.php?numtexte=PRPA00

Coordonnées du livre :

OrthoFLE Le livre du professeur d'orthographe **ISBN-978-2-322-09134-8**   Book on Demand

4.1.6.1 Principe de base

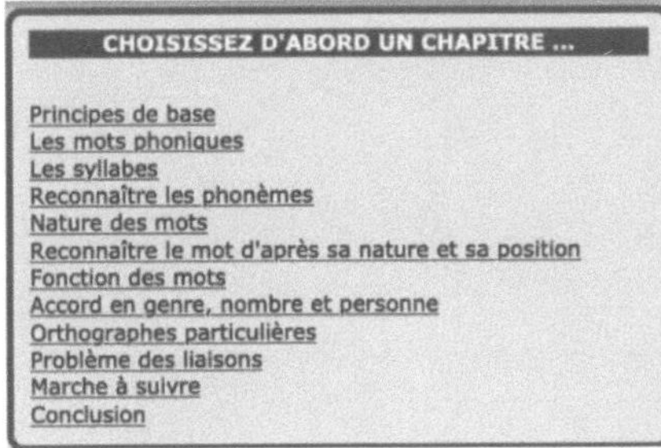

Le système présente à l'enseignante les principes sur lesquels repose le système OrthoFLE, partant de l'oral (phonèmes, découpage en syllabes, liaisons, mots phoniques, nature des mots et position dans la phrase) pour aboutir à l'écrit.

Il y a en français un fossé entre l'oral et l'écrit. Pourtant, il existe aussi des rapports que l'enseignante doit connaître pour pouvoir sensibiliser les apprenants.

4.1.6.2 Orthographe en autonomie

Comme pour les autres modules, **OrthoFLE** propose un cours en autonomie, fournissant les explications, les pistes de réflexions et les exercices autocorrigés correspondants. L'enseignante peut aussi se servir de cette possibilité pour réserver certaines parties qu'elle estime assez faciles à un travail individuel en autonomie, réservant à son enseignement les parties plus délicates. Il lui appartiendra alors d'organiser temporellement ce travail.

4.1.6.3 Cours accompagné

Pour accompagner son enseignement, elle peut se servir de la version accompagnée du cours, qui lui permettra, en utilisant les feuilles de route (fiches de travail) qu'elle aura auparavant téléchargées. Elle pourra organiser le travail des apprenants en alternant les phases de cours en présentiel, celles en groupe et le travail individuel avec l'ordinateur.

4.1.7   Et pour les débutants en français…

Le site http://www.lesconet.fr, issu d'un projet européen réunissant l'Université libre de Berlin, l'Université de Potsdam, l'Université de Cadix et Le CAVILAM de Vichy, vous propose un apprentissage complet du français langue étrangère jusqu'au niveau B.

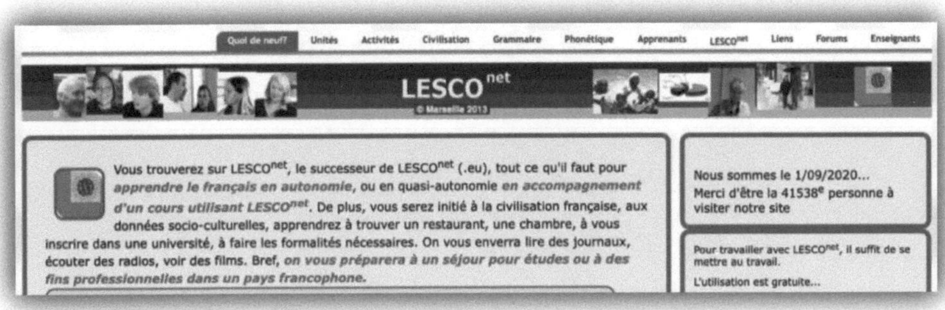

5 Le site http:// www.la-grammaire-du-fle.fr

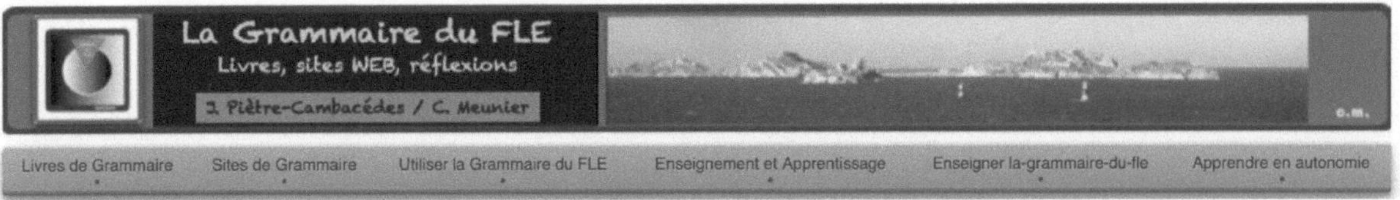

Ce site s'adresse aux enseignantes et aux futures enseignantes de FLE. Il traite les points suivants :

5.1 Livres de Grammaire

Vous trouverez la liste des livres écrits par Christian Meunier, seul ou avec des collègues, et, en cliquant sur la fenêtre de droite, vous trouverez :

- Les objectifs du livre.
- Un résumé du contenu.
- Un lien pour le trouver dans la maison d'édition qui en assure la vente.

5.2 Sites de Grammaire

Vous trouverez une liste de sites ainsi que leur description.

5.3 Utiliser la Grammaire du Fle

Ce chapitre contient les points suivants :
Apprendre avec eGrammaire
Brochure eGrammaire
Le triptyque eGrammaire
Apprendre et enseigner avec Grammaire du FLE
Ces points vous donnent accès à des brochures que vous pouvez télécharger

5.4 Enseignement et Apprentissage

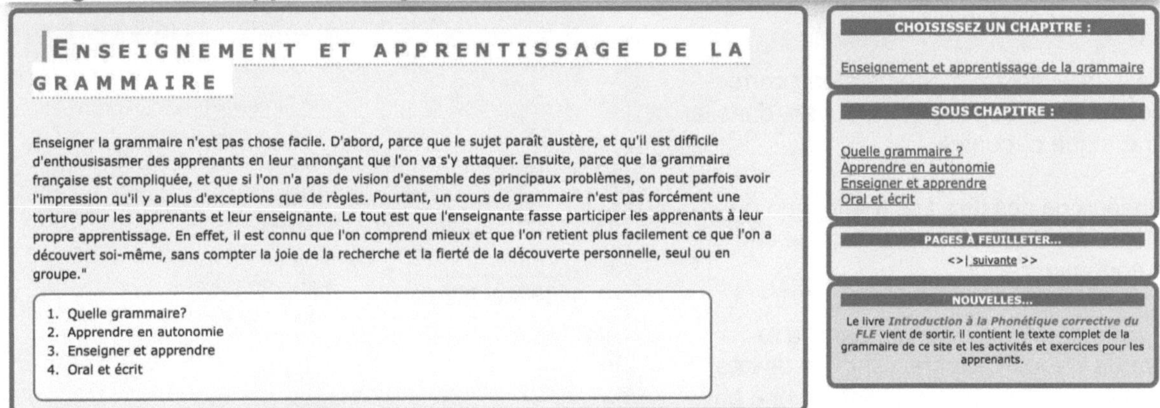

Ce chapitre contient une description du site, mais aussi des réflexions sur divers problèmes concernant l'enseignement et l'apprentissage, la différence entre les problèmes qui apparaissent à l'oral, et ceux qui sont typiques de l'écrit.

5.5 Enseigner la-grammaire du FLE

Voici le contenu d'eGrammaire :

1. Grammaire... Vous avez dit « grammaire » ?
2. Le système phonique et l'intonation du français
3. La forme affirmative
4. L'interrogative
5. La forme négative
6. La mise en relief
7. Les articles
8. Le démonstratif
9. Les possessifs
10. L'indéfini
11. L'adjectif qualificatif
12. L'adverbe
13. Les adjectifs numéraux
14. Le nom
15. Le pronom personnel
16. Le groupe verbal.
17. Formation des temps et conjugaisons
18. Emploi des temps de l'indicatif
19. Emploi des temps simples du passé
20. Le Conditionnel
21. Le Subjonctif
22. L'impératif
23. L'infinitif
24. Les participes
25. L'accord du participe passé
26. Les complétives
27. Le discours rapporté
28. La Subordonnée relative
29. Les Subordonnées circonstancielles
30. Les Subordonnées circonstancielles de temps
31. Les Subordonnées de Cause
32. Les Subordonnées de Conséquence
33. Les Subordonnées de But
34. Les Subordonnées de Concession
35. Les Subordonnées de Condition
36. Les Subordonnées de Comparaison

La Rubrique « Choisissez un chapitre », en haut, à droite, vous permet d'atteindre une description complète du site https://www.la-grammaire-du-fle.com , dont la liste des chapitres se trouve ci-dessus.

5.6 Apprendre en Autonomie

Vous trouverez à droite un menu correspondant aux titres qui se trouvent dans le graphique ci-contre.

Chacun de ces titres se réfère à un problème touchant à l'apprentissage en autonomie

Il suffit de cliquer à droite dans la rubrique « sous-chapitre » sur l'un de ces titres pour avoir une explication, une base de réflexion sur le sujet traité.

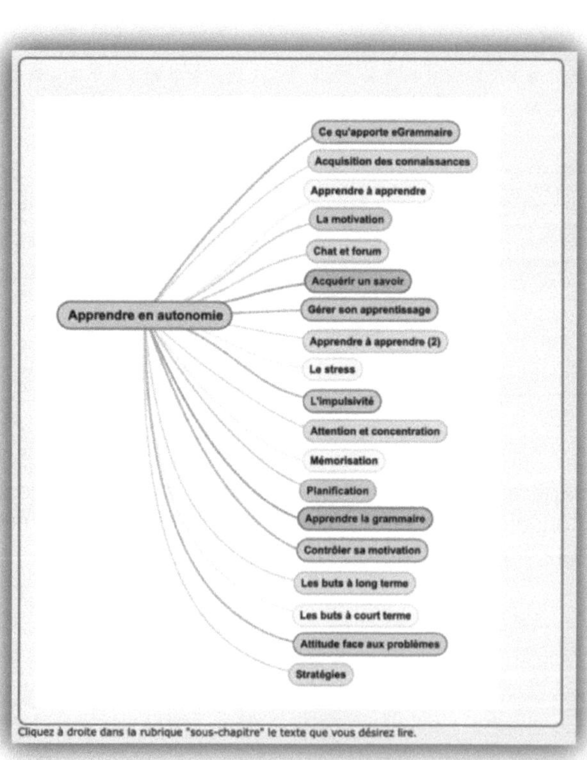

6 Le site http://www.prof-de-grammaire.com

Ce site s'adresse aux enseignantes ou aux futures enseignantes qui veulent se servir du site https://www.la-grammaire-du-fle.com pour préciser leurs connaissances grammaticales, ou leur méthode professorale, ou qui veulent s'en servir dans leur enseignement, soit directement pendant les cours, soit en travail autonome, dans les cours, ou hors du cours, pour faire avancer les connaissances lorsque l'apprenant est amené à travailler seul. L'ordinateur ou la tablette permettent de suivre les cours, et de faire les exercices et les tests proposés et corrigés par la machine. L'enseignante doit, dans ce cas, fournir aux apprenants la marche à suivre, soit en utilisant des feuilles de travail proposés par eGrammaire, soit en distribuant une feuille de travail qu'elle a créée elle-même, à partir de l'offre d'eGrammaire.

Voici le programme de base du site http://www.prof-de-grammaire.com :

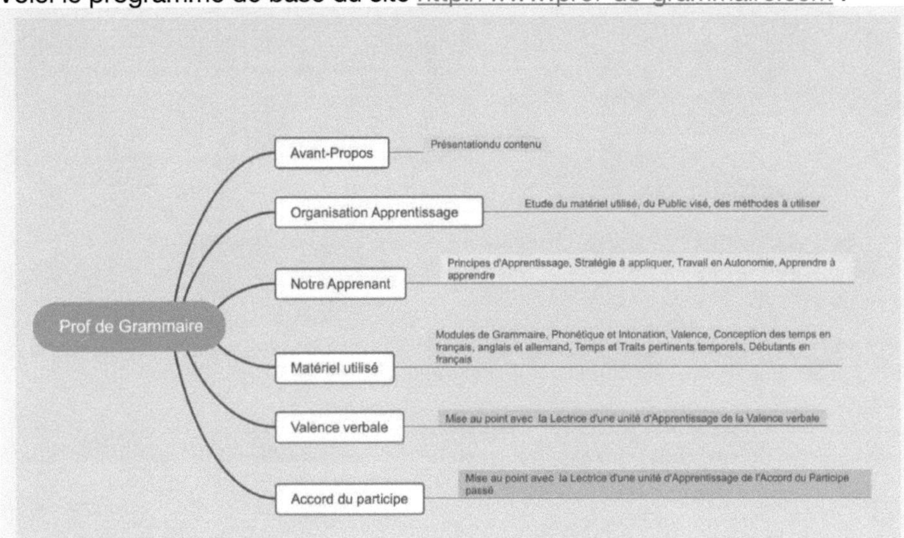

Voici le menu :

6.1 Avant-Propos

Dans ce chapitre, on présente le contenu du site.

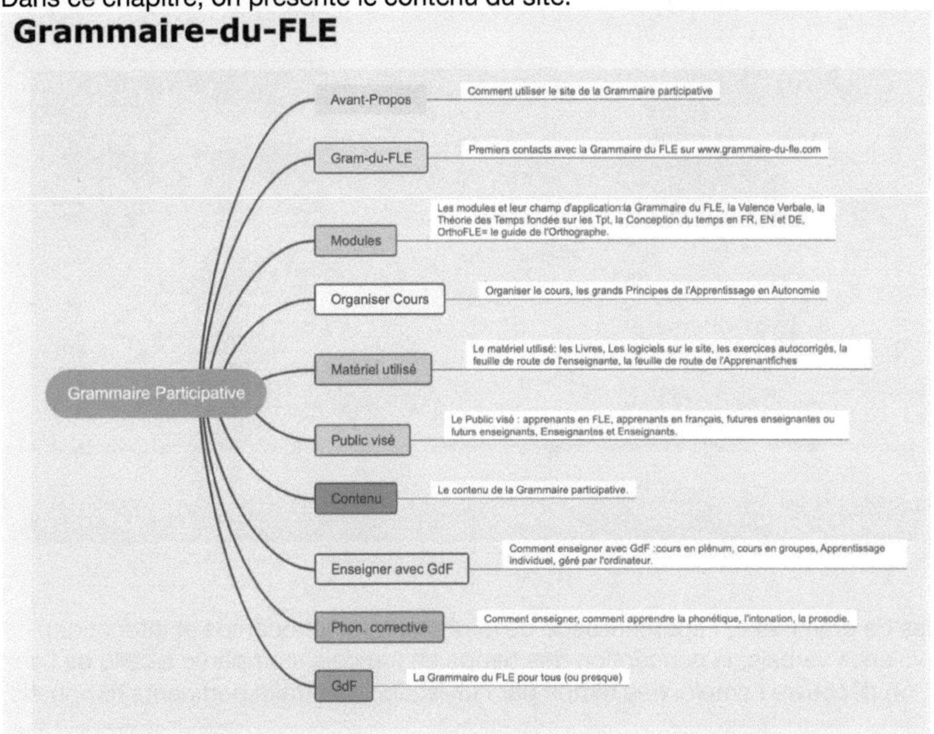

Menu :

6.2 Organisation Apprentissage

On présente une étude du matériel utilisé, du public visé, des méthodes à utiliser.

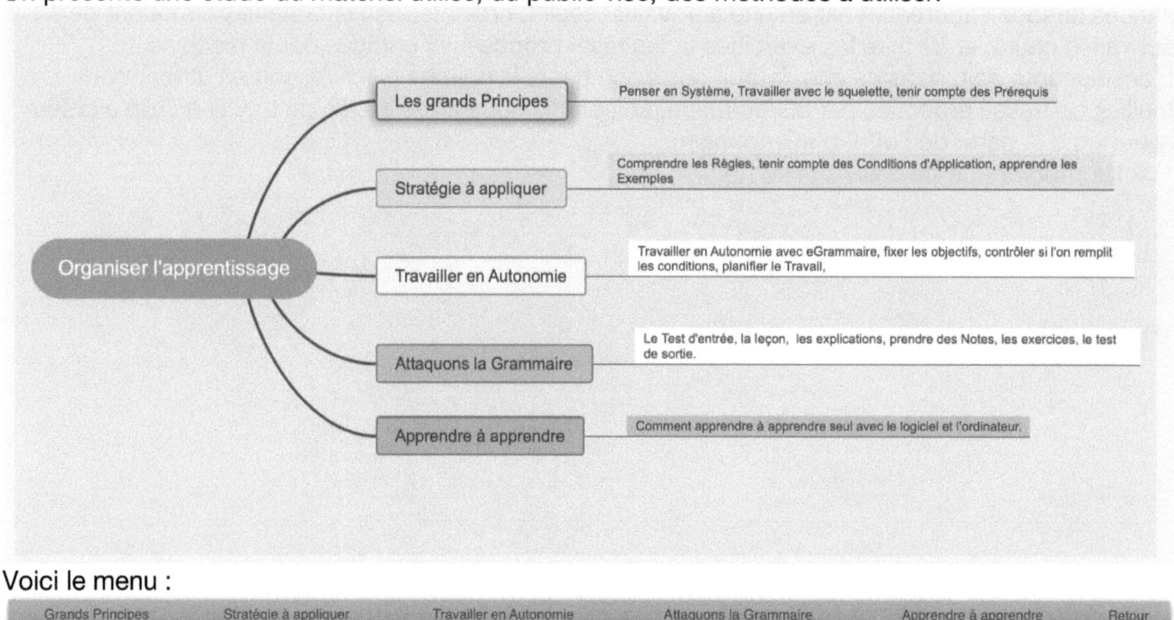

Voici le menu :

6.3 Notre Apprenant

Le but étant notre apprenant, on décrit les principes, d'apprentissage, la stratégie à appliquer, le travail en autonomie, et comment on apprend à apprendre

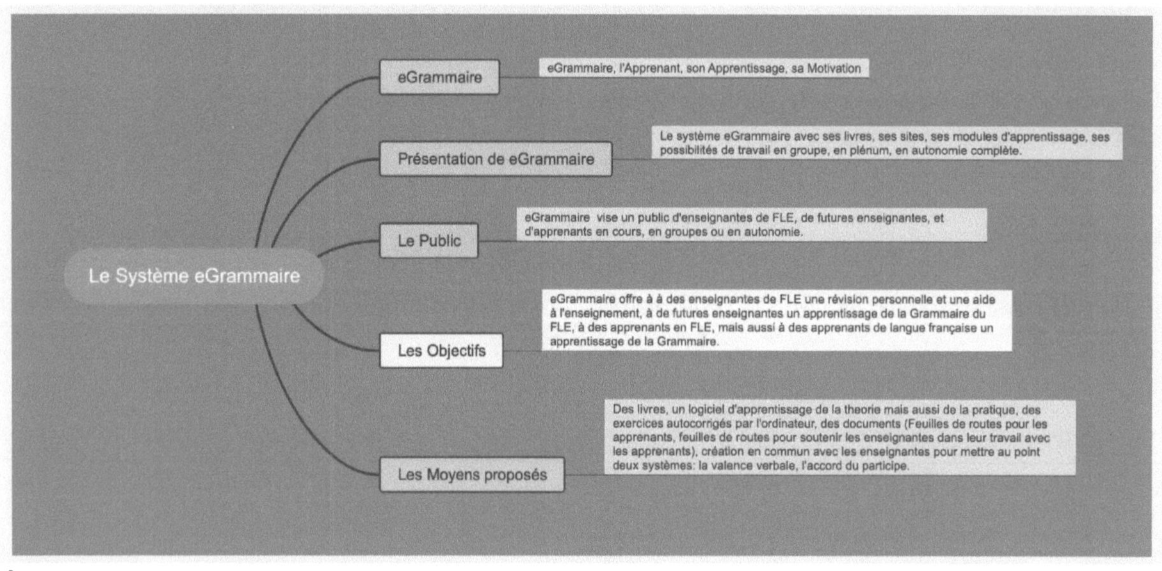

Menu :

6.4 Matériel utilisé

On explore les modules de grammaire, l'apprentissage de la phonétique (phonèmes et intonation),
l'apprentissage de la valence verbale, la conception des temps en français, comparée à celle de l'anglais et de l'allemand, on découvre l'emploi des temps par l'utilisation des traits pertinents temporels,

et l'on étudie la mise au point, en utilisant eGrammaire, deux exemples de grammaire : l'apprentissage de la valence verbale, et l'accord du participe passé.

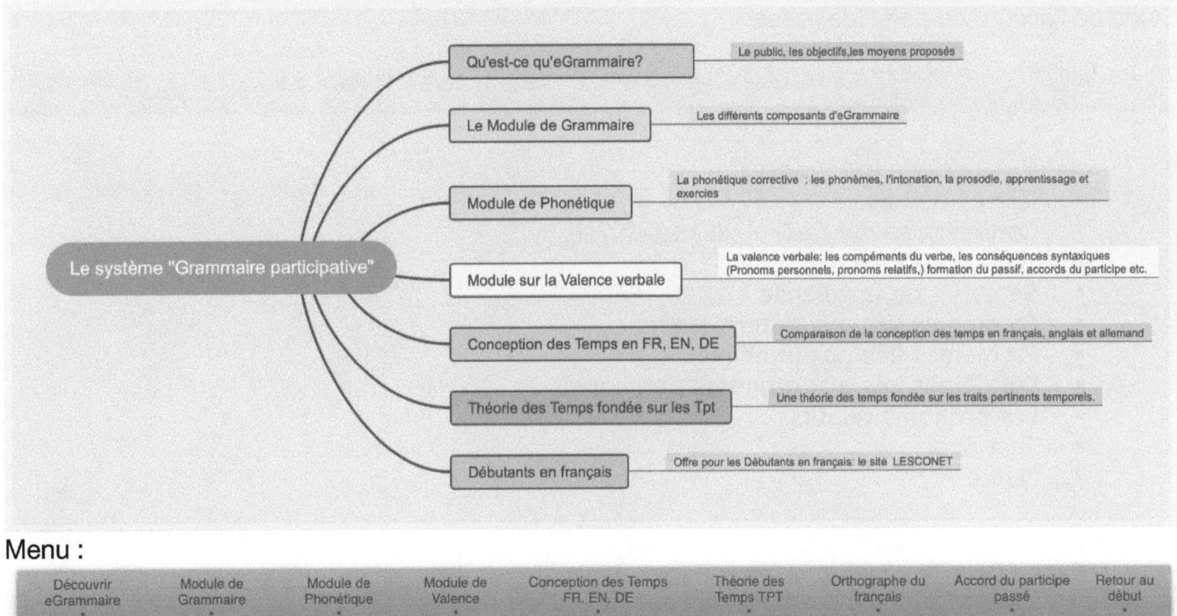

Menu :

6.5 Valence verbale

Plan de l'étude de la valence verbale. Vous découvrirez ainsi les différentes étapes à franchir pour bien étudier le problème de la valence verbale.

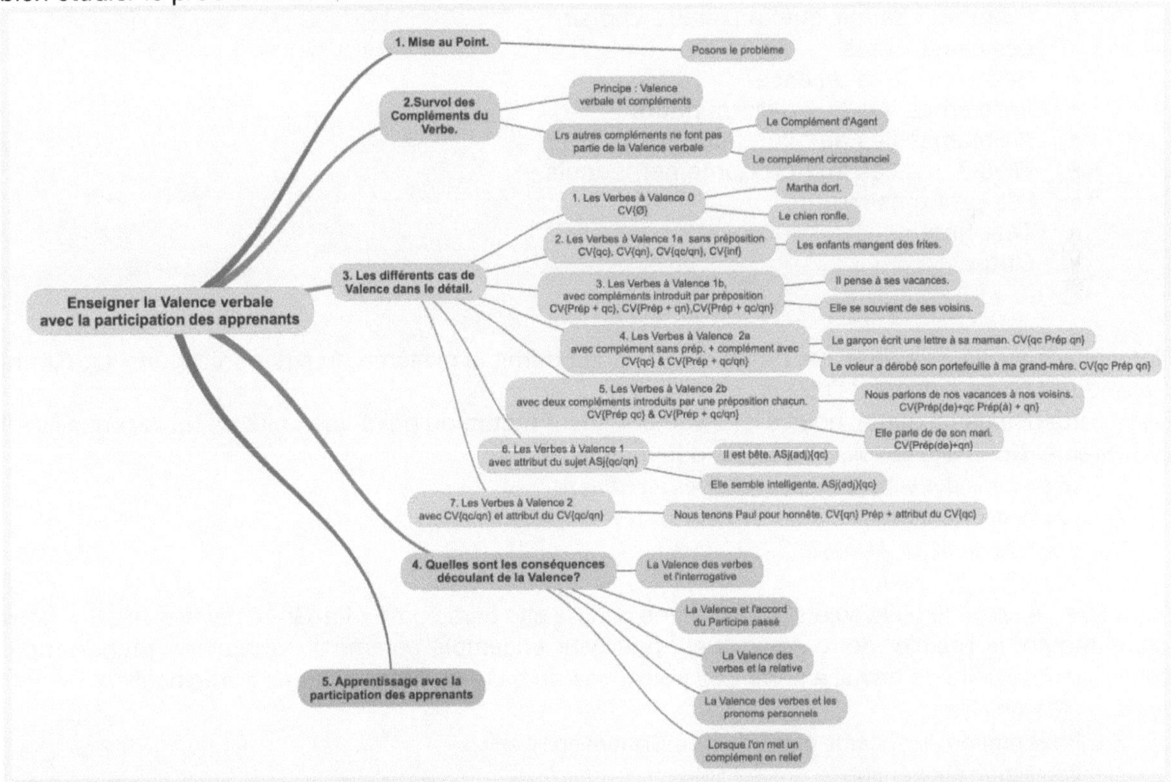

Menu :

6.6 Accord du Participe

Étude de l'accord du participe passé
Menu :

Accord du Participe — Règles de Base — Problèmes annexes — Etudier le Problème — Etablir les Règles — Accords à l'Oral et à l'Ecrit — Travail des Apprenants — Exercices — Retour

.

6.6.1 Accord du participe passé

- Règles de base
- Comment savoir quel auxiliaire choisir
- Les cas délicats
- Se servir de la valence
- Problèmes liés aux déterminants
- Problèmes liés aux indéfinis
- Problèmes liés aux pronoms personnels
- Les pronoms relatifs
- Test final
- Outils

6.6.2 Feuille de Route

1. Vous trouverez la feuille de route de l'apprenant en cliquant sur ***télécharger la brochure***.

2. Vous trouverez celle de l'enseignante en cliquant sur ***télécharger la brochure***.

6.6.3 Outils

- Règles de base
- Comment savoir quel auxiliaire choisir
- Les cas délicats
- Se servir de la valence
- Problèmes liés aux déterminants
- Problèmes liés aux indéfinis
- Problèmes liés aux pronoms personnels
- Les pronoms relatifs
- Test final
- Outils

Nous avons vu dans la première partie ce que nous offrait le système du site participatif « La-Grammaire-du-FLE » et comment l'utiliser.

Dans cette deuxième partie, nous allons voir comment mettre au point une unité de travail en utilisant ce système. Nous allons voir trois sujets différents :

1. Le système des subordonnées relatives en français.
2. La valence verbale.
3. L'accord du participe passé.

Alors que les deux derniers sujets sont intégrés dans le site participatif « La-Grammaire-du-FLE », nous allons monter le premier de toutes pièces, pour voir ensemble comment on peut s'y prendre pour construire une unité de travail à partir des trois livres de base de notre système participatif :

1. eGrammaire
2. Présentation du système participatif La-Grammaire-du-FLE
3. Correction phonétique

Auxquels nous ajouterons les trois sites :

1. https://www.la-grammaire-du-fle.com
2. http://www.la-grammaire-du-fle.fr
3. http://www.prof-de-grammaire.com .

7 Étude de la subordonnée relative

Nous allons donc, à partir des ouvrages de base que nous avons nommés précédemment, mettre au point une unité de travail que nous nommerons « *Étude de la subordonnée relative* ».

En nous servant des principes énoncés dans notre ouvrage précédent, Le système participatif La-Grammaire-du-FLE Première Partie, page 5, nous allons étudier les points suivants :

1. **Son principe de base**
2. **Le public visé**
3. **Le contenu**
4. **Les trois axes de la-Grammaire-du-FLE**
5. **Comment organiser un cours de grammaire avec le système eGrammaire ?**
6. **Le matériel**
7. **Les prérequis**
8. **Plan de notre unité de travail (objectifs, public, champ d'application, méthodes)**
9. **Le travail de l'enseignante**
10. **Le travail de l'apprenant**

Nous mettrons ensuite au point la construction de notre unité

1. Les différentes parties
2. Prévoir pour chacune des parties les conditions dans lesquelles elles sont étudiées : contenu, manière d'enseigner (plénum, travail en groupes, travail autonome)
3. Prévoir les explications, les tests, les exercices.

Enfin, nous créerons pratiquement chaque partie.

7.1 Étudions le problème.

Voici un résumé du chapitre 28 d'eGrammaire : La subordonnée relative

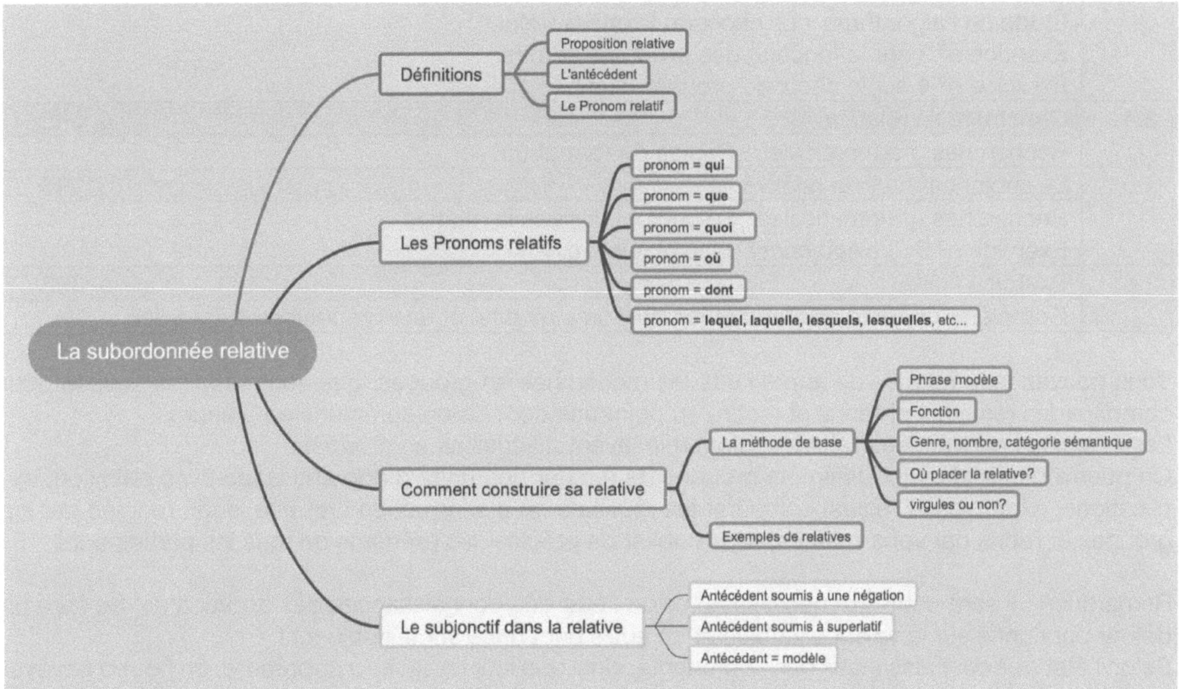

   Décrivons comment nous allons construire notre unité.

Si nous suivons le plan de notre leçon, nous allons
1.   Définir un certain nombre de termes : Ce que sont une proposition relative, un pronom relatif, un antécédent.
2.   Étudier les différents pronoms relatifs.
3.   Étudier le fonctionnement des relatives.
4.   Le subjonctif dans la relative.

Nous trouverons dans la Grammaire Participative, pages 387 à 400, une unité nommée *La subordonnée relative*, qui correspond à l'unité telle qu'elle a été conçue dans eGrammaire, mais avec des réflexions destinées à faire réfléchir les apprenants, parfois tous ensemble (plénum), parfois en groupe, et parfois en complète autonomie, chacun pour soi. (Les numéros de pages correspondent à la Grammaire Participative)

Voici le plan de cette unité qui suit :		
28	La subordonnée relative	p. 387
	Cette unité se fonde sur le chapitre 28 de la Grammaire participative (pp. 387 à 400)	
2.1	Principes	p. 387
	Subordonnée relative : identifier l'antécédent.	
2.2.	Antécédent et ponctuation	p. 387
	Identifier l'antécédent. Recherches grammaticale, exercice n° 1 A quoi sert une relative ? Exercice n° 2 sur la ponctuation	
2.3.	Le pronom relatif	p. 390
	Étude du pronom relatif.	
2.3.1	Caractéristiques : genre, nombre, personne	p. 390
	Recherches grammaticales : étudier l'influence du genre, du nombre, de la personne etc…	
2.3.2	L'antécédent est CE, RIEN ou QUELQUE CHOSE	p. 390
	Un antécédent ni masculin, ni féminin : *ce, rien quelque chose*	
2.3.3	Choix des pronoms relatifs / Fonction	p. 391
	Le choix des pronoms relatifs selon leur fonction dans la relative. Étude de l'algorithme « Le choix du Pronom Relatif. » Exercice n° 3 sur la fonction des pronoms relatifs. Exercice n° 4 sur le choix du pronom relatif.	
2.4.	Construire sa relative	p. 395
	Recherches grammaticales : Règles de formation.	
2.5.	Le subjonctif dans la relative	p. 396
	Recherches grammaticales : Le subjonctif dans la relative. Exercice n° 5 : Le subjonctif dans la relative.	
2.6.	Exercice final :	p. 398
	Compléter un texte en ajoutant les pronoms relatifs, et une préposition s'il y a lieu.	

Vous pouvez faire faire à vos apprenants les recherches en groupes, que vous réunirez ensuite pour comparer les résultats obtenus et mettre au point une conclusion commune en plénum.
Les exercices peuvent être faits en autonomie, avant discussion en groupes.
On pourra demander aux différents groupes de rédiger une unité d'apprentissage avec réflexion, explications, exemples et règles, comparer les résultats en plénum et en tirer une leçon rédigée par les groupes et repris par vous-mêmes, sans oublier de préciser les prénoms de tous les participants.

Remarques : Il sera peut-être nécessaire, selon l'état des connaissances des apprenants, de faire un détour par l'unité sur la valence verbale et un autre par l'unité sur le subjonctif.
Selon l'état des connaissances des apprenants, ainsi que leur capacité à apprendre, on pourra envoyer les apprenants seuls, ou en groupes, travailler à une leçon qu'ils mettront au point avant de la présenter à l'ensemble des autres apprenants. On peut en outre envisager de distribuer les deux tâches en parallèle à des groupes différents.

7.3 Principes

La relative est une subordonnée particulièrement pratique, la seule qui se rapporte à un nom. Ce nom s'appelle l'**antécédent** de la relative.

Elle est introduite par un **pronom relatif**.

Ex : *La femme qui habite au-dessus de chez moi a un chien.*

- « *La femme … a un chien.* » est la principale.
- « *… qui habite au-dessus de chez moi* » est la relative, introduite par le pronom relatif *qui*.

Il va falloir que nous étudiions les caractéristiques qui président au choix des pronoms relatifs.

Ensuite, nous verrons comment construire une relative. Enfin, nous allons étudier les cas où l'on emploie le subjonctif dans la relative.

7.4 Antécédent et ponctuation

Vous savez qu'une relative est introduite par un pronom relatif, qui établit le lien entre cette subordonnée et le nom qu'elle définit, que l'on appelle « **antécédent** ».

C'est justement par cet antécédent que nous allons commencer, en trouvant les façons de le reconnaître.

 **Recherches grammaticales :** identifier l'antécédent

Répartissez-vous en groupes. Identifiez l'antécédent, et dites les raisons objectives de votre choix. Si le choix est impossible, dites pourquoi.
a) Ma voisine, qui est institutrice, habite ici depuis vingt ans. **Ma voisine est l'antécédent de** *qui***, puisque c'est le seul nom placé avant.**
b) Deux de mes cousines travaillent à l'hôpital. Celle qui est infirmière a commencé il y a trois mois. **Nous savons que c'est l'infirmière qui a commencé il y a trois mois.**
c) Celle qui est aide-soignante travaille à peine depuis une semaine. **C'est** *l'aide-soignante* **qui travaille depuis une semaine.**
d) Ce sont les enfants de ma cousine qui vont au cinéma. **Le pluriel** *vont* **montre qu'il s'agit des enfants. Notons que le relatif, même invariable, transmet le nombre.**
e) Regarde, c'est le chien de ma voisine qui coud toute la nuit. **Ici, la grammaire ne nous aide pas. On peut cependant parier que c'est la voisine qui coud, car on n'a jamais vu de chien en train de coudre.**
f) C'est le chien de mon voisin qui aboie toute la journée quand il est seul. **Là aussi, la grammaire ne parvient pas à lever l'ambiguïté. On peut supposer que c'est le chien qui aboie, car c'est dans la nature des chiens. A moins que le voisin ne soit un peu fou et ne se mette à aboyer quand il est seul. C'est très improbable, mais on ne peut pas l'exclure. Il y a tellement de gens bizarres…**
g) C'est le chien de mon fils qui ronfle. **Alors là, personne ne peut savoir si c'est le chien qui ronfle, ou le fils. Il y a des chiens qui ronflent, mais aussi des garçons. Et même des filles, mais … silence !**
h) Voici le mari de ma cousine, laquelle travaille à l'hôpital Pasteur de Nice. **Le pronom relatif** *laquelle***, qui porte les signes du féminin, montre bien que c'est de la cousine qu'il s'agit.**
i) Vous connaissez le mari de ma cousine de Corse, lequel collectionne les timbres. **Ici, le pronom** *lequel* **porte les signes du masculin. C'est donc le mari qui collectionne les timbres.**
j) J'ai rencontré la concierge de Madame Dubois, qui roule en Porsche. **Étant donné le prix d'une Porsche, on a du mal à croire qu'une concierge puisse s'en payer une, on se dit que** *qui* **se rapporte plutôt à Mme Dubois. Mais nous n'en n'avons pas la preuve. Après tout, la concierge peut avoir gagné au Loto, ou avoir un amant fortuné. Qu'en savons-nous ?**

> *k) J'ai rencontré le concierge de Monsieur Dupont, lequel concierge roule en BMW.*
> **Bien sûr, « lequel concierge » nous indique** l'antécédent : *concierge. Lequel* **est ici employé comme** adjectif relatif, puisqu'il accompagne le nom sans le remplacer.

Vous êtes maintenant en mesure de faire l'exercice suivant

 **Exercice n°1 :** identifier l'antécédent.

> **Trouvez l'antécédent de chaque pronom relatif**
>
> **a) "Le chien qui aboie tout le temps appartient à ma voisine." Antécédent de qui :**
> **{________}**
> **b) "Voici ma voisine, dont le chien aboie tout le temps." Antécédent de dont : {________}**
> **c) "Voyez le chien de ma voisine, qui ronge son os." Antécédent de qui : {________}**
> **d) "Le chien de ma voisine, laquelle s'appelle Fifi, aboie toute la journée." Antécédent de laquelle : {________}**
> **e) "Demain, il pleut. C'est ce qu'a dit la météo." Antécédent de qu' : {________}**
>
> **Commentaires**
> **a) Antécédent de qui:** *chien,* **placé juste avant**
> **b) Antécédent de dont :** *voisine,* **placé juste avant**
> **c) Antécédent de qui:** *chien* **(et pas voisine): Seul le chien ronge un os... Enfin, espérons-le !**
> **d) Antécédent de laquelle :** *voisine* **: laquelle est féminin.**
> **e) Antécédent de qu':** *ce,* **mis pour "***demain, il pleut***".**

 **Recherches grammaticales :** ponctuation et relative

> **A quoi sert une relative ?**

> **Voyez ces deux exemples :**
> **Le président qui gouvernait la France en 1968 était le Général de Gaulle.   (1)**
> **La reine Elisabeth, qui règne sur les Anglais, est respectée par ses sujets. (2)**

> **Phrase 1 : Qu'apporte la relative à l'information « le président » ?**
> **Quand on dit le président, l'article** *le,* **qui est défini, se rapporte à un signifié,** *président,* **qui doit être défini. Comme on ne peut pas savoir de quel président il s'agit, il faut qu'il soit défini par la relative.**
> **Il n'y avait qu'un seul président à gouverner la France en 1968. La relative sert donc à définir l'antécédent.**

> **Phrase 2 : Qu'apporte la relative à l'information « la reine Elisabeth » ?**
> **Quand on dit la reine Elisabeth, on pense automatiquement à la reine d'Angleterre, celle qui a quitté ce monde le 8 septembre 2022. La relative ne définit donc pas l'antécédent. Elle sert à l'illustrer, à expliquer, mais n'est pas nécessaire à la compréhension.**

> **A votre avis, pourquoi y a-t-il une virgule dans l'exemple 2, mais pas dans l'exemple 1 ?**

> **Lorsque la relative sert à définir son antécédent, il n'y a pas de virgule parce que cette information est essentielle pour qu'on identifie bien l'antécédent.**
>
> **Lorsque la relative est une simple illustration ou une explication non essentielle, elle est séparée de l'antécédent par une virgule. C'est alors une simple information supplémentaire.**

Maintenant, vous pouvez faire l'exercice qui suit.

 **Exercice n°2 :** ponctuation.

Mettez des virgules là où il en faut. Mettez une croix pour marquer la bonne proposition.

1. C'est lui { [ ] pas de virgule [ ] virgule} qui a tué sa grand-mère, pas Paul.

2. Je vous présente Pierre { [ ] virgule[ ]pas de virgule} qui a tué sa grand-mère.

3. L'homme qui { [ ] pas de virgule[ ]virgule} a découvert le fil à couper le beurre n'était sûrement pas un idiot.

4. L'homme { [ ] virgule[ ]pas de virgule} qui ressemble beaucoup au singe , a au moins sur lui l'avantage de la parole.

5. Je ne connais pas le nom de la femme {[ ] pas de virgule[ ]virgule} dont vous me parlez.

6. La femme de Pierre { [ ] virgule[ ]pas de virgule} dont je tiens cette nouvelle n'est pas une menteuse.

7. Je ne connais personne { [ ] pas de virgule [ ]virgule} qui soit capable de marcher sur les mains.

8. Pierre { [ ] virgule [ ]pas de virgule} qui n'a peur de rien , a décidé d'habiter dans un manoir hanté.

9. Pierre { [ ] pas de virgule [ ]virgule} qui roule n'amasse pas mousse.

10. Il y a Jean { [ ] pas de virgule [ ]virgule} qui rit et Jean {pas de virgule[ ]virgule} qui pleure.

Commentaires

1. *{[x] pas de virgule [ ] virgule}* **"lui"** est défini par la relative "qui a tué sa grand-mère" ➜ pas de virgule
2. *{[x] virgule[ ]pas de virgule}* **"Pierre"** n'a pas besoin d'être défini ➜ virgule
3. *{[x] pas de virgule[ ]virgule}* **Ici, on définit "l'homme"** par son invention, "le fil à couper le beurre". La relative précise donc de quel homme il s'agit ➜ pas de virgule
4. *{[x] virgule[ ]pas de virgule}* **"L'homme"**, contraire du singe," n'a pas besoin d'être défini ➜ virgule
5. *femme {[x] pas de virgule[ ]virgule}* **Ici, on définit "la femme"** par "dont vous parlez". La relative précise donc de quelle femme il s'agit ➜ pas de virgule
6. *{[x] virgule[ ]pas de virgule}* **"La femme de Pierre"** n'a pas besoin d'être définie ➜ virgule
7. *{[x] pas de virgule [ ]virgule}* **Ici, on définit "personne"** par "qui marche sur les mains". La relative précise donc de qui il s'agit ➜ pas de virgule
8. *{[x] virgule [ ]pas de virgule}* **"Pierre"** n'a pas besoin d'être défini ➜virgule
9. **Ici, il s'agit d'une pierre qui roule, et qui n'amasse pas mousse. Mais celle qui ne roule pas en amasse. Cette "pierre" est donc définie par la relative ➜** pas de virgule
10a. *{[x] pas de virgule [ ]virgule}* **Ici, on parle du Jean qui rit, pas de celui qui parle. La relative précise donc de quel Jean il s'agit ➜** pas de virgule
10b. *{[x] pas de virgule [ ]virgule}* **Ici, on parle du Jean qui pleure, pas de celui qui rit. La relative précise donc de quel Jean il s'agit ➜** pas de virgule

7.5 Le pronom relatif

7.5.1 Caractéristiques : genre, nombre, personne

**Recherches grammaticales :** étudier l'influence du genre, du nombre et de la personne

Étudiez les exemples suivants et identifiez quels traits pertinents sont transmis par le pronom relatif (genre, nombre, personne etc.)

	genre	nombre	Pers.
C'est sa sœur qui est arrivée hier	Fém.	Sing.	3e
J'ai vu ses filles qui sont descendues de leur voiture en maillot de bain.	Fém.	Plur.	3e
C'est toi qui as écrit cette lettre ?	Masc.	Sing.	2e
C'est vous qui le leur avez dit.	Masc.	Plur.	2e
C'est nous qui nous en sommes souvenues les premières.	Fém.	Plur.	1e

Règle :

Même si la plupart des pronoms relatifs sont invariables (sauf *lequel*, etc.), ils transmettent le genre, le nombre et la personne de leur antécédent.

Attention en particulier à ne pas oublier la personne.

Ex : *C'est vous qui êtes les plus intelligentes, les filles, mais c'est moi qui suis le plus beau.*

7.5.2 L'antécédent est CE, RIEN ou QUELQUE CHOSE

**Recherches grammaticales :** lorsque l'antécédent est *ce*, *rien* ou *quelque chose*

Étudiez les cas qui suivent, où l'antécédent est non-animé, en observant bien :
- **L'antécédent, son genre, son nombre, s'il est animé ou non.**
- **La fonction du pronom relatif**
- **Et la présence éventuelle de préposition**

Ce que tu dis est vrai.	Ant. = *ce* / dire qc : *que* est CV(—)
C'est ce à quoi je pensais quand je l'ai vu.	Ant. = *ce* /penser à qc : *à quoi* est CV(à)
C'est la chose à laquelle je pensais quand je l'ai vu.	Ant. = *chose* / penser à qc : *à laquelle* est CV(à)
C'est quelque chose à quoi on ne pense pas.	Ant. = *quelque chose* / penser à qc : *à quoi* est CV(à)
Il n'est rien que j'aime plus que cela.	Ant. = *rien* / penser à qc : *à quoi* est CV(à)
Il n'est rien à quoi je ne renoncerai pour l'épouser.	Ant. = *rien* / renoncer à qc : *à quoi* est CV(à)

Pourquoi, à votre avis, faut-il employer « quoi » au lieu de « lequel / laquelle etc.»

Pour employer « lequel etc. », il faut connaître le genre du signifié. Or, les antécédents *ce*, *quelque chose* et *rien* **sont neutre, étant donné qu'ils ne sont ni masculin, ni féminin.**

On remplacera Prép. + *lequel/laquelle* **etc, pour lesquels il faut connaître le genre, par** *quoi*.

Règle :

Lorsque l'antécédent est *ce, quelque chose, rien* **et que le pronom relatif doit être construit avec une préposition, on emploie** *quoi* **au lieu de** *que* **ou** *lequel*.

Ex : **C'est la chose à laquelle je tiens le plus.**
C'est quelque chose à quoi je tiens

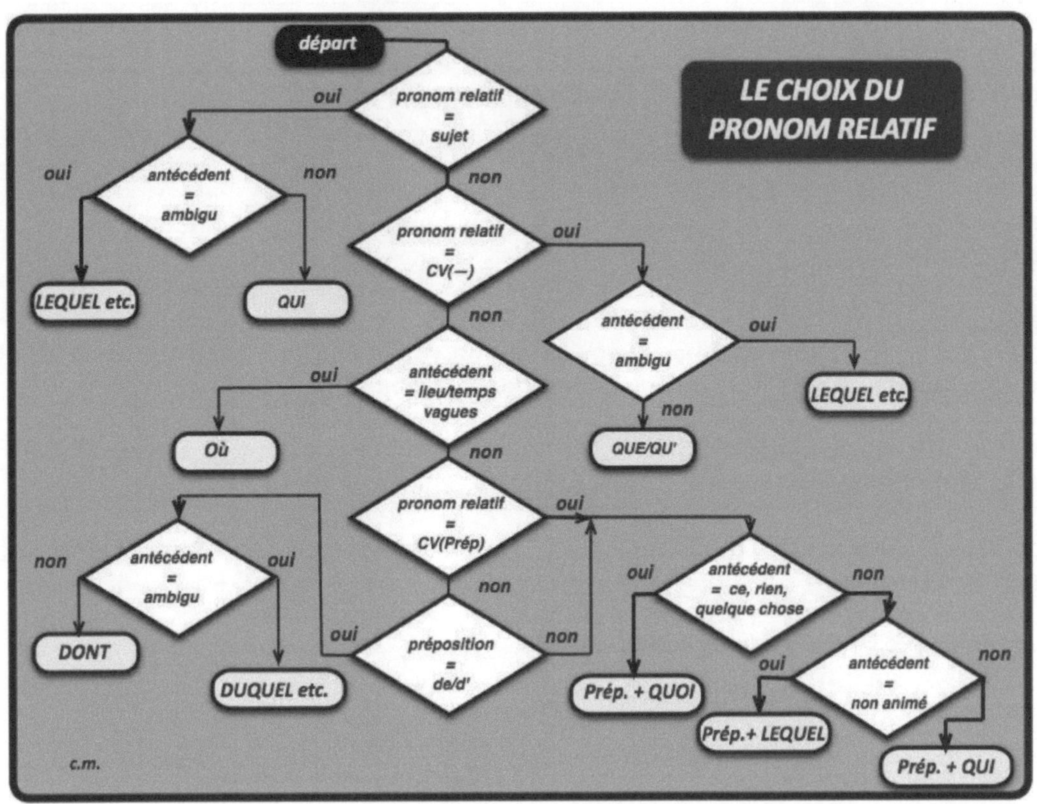

Recherches grammaticales : Identifier les cas pertinents :

Servez-vous du diagramme ci-dessus pour trouver le bon pronom relatif
1. Federer est le tennisman { __________ } a remporté le plus de victoires.
2. C'est la motivation { __________ } fait réussir.
3. L'envie de réussir est quelque chose { __________ } nous sauvera.
4. L'homme { __________ } tu aimes est généreux.
5. L'amour est quelque chose { __________ } les lecteurs aiment.
6. L'amour est une chose à { __________ } nos lectrices sont attachées.
7. L'amour est quelque chose à { __________ } nos lectrices tiennent.
8. Mon oncle est quelqu'un à { __________ } je tiens beaucoup.
9. C'est le professeur { __________ } je tiens cela.
10. Voici le pont près { __________ } il a vécu.
11. Voici les gens auprès { __________ } j'ai vécu pendant 10 ans.

Commentaires :

1. relatif sujet animé = qui.
2. Relatif non-animé sujet = qui.
3. Relatif non-animé sujet = qui.
4. Relatif : animé CV(—) = que.
5. Relatif : non-animé CV(—) = que
6. Relatif : non-animé CV(à) = à laquelle
7. Relatif : non-animé CV(à) antécédent = quelque chose : à quoi.
8. Relatif : animé CV(à) = à qui
9. Relatif : CV(de).
10. Relatif : CV(près de), antécédent non-animé=pont.
11. Relatif : CV(auprès de), antécédent animé=gens.

Exercice n°3 : la fonction des pronoms relatifs

Attention à tous les éléments : genre, nombre, personne, animé ou non,

Complétez au moyen d'un pronom relatif. Ajoutez une préposition chaque fois que cela vous semblera nécessaire.

1. Le cheval { __________ } a gagné la course s'appelle Bouchon.

2. C'est la poule { __________ } chante {qui } a fait l'œuf.

3. Le livre { __________ i} m'a plu le plus, c'est "Trois hommes dans un bateau", et c'est Jérôme K Jérôme { __________ } l'a écrit.

4. Ce { __________ m'étonne, c'est le calme de Paul. En rentrant chez lui, il a trouvé sa femme, { __________ } était couchée avec un homme. Au lieu de se mettre en colère, Paul leur a simplement dit : "Désolé de vous déranger.", et il est reparti sans mot dire.

5. Je vous présente le mari de ma sœur, { __________ } travaille à Monoprix.(c'est la sœur qui travaille à Monoprix)

6. Connaissez-vous la mère de Carla, { __________ } a été danseuse au Casino de Paris? (la mère a été danseuse)

7. C'est nous { __________ } le lui avons dit.

8. Lui, il connait l'homme { __________ } a vu l'homme { __________ } a vu l'ours!

9. Je vais vous montrer le tableau { __________ } j'ai découvert aux Puces.

10. Paula n'est plus la petite fille { __________ } nous avons connue.

11. C'est ce { __________ } Paul m'a raconté!

12. Voilà la maison { __________ } Pierre Pons a habitée.

13. Eh, mon mignon, connais-tu le pays { __________ } fleurit l'oranger.

14. La maison { __________ } les Fourbi ont habitée a été classée monument historique.

15. Paris est la ville { __________ } je suis né.

16. Non, je ne pourrais vous dire l'heure { __________ } il est arrivé. Mais c'est sûrement après huit heures.

17. Je n'ai jamais gagné à la loterie, mais je connais quelqu'un { __________ } c'est arrivé.

18. C'est ce { __________ } il a fait allusion dans sa conférence de presse.

19. La mort n'est pas une chose à { __________ } on pense volontiers.

20. La retraite, c'est quelque chose { __________ } il faut penser tant qu'on est jeune.

21. Pierrette est quelqu'un { __________ } il faut dire ses quatre vérités.

22. Pauline est quelqu'un { __________ } je pense le plus grand bien.

23. L'auteur à propos de { _________ } j'ai écrit ce livre est mort à l'âge de 100 ans.

24. Je ne vois pas du tout ce { _________ } vous parlez.

25. Malheur à celui par { _________ } le scandale arrive!

26. Bien des soldats tombés, comme on dit, au champ d'honneur, ne savent pas pour { _________ } ni pour { _________ } ils sont morts.

27. Il n'est rien pour { _________ il aurait envie de se sacrifier.

28. La découverte pour { _________ } Bernard Palissy a sacrifié tous ses meubles dans le feu en valait-elle la peine?

29. Edith Piaf avait gagné beaucoup d'argent. Mais tout ce { _________ } eut droit son mari, comme héritage, ce fut une belle collection de dettes.

30. Cherchez à { _________ profite le crime. C'est ce { _________ } vous dira n'importe quel inspecteur de police, et ce à { _________ } les criminels ne pensent pas assez souvent. L'homme { _________ } je le tiens, c'est le commissaire Maigrichon.

Commentaires

1. Sujet ➜ qui
2. Sujet ➜qui
3. Sujet ➜qui
4. Sujet ➜qui
5. Sujet / se rapporte à sœur. Pour éviter de croire que c'est le mari (masculin), on choisit ➜laquelle (féminin)
6. Sujet / se rapporte à sœur. Pour éviter de croire que c'est Carla, on choisit ➜laquelle "mère"
7. Sujet ➜ "qui"
8a. Sujet ➜qui
8b. Sujet ➜"qui"
9. découvrir qc ➜CV(-) ➜"que"
10. connaître qn ➜CV(-) ➜"que"
11. raconter qc ➜CV(-) ➜"que"
12. habiter qc ➜CV(-) ➜"que". Le "e" de "habitée" montre qu'il y a accord avec un CV(-) placé avant.
13. lieu vague ➜"où"
14. habiter qc ➜CV(-) ➜"que". Le "e" de "habitée" montre qu'il y a accord avec un CV(-) placé avant.
15. lieu vague ➜"où"
16. temps vague ➜"où"
17. arriver à qn ➜CV(à) animé ➜"à qui"
18. faire allusion à qc ➜CV(à) non-animé / antécédent = ce, quelque chose, rien ➜"à quoi"
19. penser à qc ➜CV(à) non-animé / féminin singulier ➜ "à laquelle"
20. penser à qc ➜CV(à) non-animé / antécédent = ce, quelque chose, rien ➜"à quoi"
21. dire qc à qn ➜CV(à) animé ➜"à qui"
22. penser qc de qn ➜CV(de) ➜dont
23. écrire qc à propos de qn ➜CV(à propos de) ➜à propos de qui"
24. parler de qc ➜CV(de) ➜"dont"
25. arriver par qn ➜CV(par) animé ➜ "par qui"
26a. tomber pour qc ➜CV(pour) animé ➜ "pour qui"
26b. sacrifier qc pour qc ➜CV(pour) non-animé après "rien" → "pour quoi"
27. sacrifier qc pour qc ➜ CV(pour) non-animé après "rien" → "pour quoi"
28. sacrifier qc pour qc ➜ CV(pour) non-animé /féminin, singulier → "pour laquelle"

29. avoir droit à qc ➜ CV(à) / l'antécédent est ce ➜ à quoi
30. profiter à qn ➜ CV(à) animé ➜ "à qui"
30b. dire qc ➜ CV(-) ➜ "que"
30c. penser à qc ➜ CV(à) non-animé / antécédent "ce" ➜ "à quoi"
30d. tenir qc de qn ➜ CV(de) ➜ dont

Exercice n°4 : le choix des pronoms relatifs. [___________]

Complétez en déterminant la fonction du pronom relatif dans la relative

a) Mon mari n'est plus l'homme "que"{CV(-)[___________]CV(de) [___________]sujet [___________] temps/lieu vagues [___________]CV(x) ou CC(x) animé [___________] CV(x) ou CC(x) non-animé} j'ai connu au début.

b) Ce livre qui {sujet[___________]CV(-)[___________]CV(de) [___________]temps/lieu vagues[___________]CV(x) ou CC(x) animé[ ]CV(x) ou CC(x) non-animé} a été écrit par Zola parle de la vie des mineurs.

c) La femme à "qui" {CV(x) ou CC(x) animé[___________]CV(-)[ ]CV(de) [___________]sujet[___________]temps/lieu vagues[ ]CV(x) ou CC(x) non-animé} Paul pense se moque bien de lui.

d) Ce sont des vacances "auxquelles"{CV(x) ou CC(x) non-animé[ ]CV(x) ou CC(x) animé[ ]CV(-)[ ]CV(de)[ ]sujet[ ]temps/lieu vagues} vous penserez toujours.

e) Ce n'est pas celui à "qui"{CV(x) ou CC(x) animé[___________]CV(-)[___________]CV(de) [___________]sujet[___________]temps/lieu vagues[___________]CV(x) ou CC(x) non-animé} je pense.

f) Je ne connais pas l'homme "dont"{CV(de) [___________]CV(x) ou CC(x) animé[___________]CV(-) [___________]sujet[ ]temps/lieu vagues [___________]CV(x) ou CC(x) non-animé} vous me parlez.

g) Il est retourné voir ses parents, chez "qui" {CV(x) ou CC(x) animé [___________]CV(-)[___________]CV(de)[ ]sujet[___________]temps/lieu vagues[___________]CV(x) ou CC(x) non-animé} il habite désormais.

h) Les falaises sur "lesquelles" {CV(x) ou CC(x) non-animé[ ]CV(x) ou CC(x) animé[___________]CV(-)[ ]CV(de[___________]sujet[___________]temps/lieu vagues} il a construit sa maison ont 120m de hauteur.

Commentaires

a) connaître qn ➜ CV(-)➜ que
b) connaître qn ➜sujet de "a été écrit" ➜ "qui".
c) penser à qn ➜CV(à) animé ➜ "à qui"
d) penser à qc ➜ CV(à) non-animé ➜ "auxquelles"
e) penser à qn (celui) ➜ CV(à) animé ➜ "à qui"
f) parler de qn ➜ CV(de) "dont"
g) habiter chez qn ➜CC(chez) animé ➜ "chez qui"
h) construire qc sur qc ➜ CC(sur) non-animé ➜ "sur lesquelles"

7.6   Construire sa relative

Recherches grammaticales : Règles de formation

Lisez les exemples ci-dessous. Simplifiez les groupes de deux phrases en faisant de la première une principale, et de la deuxième une relative.

Décrivez comment vous faites pour construire la relative.
Ex : *1. Julie épouse un homme. Cet homme l'aime.*   **Le signifiant commun est « homme ».**   **Dans la 2ᵉ proposition, il est sujet. Le pronom relatif est « qui ». On enlève « cet homme », et on le remplace par qui :**   **Julie épouse un homme qui l'aime.**
2. Julie épouse un homme. Elle aime cet homme.   **Le signifiant commun est « homme ».**   **Dans la 2ᵉ proposition, il est CV(—). Le pronom relatif est « que ». On enlève « cet homme », et on le remplace par que, que l'on place en première position de la relative.**   **Julie épouse un homme qu'elle aime.**
3. Julie épouse un homme. Elle pense à cet homme matin et soir.   **Le signifiant commun est « homme ».**   **Dans la 2ᵉ proposition, il est CV(à). Le pronom relatif est « à qui ». On enlève « cet homme », et on le remplace par qui, que l'on place en première position de la relative, précédé de la préposition.**   **Julie épouse un homme à qui elle pense matin et soir.**
4. Julie épouse un homme. Elle parle de cet homme tout le temps.   **Le signifiant commun est « homme ».**   **Dans la 2ᵉ proposition, il est CV(de). Le pronom relatif est « de qui ». On enlève « cet homme », et on le remplace par dont que l'on place en première position de la relative.**   **Julie épouse un homme dont elle parle tout le temps.**   **(Egalement : de qui / duquel/dont)**
5. Julie épouse un homme. Elle pense de cet homme qu'il est le plus beau.   **Le signifiant commun est « homme ».**   **Dans la 2ᵉ proposition, il est CV(de). Le pronom relatif est « de qui ». On enlève « cet homme », et on le remplace par dont que l'on place en première position de la relative.**   **Julie épouse un homme dont elle pense qu'il est le plus beau.**   **(Egalement : de qui / duquel)**
6. Rachida épouse un homme. Elle se sent bien auprès de cet homme.   **Le signifiant commun est « homme ».**   **Dans la 2ᵉ proposition, il est CV(de). Le pronom relatif est** *« auprès de qui »*. **On enlève** *« cet homme »*, **et on le remplace par** *auprès de qui* **que l'on place en première position de la relative.**   **Rachida épouse un homme auprès de qui elle se sent bien.**

7.7   Le subjonctif dans la relative

Recherches grammaticales : l'emploi du subjonctif dans la relative

Etudiez bien les exemples de 1 à 4, dans lesquels la relative est au subjonctif. Observez en particulier les antécédents, et les expressions qui s'y rapportent pour expliquer l'utilisation du subjonctif.	
1. C'est le garçon le plus gentil que je connaisse. **2. Julie est la plus intelligente étudiante que nous ayons** **3. Neil Armstrong est le premier homme qui ait marché sur la lune.** **4. Julie est la fille la moins vaniteuse que je connaisse.**	

Les antécédents sont soumis à un superlatif (le plus gentil, la plus intelligente, la moins vaniteuse), ou à une expression superlative, c'est-à-dire une expression qui souligne que cet antécédent s'oppose à tous ceux du même genre : le premier homme est le seul à être le premier. Les autres ne sauraient l'être.

Règle : Lorsque l'antécédent est soumis à un superlatif ou une expression superlative, qui tendent à montrer le caractère exceptionnel de cet antécédent, le verbe de la relative se met au

Etudiez bien les exemples de 5 à 8, dans lesquels la relative est au subjonctif. Observez en particulier les antécédents, et les expressions qui s'y rapportent pour expliquer l'utilisation du subjonctif.

5. Je ne vois personne qui connaisse cette formule.	Antécédent = négation : subjonctif
6. Il n'y a pas de problème qui ne puisse trouver de solution.	Antécédent = soumis à négation : subjonctif
7. Il n'y a rien qui vaille que l'on se rende malade.	Antécédent = négation : subjonctif
8. Il n'y a plus aucun artisan qui sache restaurer ce tableau.	Antécédent = soumis à négation : subjonctif

Les antécédents sont soumis à une négation, qui met leur existence en doute.

Cette recherche est assez délicate. Vous allez pouvoir montrer ce dont vous êtes capable !
Étudiez bien les exemples de 9a à 13c, dans lesquels la relative est au subjonctif. Observez-en particulier les antécédents.
Quand les exemples portent le même numéro (9a et 9b, 12a et 12 b, 13a, 13b et 13c) comparez bien les cas où l'on emploie l'indicatif et celui où l'on emploie le subjonctif.

9a. Connais-tu quelqu'un qui sache son nom ?	On cherche l'antécédent : modèle = subjonctif
9b. Oui, je connais quelqu'un qui sait son nom.	On a trouvé l'antécédent : indicatif
10. Je cherche un plombier qui puisse réparer mon robinet.	On cherche l'antécédent : modèle = subjonctif
11. Elle n'a pas trouvé d'électricien qui soit capable de la dépanner rapidement.	On n'a pas trouvé l'antécédent : modèle=subjonctif
12a. Vous voulez trouver une école privée qui prenne votre cancre de fils ?	On cherche l'antécédent : modèle = subjonctif
12b. Ça y est ! J'ai trouvé une école qui acceptera notre cancre de fils.	On a trouvé l'antécédent : indicatif
13a. Connais-tu quelqu'un qui soit capable d'assurer cette mission ?	On cherche l'antécédent : modèle = subjonctif
13b. Non, je ne vois personne qui puisse le faire.	On n'a pas trouvé l'antécédent : modèle= subjonctif (antécédent = négation)
13c. Mais elle, elle a trouvé quelqu'un qui peut le faire.	On a trouvé l'antécédent : indicatif

Exercice n°5 : le subjonctif dans la relative.

Mettez le verbe entre parenthèses au mode et au temps voulu.
1. C'est le garçon le plus gentil que je {__________} (connaître).
2. Mlle Lelombec cherche un pantalon qui lui {__________} (aller).
3. Hier, j'ai trouvé un pantalon qui {__________} (m'aller) comme un gant.
4. Il n'est pas facile de trouver des souliers qui {__________} (être) bon marché et de bonne qualité.
5. Auriez-vous un pantalon qui {__________} (aller) à mon fils, qui pèse 280 kg?
6. Y a-t-il un pantalon dont la couleur {__________} (aller) avec celle de mes yeux?
7. Il a cherché toute la journée une chemise qui lui {__________} (aller), et il a fini par en trouver une qui lui {va } (aller) à peu près.
8. Elle a cherché toute la journée un collant, mais malgré tous ses efforts, elle n'en a pas trouvé qui lui {__________} (aller).

9. Gaston est le premier homme qu'elle {__________} (avoir rendu) fou, puis vinrent Paul, Pierre, Ernest, et enfin, Jacques.
10. « Il n'y a vraiment personne qui me {__________} (comprendre) », dit-il, et il vida, d'un coup, la bouteille de Calvados.
11. Dans les questions d'argent, il n'y a pas d'amitié qui {__________} (tenir).
12. C'est la plus haute montagne que nous {__________} (avoir) jamais vue.
13. Brigitte a tenté de se suicider parce que Paul l'avait quittée. Pourtant, il n'y a pas d'homme qui {__________} (valoir) qu'on se suicide pour lui !

Commentaires

1. Connaisse : Subjonctif parce que l'antécédent "gentil" est soumis à un superlatif.
2. Aille : Subjonctif parce que l'antécédent "pantalon" est un modèle d'après lequel elle cherche.
3. Me va : Indicatif parce que l'antécédent "pantalon" existe, et qu'on l'a acheté.
4. Soient : Subjonctif parce que l'antécédent "pantalon" est un modèle, pas facile à trouver.
5. Aille : Subjonctif parce que l'antécédent "pantalon" est un modèle que l'on n'a pas encore trouvé.
6. Aille : Subjonctif parce que l'antécédent "pantalon" est un modèle, puisque sa couleur doit être la même que celle de mes yeux.
7. Aille : Subjonctif parce que l'antécédent "chemise" est un modèle, pas facile à trouver.
7a. va : Indicatif parce que l'antécédent "chemise" existe, et qu'on l'a trouvée, même si elle lui va à peu près..
8. Aille : Subjonctif parce que l'antécédent "collant" est un modèle. Comme elle ne l'a pas trouvé, il demeure un modèle.
9. Ait rendu : Subjonctif parce que l'antécédent "homme" est soumis à une expression superlative : "le premier".
10. Comprenne : Subjonctif parce que l'antécédent "personne" est une négation.
11. Tienne : Subjonctif parce que l'antécédent "amitié" est soumis à une négation "il n'y a pas d'amitié"
12. Ayons : Subjonctif parce que l'antécédent "montagne" est soumis à un superlatif "la plus haute".
13. Vaille : Subjonctif parce que l'antécédent "homme" est soumis à une négation "il n'y a pas d'homme"

7.8 Exercice final

Exercice n°6

Complétez le texte suivant en ajoutant les pronoms relatifs qui manquent. Ajoutez une préposition s'il y a lieu. Le texte parle de l'auteur John Kennedy Toole, qui s'est suicidé parce qqu'il n'avait pas de succès, et qui reçut le fameux Prix Pullitzer après sa mort, trop tard, donc.

Connaissez-vous John Kennedy Toole ?

Je suis sûr qu'il y a bien peu de gens {01: __________} connaissent John Kennedy Toole. C'est lui {02: __________} a écrit "a confederacy of dunces", {03: __________} le titre français est "La conjuration des imbéciles", et {04: __________} porte en exergue une citation de Jonathan Swift, {05: __________} vous savez sûrement qu'il était l'auteur de Gulliver: "Quand un vrai génie apparaît, on peut le reconnaître à ce signe : les imbéciles sont tous ligués contre lui."

La Conjuration des imbéciles est un roman {06: __________} se déroule à la Nouvelle-Orléans, à la fin des années 60. Elle met en scène un énorme universitaire {07: __________} le nom est Ignatius Reilly. Ce personnage est un admirateur fervent du Moyen Age, et ce {08: __________} il rêve, c'est de mener des croisades contre le monde moderne.

Le plus cher désir de sa mère, {09: _________} a un penchant certain pour la bouteille, serait qu'il trouve un emploi {10: _________} ils puissent vivre tous les deux. Mais chacune de ses expériences se termine par un désastre {11: _________} aurait rendu Don Quichotte jaloux.

Il a une ancienne petite amie, une certaine Myrna Minkof, {12: _________} habite à New York, et {13: _________} l'occupation principale est la psychanalyse, surtout celle d'Ignatius. Elle pense que ce {14: _________} il aurait le plus besoin, c'est de sexe. Et elle lui envoie de nombreuses lettres, {15: _________} mettent le brave Ignatius en colère. Pour lui en imposer, il essaie de mettre au point des croisades modernes. Employé dans une usine de pantalons, {16: _________} appartient à un nommé Lévy, il essaie de rassembler les ouvriers noirs {17: _________} y travaillent pour qu'ils se révoltent contre leur patron, {18: _________} patron s'intéresse beaucoup plus au sport qu'aux pantalons.

Cette croisade tourne mal, et Ignatius se retrouve bien vite mis à la porte des Pantalons Lévy.
Il trouve ensuite un emploi comme vendeur de saucisses, {19: _________} portent le doux nom de "Hot dogs Paradise". Ignatius, malgré ses nombreux diplômes universitaires, se voit obligé de pousser une voiture en forme de saucisse, avec {20: _________} il arpente les rues du quartier français de la Nouvelle-Orléans. Ignatius, {21: _________} est doté d'un grand appétit, mange les saucisses {22: _________} il aurait dû vendre les unes après les autres. Il est alors obligé d'inventer des histoires pour expliquer à son patron pourquoi il ne rapporte ni les saucisses {23 _________} lui avait été confiées, ni l'argent {24: _________ il aurait dû remettre à son patron. Comme le quartier dans {25: _________} il travaille est plutôt mal famé, il raconte que des gens l'ont attaqué, et qu'ils lui ont volé les saucisses et l'argent.

Au cours des voyages {26: _________} il effectue dans le quartier, il fait la connaissance d'homosexuels des deux sexes. Il finit par se faire inviter à une réception {27: _________} l'un de ces jeunes gens donne, et veut y faire un discours, {28: _________} il a préparé avec soin, sur la prise du pouvoir par les homosexuels. Malheureusement, ceux-ci ne s'intéressent pas du tout à ce {29: _________} il leur raconte, et la réception se termine en bagarre générale.

Cette histoire se double d'histoires secondaires: celle d'un noir {30: _________} travaille dans un bar louche, et {31: _________} la patronne essaie d'arrondir ses fins de mois en vendant des photos pornographiques à des lycéens boutonneux, celle d'un policier{32: _________} son chef persécute, et {33: _________} fait ses enquêtes dans des déguisements {34: _________} lui sont imposés par son chef, celle de la mère d'Ignatius, {35: _________} rencontre un petit vieux {36: _________} elle ne sait pas si elle doit l'épouser, celle de Myrna, {37: _________} essaie de psychanalyser, dans des positions couchées, divers hommes {38: _________} elle abandonne bientôt après, sans oublier celle de M. Lévy, {39: _________} la femme a pris des cours de psychanalyse par correspondance, et {40: qui} passe la moitié de sa vie sur une planche de massage électrique, {41: _________} son mari lui a offerte, et l'autre moitié à donner des idées saugrenues à son mari.

Le style de l'auteur est époustouflant. Les personnages semblent sortis de Rabelais, de Cervantès ou de Dickens: Ignatius, inadapté au monde moderne, et {42: _________} la mère ne comprend pas le génie; Myrna Minkof, {43: _________} les contestations des années 60 ont un peu désorientée; Darlène, la strip-teaseuse, {44: _________} fait un usage inattendu d'un perroquet; Lana Lee, la patronne rapace des "Folles Nuits"; l'agent Mancuso, le policier le plus incompétent de toute la Louisiane; et beaucoup d'autres, {45: _________} les affrontements, les entreprises sombrent obligatoirement dans le grotesque ou la catastrophe.

L'auteur de ce roman s'est suicidé en 1969, à l'âge de trente-deux ans, parce qu'il n'avait aucun succès. C'est sa mère, {46: _________} avait pris conscience de la valeur du livre, {47: _________} a fait le siège de plusieurs maisons d'édition. Enfin, elle réussit à faire publier ce livre en 1976.
Ce livre connut alors un immense succès, {48: _________} vient couronner en 1981 le prix

Pour son auteur, il est trop tard. Quant au lecteur, il se prend à regretter qu'il ne pourra jamais y avoir de suite à l'ouvrage {49: _________ } il vient d'achever la lecture.

Solutions et Commentaires

1. sujet ➜ "qui"
2. sujet ➜"qui"
3. Complément introduit par "de" ➜"dont"
4. sujet ➜"qui"
5. Complément introduit par "de" (vous savez de qn) → "dont"
6. sujet ➜"qui"
7. Complément introduit par "de" (le nom de qn) ➜"dont"
8. Complément introduit par "de" (rêver de qc) ➜"dont"
9. sujet ➜"qui"
10. Complément introduit par "de" (vivre de qc) ➜"dont"
11. sujet ➜"qui"
12. sujet ➜"qui"
13. Complément introduit par "de" (l'occupation de qn) ➜"dont"
14. Complément introduit par "de" (avoir besoin de qc) ➜"dont"
15. sujet ➜"qui"
16. sujet ➜"qui"
17. sujet ➜"qui"
18. adjectif relatif se rapportant à patron, masculin, singulier ➜"lequel"
19. sujet ➜"qui"
20. CV(x) ou CC(x)non-animé avec préposition ➜"avec laquelle"
21. sujet ➜"qui"
22. "vendre qc" CV(-)➜"que" ("qu'" devant voyelle ou h muet)
23. sujet ➜"qui"
24. "rapporter qc" CV(-)➜"que" ("qu'" devant voyelle ou h muet)
25. CV(x) ou CC(x)non-animé avec préposition ➜"dans lequel"
26. "effectuer qc" CV(-)➜"que" ("qu'" devant voyelle ou h muet)
27. "donner qc" CV(-)➜"que" ("qu'" devant voyelle ou h muet)
28. "préparer qc" CV(-)➜"que" ("qu'" devant voyelle ou h muet)
29. "raconter qc" CV(-) v "que" ("qu'" devant voyelle ou h muet)
30. sujet ➜ "qui"
31. Complément introduit par "de" (la patronne de qc) ➜"dont"
32. "persécuter qn" CV(-)➜"que" ("qu'" devant voyelle ou h muet)
33. sujet ➜"qui"
34. sujet ➜"qui"
35. sujet ➜"qui"
36. Complément introduit par "de" (elle ne sait pas de qn) ➜"dont"
37. sujet ➜"qui"
38. "abandonner qn" CV(-)➜"que" ("qu'" devant voyelle ou h muet)
39. Complément introduit par "de" (la femme de qn) ➜"dont"
40. sujet ➜"qui"
41. "offrir qc" CV(-)➜"que" ("qu'" devant voyelle ou h muet)
42. Complément introduit par "de" (la mère de qn) ➜"dont"
43. "désorienter qn" CV(-)➜"que" ("qu'" devant voyelle ou h muet)
44. sujet → "qui"
45. Complément introduit par "de" (les affrontements de qn) ➜"dont"
46. sujet ➜"qui"
47. sujet ➜"qui"
48. "couronner qc" CV(-)➜"que" ("qu'" devant voyelle ou h muet)
49. Complément introduit par "de" (la lecture de qc) ➜"dont"

8   Etude de la Valence

Nous allons mettre au point une unité qui étudie la Valence verbale, et qui s'appuie sur www.la-grammaire-du-fle.com .

8.1   Mise au point

Alors que la plupart des enseignants et des apprenants de français langue étrangère connaissent le concept de valence verbale, beaucoup moins de leurs homologues dont la langue maternelle est le français en ont entendu parler.

Ainsi, il n'est pas rare d'entendre des fautes dues à un mauvais emploi de cette valence :

☹ *Le film ? Oui, je m'en rappelle* . Impossible puisque *l'on se rappelle quelque chose* (qc). La forme exacte est donc : *Je me le rappelle.*

✦ *Le film ? Oui, je m'en souviens.* Exact, puisque *l'on se souvient de quelque chose (qc).*

On rencontre aussi des passifs mal venus. Pour pouvoir mettre un verbe au passif, il faut qu'il ait, à la voix active, un complément d'objet direct (C.O.D.) qui devienne sujet à la voix passive :

✦ *Les cannibales ont mangé le missionnaire.*

✦ *Le missionnaire a été mangé par les cannibales.*

Le C.O.D. *missionnaire* joue au passif le rôle de sujet.

Mais on rencontre aussi des tournures qui seraient impossibles si l'on appliquait les règles de la valence :

- Le vendeur dit à la cliente : ☹ *Venez, je vais vous encaisser.* On n'encaisse pas la cliente mais son argent. La cliente ne rentre pas dans la caisse.
- Le médecin dit : ☹ *Le patient a été sédaté.* Ce passif est impossible, puisqu'on ne « sédate » pas un patient : *on lui administre un sédatif* (C.O.D.). Donc, un sédatif (sujet) a été administré au patient.
- Un autre médecin affirme : ☹ *La patiente a été transfusée ce matin.* Ceci est très étonnant, car on transfuse du sang, pas une patiente, qui ne rentre pas dans le mince tuyau de la transfusion. Mais on peut lui transfuser (transfuser qc à qn) par exemple 250 ml de sang. *250 ml de sang lui ont été transfusés.*

Ces tournures que l'on rencontre à tous les coins des hôpitaux ou des magasins, que l'on entend à la radio ou à la télévision, s'emploient de plus en plus, ce qui ajoute à la confusion syntaxique. Tout le monde écrit sur les réseaux sociaux dans un français plus qu'approximatif, et même ceux qui ont une orthographe déplorable ne craignent pas que l'on se moque d'eux. Il faut dire que l'apprenant dans les écoles est confronté à toutes sortes de compléments et d'attributs qu'il n'arrive pas à identifier, et ce d'autant moins qu'il n'a pas appris à le faire.

Voyons un autre cas : le participe conjugué avec *avoir* s'accorde avec le C.O.D. (complément d'objet direct) placé avant. Mais qu'est-ce qu'un C.O.D ? À quoi le reconnaît-on ? Voici quelques exemples pour vous permettre de réfléchir. Le complément souligné est-il un C.O.D., un C.O.Ind. (complément d'objet indirect) un complément circonstanciel, un attribut du sujet, un attribut du C.O.D. ?

 Pour sensibiliser les apprenants aux problèmes d'identification des compléments, nous allons leur faire faire l'exercice suivant.

Mais avant, il faudra revoir avec eux ce qu'ils savent sur ces compléments et mettre les choses au point. Nous préciserons les choses plus tard grâce à l'emploi du concept de valence.

		COD	COInd	C.CIRC.	ATTR. du	
					Suj.	C.O.D.
1	J'ai mangé <u>un croissant</u>					
2	Elle a mangé <u>du pain</u>.					
3	Elle a couru <u>le cent mètres</u> en douze secondes.					
4	Il a couru <u>cent mètres</u> avant de s'arrêter.					
5	Elle travaille <u>la nuit</u>.					
6	J'adore <u>la nuit</u> et ses mystères.					
7	Certaines personnes travaillent <u>la nuit</u>.					
8	Le potier travaille <u>l'argile</u> pour faire des vases.					
9	Ils sont <u>Bavarois</u>.					
10	Ils nous croient <u>Bavarois</u>.					

La connaissance de la valence verbale est très importante, car elle a des conséquences :

- Sur la formation du passif.
- Sur la construction du groupe verbal.
- Sur l'accord des participes.
- Sur le choix des pronoms relatifs.
- Sur celui des démonstratifs, des possessifs, des indéfinis.
- Sur celui des pronoms personnels.
- Sur celui des pronoms interrogatifs.
- Sur l'emploi de l'impératif en liaison avec les pronoms.
- Sur la mise en relief des idées principales.

Si les apprenants ne sont pas en mesure d'identifier les compléments, ils ne pourront pas réagir correctement lorsqu'ils se trouveront dans l'un des cas énumérés plus haut.

- Pour remédier à ce problème, nous allons étudier les principes de la valence et dégager les critères qui nous permettront :
- D'apprendre à bien distinguer les compléments dus à la valence de ceux que l'on nomme compléments circonstanciels et des compléments d'agent.
- D'étudier le choix
  - des pronoms relatifs.
  - des démonstratifs, des possessifs, des indéfinis.
  - des pronoms personnels.
- D'étudier
  - le fonctionnement de l'impératif en liaison avec les pronoms.
  - la construction des relatives.
  - La mise en relief en liaison avec la valence.
  - L'interrogation en liaison avec la valence.
- Et enfin d'accorder les participes en toute connaissance de cause.

Il y a donc du travail en perspective. Il serait temps de commencer.

Mais avant, consultons les solutions :

		COD	COInd	C.CIRC.	ATTR. du	
					Suj.	C.O.D.
1	J'ai mangé <u>un croissant</u>	x				
2	Elle a mangé <u>du pain</u>.	x				
3	Elle a couru <u>le cent mètres</u> en douze secondes.	x				
4	Il a couru <u>cent mètres</u> avant de s'arrêter.			x		
5	Elle travaille <u>la nuit</u>.			x		
6	J'adore <u>la nuit</u> et ses mystères.	x				
7	Certaines personnes travaillent <u>la nuit</u>.			x		
9	Le potier travaille <u>l'argile</u> pour faire des vases.	x				
9	Ils sont <u>Bavarois</u>.				x	
10	Ils nous croient <u>Bavarois</u>.					X

Remarques :
1. manger qc. → qc = COD = un croissant
2. manger qc. → qc = COD = du pain
3. courir qc (une course) → qc = COD = le cent mètres (une course de 100m)
4. courir (combien ? cent mètres) → qc = Complément circonstanciel de lieu
5. travailler (quand ? la nuit) → qc = Complément circonstanciel de temps
6. adore qc → qc = COD
7. travailler (quand ? la nuit) → qc = Complément circonstanciel de temps
8. travailler qc. → qc = COD = l'argile
9. être qc (adjectif = qualité) = attribut du sujet.
10. croire qn qc (qn = COD, qc= adj.

8.2 Survol des compléments du verbe

8.2.1 Principe : valence verbale et compléments

La valence verbale est un phénomène qui se concentre, comme son nom l'indique, sur le groupe verbal. Le verbe se lie à ses compléments selon un modèle que nous appelons *valence verbale*, et qui correspond au lien par une préposition, ou sans préposition, avec le groupe nominal complément du verbe.

Une même forme verbale peut avoir plusieurs valences. Mais en changeant de valence, le verbe change de signification. Prenons l'exemple du verbe tenir. Voici quelques exemples :

verbe

Tenir	*Il a eu un accident de voiture, mais il a été sauvé par sa ceinture de sécurité, qui a tenu.* (qui ne s'est pas déchirée)
Tenir qn/qc	*Je tiens mon stylo dans la main droite.*
Tenir qn/qc par qc	*L'enfant tient sa mère par la main.*
Tenir à qn/qc	*J'ai jeté toutes les photos, sauf celle du mariage de mes parents, parce que je tiens beaucoup à cette photo.* (elle est très importante pour moi)
Tenir qc de qn	*Mme Tartempion est à Lourdes. Je le tiens de sa* voisine (= c'est sa voisine qui me l'a dit)
Tenir de qn	*Charles est avare. Il tient de son père.* (Il a hérité ce défaut de son père)

C'est de cette valence que dépend la fonction grammaticale de chaque mot.

On voit dans cet exemple l'importance d'une identification correcte de la valence si l'on veut comprendre le contenu du message.

Nous allons donc entreprendre une étude de toutes les valences possibles.

Nous retiendrons les sept cas de base suivants :

➠ 1. Les verbes à valence 0 : CV{ϕ} :

    ✦ *Martha dort.*   → dormir (ϕ)

    ✦ *Le chien ronfle :*   → ronfler (ϕ)

Ces deux verbes ne contiennent aucun complément dans leur valence. L'information contenue dans le verbe suffit à la compréhension du texte.

➠ 2. Les verbes à valence 1a, sans préposition : CV{qc}, CV{qn}, CV{qc/qn}, CV{inf}

    ✦ *Les enfants mangent des frites.* CV{qc} → manger qc (=quelque chose)

    ✦ *Les parents éduquent leurs enfants* CV{qn} → éduquer qn (= quelqu'un)

    ✦ *Nous regardons les patineuses.* CV{qc/qn} → regarder qn (= quelqu'un)

    ✦ *Nous regardons la télévision.* CV{qc/qn} → regarder qc (= quelque chose)

C'est cette sorte de complément, qui s'emploie sans aucune préposition, que nous appelons C.O.D. (complément d'objet direct).

Lorsque le verbe utilisé est un verbe opérateur, c'est-à-dire un verbe introduisant un verbe à l'infinitif, nous aurons : CV{inf}

    ✦ *Elle veut travailler.* CV(inf) → vouloir inf (= Infinitif)

    ✦ *Elle souhaite écrire un livre.* CV(inf) → souhaiter inf (= Infinitif)

➠ 3. Les verbes à valence 1b introduits par une préposition :
CV{Prép + qc}, CV{Prép + qn}, CV{Prép + inf}

La préposition {Prép} peut être, selon les verbes, *à, de, par, pour* etc.

    ✦ *Il pense à ses vacances.* CV{Prép=à qc/qn} → penser à qc

    ✦ *Elle pense souvent à ses parents.* CV{Prép= à +qc/qn} → penser à qn

    ✦ *Elle se souvient de ses voisins et de leur voiture.* CV{Prép=de + qc/qn} → se souvenir de qn/ de qc

C'est cette sorte de complément, qui s'emploie avec une préposition, que nous appelons C.O.I. (complément d'objet indirect).
Notons que, selon les cas, les deux compléments sont obligatoires ou non :

✦ *Elle écrit une lettre à sa grand-mère.* On sait ce qu'elle écrit, et à qui.

✦ *Elle écrit une lettre.* On sait ce qu'elle écrit (une lettre), mais pas à qui.

✦ *Elle écrit à sa grand-mère.* On sait à qui elle écrit, mais on ne sait pas quoi.

✦ *Elle écrit.* Le procès écrire nous suffit. On la voit à sa table en train d'écrire, mais on ne sait pas quoi, ni à qui.

Ceci n'est pas possible avec le verbe donner, car on veut savoir ce que l'on donne, et à qui.

✦ *Elle donne un livre à son frère.* On veut savoir quoi et à qui.

Chacun des deux compléments est obligatoire.

(!) Lorsque le verbe utilisé est un verbe opérateur, c'est-à-dire un verbe introduisant un verbe à l'infinitif, nous aurons : CV{Prép + inf}

✦ *Elle pense à travailler.* CV{Prép + inf}→ *penser à* + inf (= Infinitif)

✦ *Elle commence par écrire un livre.* CV{Prép + inf}→ *commencer par* + inf

▶▶ 4. **Les verbes à valence 2a avec un complément sans préposition, et un autre avec :
CV{qc} & CV{Prép + qc/qn}**

Cette valence permet de lier deux compléments, par exemple parce qu'un objet passe du sujet à une personne ou l'inverse.

✦ *Le général remet une décoration au soldat.* CV{qc Prép qn}

✦ *Le garçon écrit une lettre à sa maman.* CV{qc Prép qn}

✦ *La fille écrit une carte à son grand-père.* CV{qc Prép qn}

✦ *Le voleur a dérobé son portefeuille à la grand-mère.* CV{qc Prép qn}

▶▶ 5. **Les verbes à valence 2b avec deux compléments introduits par une préposition :
CV{qc} & CV{Prép + qc/qn}**

✦ *Nous parlons de nos vacances à nos voisins.* CV{Prép(de) + qc Prép(à) +qn}

✦ *Elle parle de son mari à sa voisine.* CV{Prép(de) + qc Prép(à) + qn}

✦ *Elle parle de son mari.* CV{Prép(de) + qc} On ne sait pas à qui.

✦ *Elle parle à la voisine.* CV{Prép(à) + qc} On ne sait pas de quoi.

(!) Le premier complément avec préposition peut être un infinitif :

✦ *Elle promet de travailler à sa mère.* CV{Prép(de) + inf Prép(à) + qn} Promettre de faire qc à qn.

▶▶ 6. **Les verbes d'état à valence 1 avec attribut du sujet ASj{qc/qn}**

✦ *Il est bête.* ASj(adj) → être qual (qual= qualité)

✦ *Elle semble intelligente.* ASj(adj) → sembler qual (qual = qualité)

✦ *Les enfants paraissent intéressés.* ASj(adj) → paraître qual (qual = qualité)

✦ *Louis XIV était un monarque absolu.* ASj(adj) → être qual (qual = qualité)

Notons que le terme *qualité* désigne ici une caractéristique du sujet. Cette caractéristique peut être aussi bien rendue par un adjectif (*bête*) que par un groupe nominal (*un monarque*).

▶▶ 7. **Les verbes à valence 2 avec CV{qc/qn} et attribut du CV{qc/qn}
CV{qc/qn} ACo{qc/qn}**

✦ *Nous tenons Paul pour honnête.* CV{qc Prép+ qual}

✦ *Ses professeurs considèrent Anna comme une bonne élève.* CV{qn} Prép+ ACo{qc=qual}

On appelle l'attribut du CV{qc/qn} aussi attribut du C.O .D.

Notons que le terme *qualité* désigne ici une caractéristique du CV{qc}. Cette caractéristique peut être aussi bien rendue par un adjectif que par un groupe nominal.

8.2.2   Les autres compléments ne font pas partie de la valence du verbe.

Ce sont :

- Le complément d'agent. ✦ *La Tour Eiffel a été construite par Gustave Eiffel.*
- Le complément circonstanciel. ✦ *Au printemps, les arbres fleurissent.*

Cependant, les deux sortes sont en rapport avec le groupe verbal, et peuvent de ce fait être rangés par erreur dans la catégorie des compléments déterminés par la valence.

Nous n'oublierons pas d'évoquer le complément de nom, qui, lui, fait partie d'un groupe nominal. *Le véritable nom de Gustave Eiffel était Bönickhausen.*
Il vaut mieux connaître son existence si l'on ne veut pas, lui aussi, le confondre avec un autre complément.

✦ *Le directeur, de l'hôtel, voit la Tour Eiffel.* (A)

✦ *Le directeur de l'hôtel voit la Tour Eiffel.* (B)

En s'aidant de la ponctuation, on voit que, dans le cas A, *l'hôtel* est séparé du *directeur* par une virgule. Il ne peut donc pas être complément de nom. Il s'agit en fait d'un complément circonstanciel de lieu, qui nous dit que le directeur voit la Tour Eiffel à partir du balcon sur lequel il se trouve.
Dans le cas B, le directeur dirige l'hôtel, ce qui ne l'empêche pas de voir la Tour Eiffel, sans doute parce que l'hôtel est proche de ce monument.
Nous allons voir de plus près ces deux sortes de compléments.

8.2.2.1   Le complément d'agent.

Le complément d'agent joue un rôle au passif.
Vous connaissez sans doute la règle de la transformation de l'actif en passif.

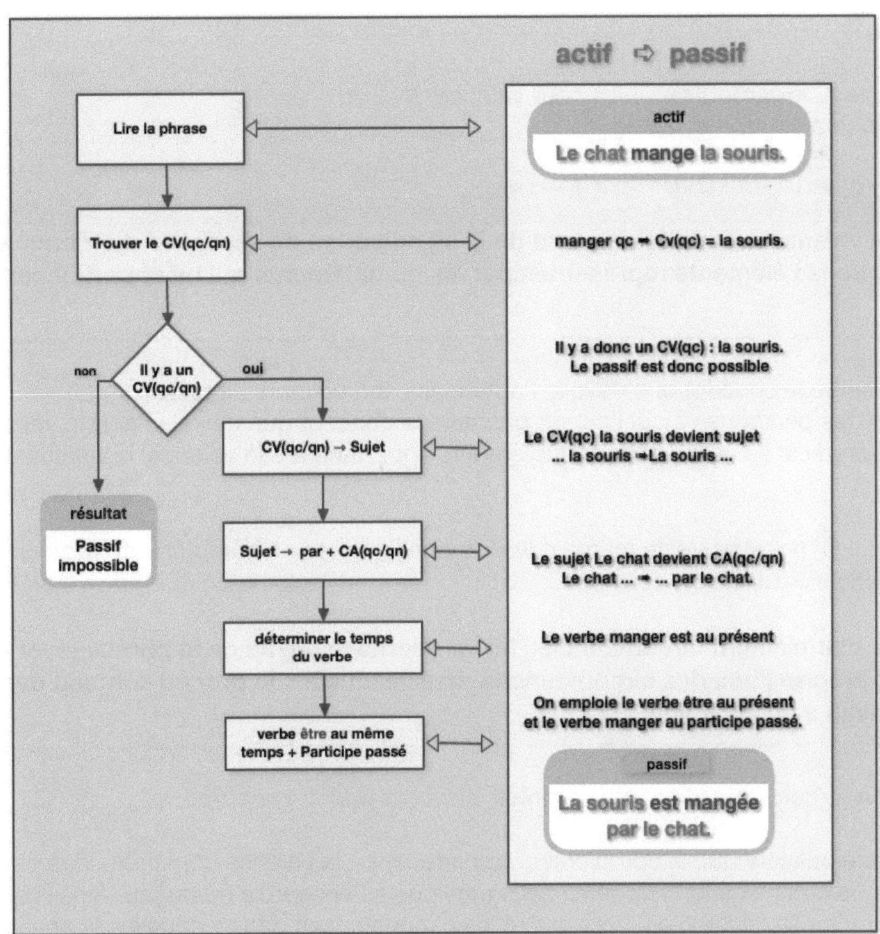

A gauche se trouve l'algorithme qui montre la marche à suivre correspondant aux règles grammaticales. Il est illustré à droite par un exemple contenant les réflexions nécessaires à la résolution du problème.

Voici quelques exemples qui, en suivant cette règle, aboutissent à un passif.

    ✦ *La championne a remporté la course.*

        → La course a été remportée par la championne.

    ✦ *Ravaillac a assassiné Henri IV en 1610.*

        → Henri IV a été assassiné par Ravaillac en 1610.

    ✦ *Christophe Colomb découvrit l'Amérique en 1492.*

        → L'Amérique fut découverte par Christophe Colomb en 1492.

 Lorsque le sujet est « *on* », le locuteur aura plutôt recours à la voix pronominale.

    ✦ *On mange le riz avec des baguettes.*

    → Le riz se mange avec des baguettes.

Au lieu du passif : * *le riz est mangé...*, on emploie la forme pronominale : *le riz se mange*.

 **Il est évident que le riz ne se mange pas lui-même. Une telle forme, pour laquelle il n'y a pas de complément d'agent (*on* ne pouvant être que sujet), est à comprendre comme une forme passive.**

8.2.2.2   Le complément circonstanciel.

Il n'est pas toujours facile de savoir si un complément fait partie de la valence du verbe ou s'il se rapporte au noyau de la phrase.

Prenons deux exemples :

    ✦ *L'auteur dévoile son opinion au lecteur.* (A)

    ✦ *Dans ce livre, l'auteur dévoile son opinion au lecteur.* (B)

Dans l'exemple A, le verbe *dévoiler* a pour valence *qc à qn*.
Ceci correspond au patron syntaxique :

    Dévoiler CV{qc} CV{Prép = à + qn}.

 **La valence a pour but, partant de la signification du verbe, de distribuer les rôles entre les éléments représentés par les compléments qui lui appartiennent.**

CV{qc} représente le concept que dévoile l'auteur, ici, son opinion, alors que *CV(Prép =à + qn)* représente la ou les personnes à qui l'auteur présente le concept que dévoile l'auteur, ici, son opinion. Le sujet et le prédicat (le verbe et les compléments appartenant à la valence) constituent le noyau de la phrase.

Dans l'exemple B, on retrouve ce même noyau auquel s'ajoute un complément *dans ce livre*, correspondant *CC{Prép = dans qc}*

 **Le complément circonstanciel, lui, concerne le noyau de la phrase sujet + prédicat) et précise l'une des circonstances dans lesquelles le procès contenu dans ce noyau a pu avoir lieu.**

Ici, *Dans ce livre* concerne le procès complet : *l'auteur dévoile son opinion*.

On pourrait dire qu'alors que le complément appartenant à la valence constitue un des rouages de cette valence, le complément circonstanciel s'applique à l'ensemble du noyau. Ainsi, on pourra définir le lieu, le temps, la cause etc., c'est-à-dire les circonstances dans lesquelles le noyau se déroule.

Voyons quelques cas un peu plus difficiles :

✦ *Au dernier marathon, mon voisin s'est arrêté au bout de cent mètres.* (C)
✦ *Ma cousine a couru le cent mètres aux derniers jeux olympiques.* (D)

Dans l'exemple C, *au bout de cent mètres* est un complément circonstanciel. Ici, le complément circonstanciel se trouve à la fin de la phrase. C'est donc une information essentielle : il n'a parcouru que cent mètres. On pourrait aussi trouver :

✦ *Au dernier marathon, au bout de cent mètres, mon voisin s'est arrêté.*

Dans ce cas, l'information essentielle, la dernière, est que le voisin s'est arrêté, alors que l'on aurait attendu qu'il aille plus loin.

Dans l'exemple D, *le cent mètres* est CV{qc}, et représente le nom d'une course, *le cent mètres*, cousin du mille mètres ou du marathon.
Contrairement au complément circonstanciel, de l'exemple D, on ne peut pas mettre le CV{qc} avant le verbe, sauf si le CV{qc} devient sujet d'une forme passive :

✦ *Le cent mètres a été couru par ma cousine pour la France aux derniers jeux olympiques.*

Nous rajoutons pour la France pour avoir une raison d'employer le passif en donnant de l'importance au complément d'agent. (cf. plus bas, le passif).

Étudions les deux exemples suivants :

✦ *Le matin, il fait frais.* (E)
✦ *J'aime le matin.* (F)

Dans l'exemple E, le matin est un complément circonstanciel de temps. On peut le placer également après le verbe :

✦ *Il fait frais le matin.* (E)

Dans ce cas, on souligne le fait que c'est le matin qu'il fait frais.

Dans l'exemple F, *le matin* est un CV{qc}. Il fait partie de la valence du verbe.
On ne peut donc pas le déplacer de l'autre côté du verbe.

8.3   Les différents cas de valence dans le détail :

Comme nous l'avons vu plus haut, les verbes se répartissent, selon la valence qu'ils gouvernent, en sept catégories :

8.3.1   Les verbes à valence 0 :
CV{ɸ}

✦ *Martha dort.*   → dormir (ϕ)
✦ *Le chien ronfle.*   → ronfler (ϕ)

On appelle ces verbes qui ont une valence 0 des verbes *intransitifs*.

8.3.2   Les verbes à valence 1ₐ, sans préposition :
CV{qc}, CV{qn}, CV{qc/qn}, CV{inf}

✦ *Les enfants mangent des frites.* CV{qc} → *manger qc* (=quelque chose)
✦ *Les parents éduquent leurs enfants* CV{qn} qasz→ *éduquer qn* (= quelqu'un)
✦ *Nous regardons les patineuses.* CV{qc/qn}   → *regarder qn* (= quelqu'un)
✦ *Nous regardons la télévision.* CV{qc/qn} → *regarder qc* (= quelque chose)

Dans les exemples suivants le verbe est un verbe opérateur ayant pour complément un verbe à l'infinitif.
✦ *Les enfants aiment chanter.* CV{inf} → *aimer faire*
✦ *Ma sœur veut apprendre le chinois.* CV{—} → *vouloir faire*

Notons que, dans ce dernier exemple, le verbe *apprendre* est accompagné d'un CV{qc}, le chinois.

On appelle ces verbes qui ont une valence 1a des verbes *transitifs directs*.

Chaque fois qu'un verbe peut avoir un CV{—}, c'est-à-dire un *CV{qc}*, un *CV{qn}*, un *CV{qc/qn}*, ou un *CV{inf}*, il est transitif direct.

(!) *Remarque : seuls les verbes transitifs directs peuvent se mettre au passif. Le CV{—} de l'actif devient sujet au passif, alors que le sujet actif devient complément d'agent au passif, le plus souvent introduit par la préposition par. :*

> ✦ *Peugeot fabrique ces automobiles.*
>
> → ✦ *Ces automobiles sont fabriquées par Peugeot*

8.3.3 Les verbes à valence 1$_b$, le complément étant introduit par une préposition : CV$_i$ {Prép + qc}, CV$_i$ {Prép + qn}, CV$_i$ {Prép inf}, CV$_i$ {Prép + qc/qn/inf}

> ✦ *Il pense à ses vacances.* CV$_i$ {Prép=à + qc {/qn} → penser à qc CV$_i$
>
> ✦ *Elle pense souvent à ses parents.* CV$_i$ {Prép=à (qn)} → penser à qn
>
> ✦ *Elle se souvient d'avoir eu une panne sur l'autoroute.* CV$_i$ {Prép=de + inf}

(!) Remarques : certains compléments peuvent être omis. Tout dépend du verbe

> ✦ *Elle écrit une lettre à sa grand-mère.* On sait ce qu'elle écrit, et à qui.
>
> ✦ *Elle écrit une lettre.* On sait ce qu'elle écrit (une lettre), mais pas à qui.
>
> ✦ *Elle écrit à sa grand-mère.* On sait à qui elle écrit, mais on ne sait pas quoi.
>
> ✦ *Elle écrit.* Le procès écrire nous suffit. On la voit à sa table en train d'écrire, mais on ne sait pas quoi, ni à qui.

> ✦ *Elle pense à travailler.* CV$_i$ (Prép + vb) → penser à + inf (= Infinitif)
>
> ✦ *Elle commence par écrire un livre.* CV$_i$ (Prép + vb) → commencer par + inf (= Infinitif)

On appelle ces verbes qui ont une valence 1b des verbes *transitifs indirects*.

8.3.4 Les verbes à valence 2$_a$ avec un complément sans préposition, et un autre avec : CV{qc/qn/inf} & CV$_2${Prép + qc/qn}

> ✦ *Le général remet une décoration au soldat.* CV{qc} CV$_2$ {Prép=à+ qn}
>
> ✦ *Le garçon écrit une lettre à sa maman.* CV{qc} CV$_2$ {Prép=à+ qn}
>
> ✦ *La fille écrit une carte à son grand-père.* CV{qc} CV$_2$ { Prép=à+ qn}
>
> ✦ *La voisine présente sa collègue à son mari.* CV{qn} CV$_2$ { Prép=à+ qn}
>
> ✦ *Jacques, de colère, donne un coup de pied à la table.* CV{qc} CV$_2$ { Prép=à+ qc}
>
> ✦ *Il veut parler à ses élèves.* CV{
> b.

(!) Remarque : le complément CV$_2$ {-}, que l'on appelait autrefois *complément d'attribution,* et que certains auteurs nomment aujourd'hui *complément second*, ne s'emploie qu'avec des verbes à valence 2$_a$ ou 2$_b$, et nécessite la présence d'un complément direct CV{-} ou indirect CV$_i$ {-} dans la valence du verbe, même si le verbe est employé sans, comme dans :

> ✦ *Le garçon écrit à sa maman.* CV$_2$ {Prép=à+ qn} où CV{qc} n'est pas exprimé.

Le complément CV$_2$ {-}, même si l'on n'emploie pas d'autre complément direct CV{-} ou indirect CV$_i$ {-}, ne peut exister que si la valence prévoit l'emploi d'un tel complément. D'où la nécessité de bien connaître la valence des verbes, pour savoir de quoi ils sont capables.

Certains verbes opérateurs peuvent introduire un CV{inf}. Dans les exemples suivants le verbe est un verbe opérateur ayant pour complément un verbe à l'infinitif.

> ✦ *L'âne peut porter des poids énormes.*
>
> ✦ *La princesse désire se marier au printemps.*

ⓘ *Bien que le verbe soit transitif direct, on ne peut pas le mettre au passif parce que l'infinitif ne peut pas être sujet au passif*

   ✦ *Jeanne d'Arc veut <u>chasser</u> les Anglais.*

Chasser ne peut pas servir de sujet au passif. Cela aurait été possible avec un nom :

   ✦ *Jeanne d'Arc veut <u>la défaite</u> des Anglais.*
   ✦ *La défaite des Anglais est voulue par Jeanne d'Arc.*

8.3.5 Les verbes à valence 2_b avec deux compléments introduits par une préposition : $CV_i \{Prép + qc/qn\} + CV_2 \{Prép + qc/qn\}$

   ✦ *Nous parlons des vacances à nos voisins.* CV_i {Prép =de + qn} CV_2{Prép=à +qn}
   ✦ *Elle parle de son mari à sa voisine.* CV_i {Prép =de + qn} CV_2{ Prép=à +qn}
   ✦ *Elle parle de son mari.* CV_i{Prép=de + qn} On ne sait pas à qui.
   ✦ *Elle parle à la voisine.* CV_2 {Prép=à qn} On ne sait pas de quoi.

ⓘ Le premier complément avec préposition peut être un infinitif :
   ✦ *Elle promet de travailler à sa mère.* CVi {Prép=de Inf} CV2{Prép =à qn} Promettre de faire qc à qn.

Tout verbe qui possède dans sa valence un CVi{—} est bien sûr *transitif indirect*.

8.3.6 Les verbes d'état à valence 1 avec attribut du sujet
$ASj\{qual\}$ où *qual (qualité)* = *qc* ou *qn*.

ⓘ Rappelons qu'un attribut du sujet est un signifiant exprimant une caractéristique, une qualité propre au sujet. Ce peut être un adjectif qualificatif ou un substantif.

Le verbe suivi d'un attribut doit être un verbe d'état, dont les principaux sont :

   Être, paraître, sembler, demeurer, rester, devenir

   ✦ *Il est bête.* ASj{qual=adj} → être ASj{qual=adj} qual (= qualité), adj=adjectif
   ✦ *Elle semble intelligente.* ASj{adj) → sembler ASj{qual=adj}
   ✦ *Les enfants paraissent intéressés.* ASj{adj) → paraître ASj{qual=adj}
   ✦ *Louis XIV était un monarque absolu.* ASj{adj) → être ASj{qual=adj}

8.3.7 Les verbes à valence 2 avec *CV{qc/qn}* et attribut du *CV{qc/qn}*
$CV\{qc/qn\}\ ACo\{qc/qn\}$

Rappelons qu'un attribut du CV{-}, que l'on appelle communément un attribut du C.O.D., est un signifiant exprimant une caractéristique, une qualité propre au CV{-}.

Cette qualité est selon les cas considérée comme vraie ou non :

   ✦ *Nous la tenons pour travailleuse.* → On pense qu'elle l'est vraiment.
   ✦ *Elle passe pour travailleuse.* → On pense qu'elle ne l'est pas vraiment.

Voici quelques exemples :

   ✦ *Nous croyons Paul honnête.* CV{qn=Paul} ACo{qual=adj=honnête}
   ✦ *Nous estimons le problème résolu.* CV{qc=le problème} ACo{qual=adj=résolu}
   ✦ *Ses professeurs considèrent Anna comme une bonne élève.*
      CV{qn=Anna} ACo{qual=qn=une bonne élève}

On voit que la connaissance de la valence d'un verbe est nécessaire si l'on veut bien coder et bien décoder les éléments que le verbe permet de combiner entre eux.

8.4   Quelles sont les conséquences découlant de la valence ?

La valence intervient dans plusieurs cas :
- Dans l'interrogative.
- Dans l'accord du participe.
- Dans la relative.
- Lorsque l'on emploie des pronoms personnels.
- Lorsque l'on met un élément en relief.

Elle influe en particulier sur le choix des pronoms, qu'ils soient interrogatifs, relatifs ou personnels.
Nous allons étudier chacun de ces quatre points.
Rappelons que nous ne nous occupons ici que des compléments qui appartiennent à la valence.

8.4.1   La valence des verbes et l'interrogative.
Nous allons commencer par étudier une série d'exemples.
Nous aurons d'abord à décrire comment la valence du verbe se répartit.
Nous choisirons ensuite le pronom interrogatif qui amène chaque complément comme réponse directe.
Il nous faudra dans chaque cas respecter trois niveaux de style :

- **Le niveau relevé** 👍, qui comporte une inversion : *Pourquoi Paul a-t-il écrit à sa mère ?*

- **Le niveau courant** 👌 nécessitant l'emploi d'*est-ce que* : *Pourquoi est-ce que Paul a écrit à sa mère ?*

- **Le niveau familier** 👎 sans inversion ni *est-ce que*, qui fonctionne par l'intonation, et que l'on devrait réserver à l'oral, dans le langage très familier. Le mot interrogatif profite de l'intonation, qu'il soit placé au début *Pourquoi Paul a écrit à sa mère ?* ou à la fin : *Paul a écrit à sa mère pourquoi ?*

8.4.1.1   Les verbes à valence 0 (catégorie 1) : CV{ø}

- *Martha dort.*   → dormir (ϕ)
- *Le chien ronfle :*   → ronfler (ϕ)

Comme il n'y a pas de compléments, on ne peut poser qu'une question sur le verbe, ou encore pour vérifier la véracité de la phrase entière :

✽ Question sur le verbe. On emploie une interrogation partielle, réduite au verbe :
- → 👍 *Que fait Martha ?* 👌 *Qu'est-ce que fait Martha ?* 👎 *Martha fait quoi ?*
- → 👍 *Que fait le chien ?* 👌 *Qu'est-ce que fait le chien ?* 👎 *Le chien fait quoi ?*

✽ Question sur la phrase entière. On emploie une interrogation totale, qui porte sur l'information entière, et qui est destinée à vérifier si l'on a bien compris. Il n'y a pas de mot interrogatif dans ce cas-là
- → 👍 *Martha dort-elle ?* 👌 *Est-ce que Martha dort ?* 👎 *Martha dort ?*
- → 👍 *Le chien ronfle-t-il ?* 👌 *Est-ce que le chien ronfle ?* 👎 *Le chien ronfle ?*

8.4.1.2   Les verbes à valence 1ₐ, sans préposition (catégorie 2) : CV{qc}, CV{qn}, CV{inf}

Il nous faudra considérer trois cas différents
a) Le complément CV{-} est un animé CV{qn}
- *Les parents éduquent leurs enfants* CV{qn} → *éduquer qn* (= animé)
- *Nous regardons les patineuses.* CV{qc/qn} → *regarder qn* (= animé)

Le pronom interrogatif est *qui*.
- → 👍 *Qui les parents éduquent-ils ? ?* 👌 *Qui est-ce que les parents éduquent ?* 👎 *Les parents éduquent qui ?*

b) Le complément CV{-} est un non-animé CV{qc}

> ✦ *Les enfants mangent des frites.* CV{qc} → *manger qc* (= non-animé)

> ✦ *Nous regardons la télévision.* CV{qc/qn} → *regarder qc* (= non-animé)

Le pronom interrogatif est *que*. (*que* devient *quoi* en fin de phrase).

> → 👍 *Que mangent les enfants ?* 👌 *Qu'est-ce que les enfants mangent ?* 👎 *Les enfants mangent quoi ?*

Notons que lorsque *que* est employé en fin de phrase, il ne peut pas recevoir l'accent tonique de l'intonation et devient alors *quoi* qui, lui, peut être accentué.

(Pour plus de détails sur l'intonation, voyez Meunier 2014, Meunier 2015a)

c) Le complément CV{-} est un verbe à l'infinitif CV{inf}

> ✦ *Les enfants aiment chanter.* CV{inf .} → *aimer faire*

> ✦ *Ma sœur veut apprendre le chinois.* CV{inf .} → *vouloir faire*

Le pronom interrogatif est *que*, accompagné du verbe faire à la place de l'infinitif :

> → 👍 *Qu'aiment faire les enfants ?* 👌 *Qu'est-ce que les enfants aiment faire ?* 👎 *Les enfants aiment faire quoi ?*

Là aussi, lorsque *que* est employé en fin de phrase, il ne peut pas recevoir l'accent tonique de l'intonation et devient alors *quoi* qui, lui, peut être accentué.

(Pour plus de détails sur l'intonation, voyez Meunier 2014, Meunier 2015a)

8.4.1.3 Les verbes à valence 1_b, le complément étant introduit par une préposition (catégorie 3) :

$CV_i \{Prép + qc\}, CV_i \{Prép + qn\}, CV_i \{Prép + qc/qn\}, CV_i \{Prép + vbe\}$

Nous retrouvons là encore les trois cas :

a) On interroge sur un animé, $CV_i \{Prép + qn\}$. On emploie le pronom interrogatif qui

> ✦ *Elle pense souvent à ses parents.* CV{Prép =à + qn} → penser à qn

> → 👍 *À qui pense-t-elle ?* 👌 *À qui est-ce qu'elle pense ?* 👎 *Elle pense à qui ?*

b) On interroge sur un non-animé, $CV_i \{Prép + qc\}$ On emploie le pronom interrogatif quoi.

> ✦ *Il pense à ses vacances. CV_i* {Prép =à + qc/qn} → penser à qc

> → 👍 *À quoi pense-t-il ?* 👌 *À quoi est-ce qu'il pense ?* 👎 *Il pense à quoi ?*

c) On interroge sur un complément dans la valence constitué d'un verbe précédé d'une préposition. Nous aurons deux cas, selon que l'on utilise le verbe faire ou non.

Avec faire, on emploiera le pronom interrogatif que (quoi à la fin de la phrase).

Sans faire, on emploiera la préposition + quoi : $CV_i \{Prép + vbe\}$ On emploie Prép + quoi

> ✦ *Elle pense à travailler. CV_i* {Prép + vbe} → penser à + inf

> → 👍 *À quoi pense-t-elle ?* 👌 *À quoi est-ce qu'elle pense ?* 👎 *Elle pense à quoi ?*

> → 👍 *Que pense-t-elle faire ?* 👌 *Qu'est-ce qu'elle pense faire ?* 👎 *Elle pense à faire quoi ?*

> ✦ *Elle commence par écrire un livre. CV_i* {Prép + vbe} → commencer par + inf

> → 👍 *Par quoi commence-t-elle ?* 👌 *Par quoi est-ce qu'elle commence ?* 👎 *Elle commence par quoi ?*

> → 👍 *Que commence-t-elle par faire ?* 👌 *Qu'est-ce qu'elle commence par faire ?* 👎 *Elle commence par faire quoi ?*

b) Avec la préposition de : on emploie seulement la solution avec faire

> ✦ *Il a arrêté de fumer. CV_i* {Prép + vbe} → arrêter de + inf

> → 👍 *Qu'a-t-il arrêté de faire ?* 👌 *Qu'est-ce qu'il a arrêté de faire ?* 👎 *Il a arrêté de faire quoi ?*

8.4.1.4 **Les verbes à valence 2_a avec un complément sans préposition, et un autre avec (catégorie 4) :**
$CV\{qc/qn\}$ & CV_2 $\{Prép + qc/qn\}$

Nous pouvons interroger de trois manières :
- On interroge sur le prédicat dans sa globalité. → *Que fait X ?*
- On interroge sur le complément CV{qc}. → *Que / Qui* (comme ci-dessus)
- On interroge sur le complément CV_2 {Prép+qc/qn)} → *à quoi / à qui*

Interrogeons.

✦ *Le général remet une décoration au soldat.* CV_2 {qc Prép qn}
→ *Que fait le général ? Qu'est-ce que le général fait ? Le général fait quoi ?*
→ *Que remet le général au soldat ? Qu'est-ce que le général remet au soldat ? Le général remet quoi au soldat ?*
→ *À qui le général remet-il une décoration ? À qui est-ce que le général remet une décoration ? Le général remet une décoration à qui ?*

✦ *Le garçon écrit une lettre à sa maman.* CV{qc} CV_2 { Prép=à+ qn}
→ *Que fait le garçon ? Qu'est-ce que le garçon fait ? Le garçon fait quoi ?*
→ *Qu'écrit le garçon à sa maman ? Qu'est-ce que le garçon écrit à sa maman ? Le garçon écrit quoi à sa maman ?*
→ *À qui le garçon écrit-il une lettre ? À qui est-ce que le garçon écrit une lettre ? Le garçon écrit une lettre à qui ?*

✦ *La fille écrit une carte à son grand-père.* CV{qc} CV_2 { Prép=à+ qn}
→ *Que fait la fille ? Qu'est-ce que la fille fait ? La fille fait quoi ?*
→ *Qu'écrit la fille à son grand-père ? Qu'est-ce que la fille écrit à son grand père ? La fille écrit quoi à son grand-père ?*
→ *À qui la fille écrit-elle une carte ? À qui est-ce que la fille écrit une carte ? La fille écrit une carte à qui ?*

8.4.1.5 **Les verbes à valence 2_b avec deux compléments introduits par une préposition (catégorie 5) :**
CV_i $\{qc\}$ & CV_2 $\{Prép + qc/qn\}$

L'interrogation se fait avec prép + quoi pour les non animés, et par prép + qui pour les animés.

✦ *Nous parlons de nos vacances à nos voisins.* CVi {Prép=de +qc} & CV_2 {Prép=à + qc/qn}
→ *De quoi parlons-nous à nos voisins? De quoi est-ce que nous parlons à nos voisins? Nous parlons de quoi à nos voisins ?*
→ *A qui parlons-nous de nos vacances? A qui est-ce que nous parlons de nos vacances? Nous parlons à qui de nos vacances ?*

✦ *Elle parle de son mari à sa voisine.* CV_i $\{qn\}$ & CV_2 {Prép=de + qn}
→ *De qui parle-t-elle à sa voisine ? De qui est-ce qu'elle parle à sa voisine ? Elle parle de qui à sa voisine ?* CVi {Prép+qn=qui} & CV_2 {Prép=de + qn}
→ *A qui parle-t-elle de son mari ? A qui est-ce qu'elle parle de son mari ? Elle parle à qui de son mari ?*

✦ *Elle parle de son mari.* CV_2 {Prép=de + qn} On ne sait pas à qui.
→ *De qui parle-t-elle ? De qui est-ce qu'elle parle ? Elle parle de qui ?* CV_i CV_2 {Prép=de + qn}
✦ *Elle parle à la voisine.* CV_2 {Prép= à + qn} On ne sait pas de quoi.
→ *A qui parle-t-elle ? A qui est-ce qu'elle parle ? Elle parle à qui ?* CVi {Prép+qn=qui}

⚠ Le premier complément avec préposition peut être un infinitif. Le verbe est alors un verbe opérateur :

> ✦ *Elle promet de travailler à sa mère.* CV$_i$ {Prép= de+ inf} CV$_2$ { Prép= à + qn} On a ici :

Promettre de faire qc à qn.

On pourra dire aussi : *Promettre à qn de faire qc.*

> ✦ *Elle promet à sa mère de travailler.* CV$_2$ { Prép= à + qn} CV$_i$ {Prép= de+ inf}

C'est le complément que l'on juge le plus important que l'on place à la fin, le contenu de la phrase restant semblable.

8.4.1.6 Les verbes d'état à valence 1 avec attribut du sujet (catégorie 6) : ASj{qc/qn}

Le pronom interrogatif est *que*, *quoi* à la fin.

> ✦ *Il est bête.* ASj{{adj} → être qual (qual= qualité)
>> → 👍 *Qu'est-il ?* ✋ *Qu'est-ce qu'il est ?* 🚫 *Il est quoi ?*

> ✦ *Elle semble intelligente.* ASj{{adj} → sembler qual
>> → 👍 *Que semble-elle ?* ✋ *Qu'est-ce qu'elle semble ?* 🚫 *Elle semble quoi ?*

> ✦ *Les enfants paraissent intéressés.* ASj{{adj} → paraître qual
>> → 👍 *Que paraissent-ils ?* ✋ *Qu'est-ce qu'ils paraissent ?* 🚫 *Ils paraissent quoi ?*

> ✦ *Louis XIV était un monarque absolu.* ASj{{adj} → être qual
>> → 👍 *Qu'était-il ?* ✋ *Qu'est-ce qu'il était ?* 🚫 *Il était quoi ?*

8.4.1.7 Les verbes à valence 2 avec CV{qc/qn} et ACo{qc/qn} (catégorie 7) CV{qc/qn} ACo{qc/qn}

> ✦ *Nous tenons Paul pour honnête.* CV{qc Prép+ qual}
>> → 👍 *Pour quoi tenons-nous Paul ?* ✋ *Pour quoi est-ce que nous tenons Paul ?* 🚫 *Nous tenons Paul pour quoi ?*

> ✦ *Ses professeurs considèrent Anna comme une bonne élève.* CV{qc Prép+ qual}
>> → 👍 *Comme quoi ses professeurs considèrent-ils Anna ?* ✋ *Comme quoi est-ce que ses professeurs considèrent Anna ?* 🚫 *Ses professeurs considèrent Anna comme quoi ?*
>> → 👍 *Qui ses professeurs considèrent-ils comme une bonne élève ?* ✋ *Qui est-ce que ses professeurs considèrent comme une bonne élève ?* 🚫 *Ses professeurs considèrent qui comme une bonne élève ?*

8.4.2 La valence et l'accord du participe passé

Chacun sait ou devrait savoir que le participe passé conjugué avec *avoir* s'accorde en genre et en nombre avec le COD placé avant. (ici : *faite*)

> ✦ *La tarte, je l'ai faite avec des pruneaux.*

Ceci peut paraître simple, mais en fait, il y a des cas où, si l'on ne s'intéresse pas à la valence, on n'a aucune chance de faire l'accord correctement.

Voyons un certain nombre d'exemples critiques. Étudiez bien l'accord.

Code	Exemple
A1	La tarte, nous l'avons mangée hier.
A2	La tarte, nous en avons mangé hier.
B1	Les vacances au Tchad, nous nous en sommes souvenus longtemps.
B2	Les vacances au Tchad, nous nous les sommes rappelées longtemps.

B3	Ils se sont rappelé longtemps les vacances au Tchad.
B4	Ils se sont rappelés à notre bon souvenir.
C1	Elle s'est suicidée la semaine dernière
C2	La viande s'est longtemps mangée avec les mains.
C3	Elle s'est rappelé son enfance.
C4	La chienne s'est oubliée sur le tapis.

8.4.2.1   Exemples A : Cas du partitif

Il est clair dans les deux exemples A qu'il y a un problème, puisque dans A1, le participe *mangée* s'accorde avec le CV{−} *tarte*, placé avant, alors que ce n'est pas le cas pour A2.

La raison en est que le pronom personnel *en* n'est pas un CV{−}. Il remplace «   », qui commence par une préposition, *de*.

On touche là à un problème qui n'est pas vraiment expliqué par la grammaire courante, et que l'on appelle l'article partitif. Prenons cinq exemples :

+ « *Le vin est la plus saine et la plus hygiénique des boissons.* » (Louis Pasteur). (A3)
+ *Vous buvez un verre de vin avec nous ?* (A4)
+ *Paul boit du vin en mangeant.* (A5)
+ *Il boit un peu de vin.* (A6)
+ *Il ne boit pas de vin.* (A7)

→ **Dans (A3)**, l'article défini *le* montre qu'il s'agit du vin, contraire de l'eau ou du lait. Il s'agit du vin en tant que substance. Il est défini comme tel par l'emploi de l'article défini.

C'est aussi le défini que l'on emploierait pour désigner un vin précis :

+ *Je préfère le vin de Bourgogne.* (A8)
+ *Tu boiras le vin que j'ai acheté.* (A9)

Dans ces deux cas, le vin est défini grâce à l'article *le*. Le vin de (A8) est défini par son origine, la Bourgogne. Celui de (A9) est défini par le fait que je l'ai acheté.

Dans ces trois cas, on parle de la qualité du vin.

Dans les deux derniers cas, le vin est un CV{−}.

→ **Dans (A4)**, un verre de vin se réfère à une quantité, c'est-à-dire une partie seulement du vin, *un verre*. On emploie la préposition *de* qui introduit le complément de nom vin : un verre de vin, c'est un verre rempli de vin. Cela veut dire : *de tout le vin, il boit un verre*. Le nom *vin* est complément de nom du nom *verre*, lequel est le véritable CV{−}.

Boire qc → *qc=un verre* (rempli de vin)

→ **Dans (A5)**, *du vin* suppose qu'il y ait une quantité, mais une quantité non définie. *Du* est considéré comme un article partitif, désignant une partie d'un tout. Il ne peut pas boire du vin sans qu'il y ait une quantité, même si on ne la précise pas. Ainsi, on dira : « *Il boit du vin* »

→ Quand on peut compter les éléments, quand le signifié est dénombrable, on utilise l'article indéfini pour désigner un individu parmi tous ses pairs : un homme, une pomme. On emploiera le pluriel *des* quand il y en a plusieurs.

→ Mais quand le signifié n'est pas dénombrable, on emploie *du*, *de la*, ou *de l'* selon les cas. Ainsi, *A midi, nous avons mangé de la purée, du jambon et de l'éléphant.* On appelle ces trois éléments l'article partitif, celui qui désigne une partie d'un tout.

Mais en réalité, on peut rapprocher ces trois éléments de la tournure : *un verre de vin*. En effet, de tout le vin possible, je bois un verre.

Ici, on a une construction équivalente si l'on pense : *du vin* = de tout le vin possible, une petite quantité. Il en est de même de l'exemple A2 : *j'en ai mangé = j'ai mangé de la tarte*= de toute la tarte possible, un morceau. *Du vin* (exemple A5) et *de la tarte* (exemple A2) désignent une partie d'un tout. Ainsi, le tout est un complément de nom d'une quantité non définie. C'est pour cela que, dans A2, on ne peut pas accorder le participe avec le pronom *en* = *de la tarte*, qui n'est pas CV{−}.

Ceci ne doit pas nous empêcher de nommer la construction *du, de la,* ou *de l'*un article partitif, équivalent non-dénombrable de l'article indéfini *un, une*.

On aura noté que le partitif n'a pas de pluriel. Pour cela, il faudrait que l'on puisse dénombrer le signifié, ce que l'on ne peut pas puisqu'il est non dénombrable.

→ **Dans (A6),** *un peu* joue le rôle du verre pour désigner une quantité. Celle-ci n'est pas mesurée, comme avec un verre, mais évaluée de façon subjective. En effet, ce qui est peu pour un alcoolique peut être beaucoup pour quelqu'un qui ne boit que de l'eau.
Dans *un peu de vin*, le signifiant *vin* n'est pas CV{—}, pas plus que dans *un verre de vin*.

→ **Dans (A7),** *pas de* joue le rôle d'un peu. Ici, la quantité est nulle, mais c'est une quantité.
Le mot *vin* ne peut pas être un CV{—}, pas plus que dans *un peu de vin*.

8.4.2.2   Exemples B : Identifier le contenu du pronom réfléchi

→ **Dans (B1) :** Lorsqu'un pronom renvoie au sujet, le verbe est pronominal.
Dans : *Le philosophe Louis Althusser s'est suicidé.* Celui qui a tiré est identique à celui sur lequel on a tiré. On ne pourra donc pas écrire : **le philosophe l'a tué*, mais *le philosophe s'est tué.*
Le verbe *se suicider* est un verbe essentiellement pronominal, qui n'existe qu'ainsi. C'est le cas également pour le verbe *se souvenir*, dont la valence sera *se souvenir de qc/qn*.
Dans le cas de tels verbes, le participe s'accorde avec le sujet, ici « ils ». Nous aurons donc : *<u>ils</u> se sont souvenu<u>s</u>*.

→ **Dans (B2) :** Le verbe *se rappeler* vient du verbe : *rappeler qc à qn*. Il est occasionnellement pronominal lorsque *à qn* renvoie au sujet, ce qui est le cas ici. Nous devons donc remplacer *à qn* par *se*.
⚠ Attention : dans le cas des verbes occasionnellement pronominaux, l'auxiliaire est *être*, mais on continue d'appliquer la règle d'*avoir*. Il faudra donc appliquer la valence de *rappeler qc à qn* à *se rappeler* qc.
Dans l'exemple B2, Nos vacances au Tchad, nous nous <u>les</u> sommes rappel<u>ées</u> longtemps.
la valence qc à qn se décode ainsi : à qn = se / qc = les, mis pour les vacances, féminin, pluriel. Le CV{qc} est donc placé avant et il faut accorder le participe selon ce CV{qc}. Ainsi, on aura ils se les sont rappelées.

8.4.2.3   Exemples C : Règles d'accord des verbes pronominaux

Nous avons commencé à voir comment fonctionnaient les verbes essentiellement pronominaux, qui suivent la règle d'*être*, alors que les occasionnellement pronominaux suivaient celle d'*avoir*.
Dans les exemples C1, C2, C3 et C4, nous allons voir qu'il existe quatre sortes de verbes pronominaux :
→ **Les verbes essentiellement pronominaux** (C1) qui suivent **la règle d'être** :
✦ *Elle s'est suicidée* : le participe s'accorde avec le sujet (ici, *elle*) *suicid<u>ée</u>*.

→ **Les verbes pronominaux à sens passif** (C2) qui suivent **la règle d'être** :
✦ *La viande s'est longtemps mangée avec les mains.* Le participe s'accorde avec le sujet (ici, *la viande*) *mang<u>ée</u>*.

→ **Les verbes occasionnellement pronominaux** (C3) qui suivent **la règle d'avoir** :
Elle s'est rappelé son enfance. Rappeler qc à qn. Qc est ici *enfance*, et se trouve placé après le verbe. Il n'y a donc pas d'accord.

→ **Les verbes quasi-essentiellement pronominaux** (C4) qui suivent **la règle d'être** :
Ces verbes viennent d'un verbe non-pronominal, mais ils ont changé de sens, ce qui en fait des sortes de verbes quasi-essentiellement pronominaux.
✦ *La chienne s'est oubliée sur le tapis.* Elle n'a ici rien oublié. Elle a fait pipi sur le tapis.
Il n'y a donc pas de lien évident entre *s'oublier* et *oublier qc/qn*.

8.4.3   La valence des verbes et la relative
Les pronoms relatifs sont :

> **Qui, que, quoi, dont, où, lequel, laquelle, lesquels, lesquelles, auquel, à laquelle, auxquels, auxquelles, duquel, de laquelle, desquels, desquelles.**

Les cinq premiers sont invariables, alors que *lequel, auquel ou duquel* s'accordent en genre et en nombre, et se combinent avec les prépositions *à* et *de*.
Tout dépend de la fonction du pronom relatif.

8.4.3.1 Tableaux des pronoms relatifs :

antécédent		animé	non-animé	
fonction			antécédent classique	ce, quelque chose, rien
Sujet	qui			
C.O.D	que			
lieu/temps			où / d'où	
Complément avec préposition	De (ou contenant que)	dont / de qui / de quoi / duquel (etc.)	dont / duquel (etc.)	de quoi
	autre	Prép. + qui Prép. + lequel *)	Prép. + lequel *)	Prép + quoi

*)lequel, auquel, duquel	Singulier		Pluriel	
	masculin	féminin	masculin	féminin
	lequel	laquelle	lesquels	lesquelles
Prép. = à	auquel	à laquelle	auxquels	auxquelles
Prép. contient de	duquel	de laquelle	desquels	desquelles
autre préposition (Prép.)	Prép. +lequel	Prép. + laquelle	Prép. + lesquels	Prép. + lesquelles

Tous les pronoms relatifs autres que *lequel* et Cie sont invariables. Le genre et le nombre du substantif qu'ils remplacent ne jouent donc aucun rôle pour ce qui est du genre et du nombre.
Tout dépend de la fonction grammaticale dans la relative, à laquelle s'ajoute dans certains cas le trait pertinent : animé, non animé.
Pour plus de détails, voir Meunier 2014 (pp 386-392)
Résumons le problème dans quelques exemples :

8.4.3.2 Exemples
Le sujet est remplacé par *qui* :
+ *L'homme qui traverse est mon voisin.* (Sujet masculin singulier)
+ *La voiture qui roule sur la route est une BMW.* (Sujet féminin singulier)
+ *Les hommes et les femmes qui dansent sont tous des Auvergnats.* (Sujet pluriel)

Le CV{—} est remplacé par *que* :
+ *Le professeur que j'ai rencontré était satisfait de moi.*
+ *La ville que nous avons visitée était immense.*
+ *Les gens que vous voyez sont des immigrés.*

Le lieu vague est représenté par *où*.
+ *Nous aimons bien le quartier où nous habitons.*

C'est pareil pour le temps vague.
+ *C'est l'heure où le soleil se lève.*

Complément avec préposition :
Quoi : lorsque l'antécédent est non animé et fait partie du trio :
ce, rien, quelque chose
+ *Tu sais ce à quoi j'ai pensé.*
+ *Il n'y a rien à quoi elle tienne plus que sa bague.*
+ *C'est quelque chose à quoi on devrait penser.*

De → dont :
+ *C'est la femme dont je t'ai parlé.* (Je t'ai parlé de cette femme).
+ *J'ai acheté le livre dont nous avions parlé.* (Nous avions parlé du livre.)

Autre préposition :

Animé : prép + *qui*. *C'est le garçon avec qui j'ai parlé.* (J'ai parlé *avec* le garçon.
Non-animé : prép + lequel/laquelle/lesquels/lesquelles
>   ✦ *Voici la plume avec laquelle Victor Hugo a écrit les Misérables.*
>   ✦ *Voici les arbres pour lesquels on avait acheté une tronçonneuse.*

Lequel + à : auquel, à laquelle, auxquels, auxquelles

Lequel + de : duquel, de laquelle, desquels, desquelles.

Lequel etc. s'emploie obligatoirement avec une préposition lorsque le substantif remplacé est non-animé.

Sinon, on peut employer *lequel* dans les autres fonctions, surtout pour éviter les ambiguïtés.
>   ✦ *J'ai vu le frère de Colette, qui habite à Lille.* On ne sait pas qui des deux y habite.
>   ✦ *J'ai vu le frère de Colette, lequel habite à Lille.* C'est le frère qui y habite.
>   ✦ *J'ai vu le frère de Colette, laquelle habite à Lille.* C'est la sœur qui y habite :

Et que faire dans les cas suivants ? On emploie l'adjectif relatif (*lequel Paul*):

>   ✦ *J'ai vu le frère de Paul, qui habite à Lille.* On ne sait pas qui des deux y habite.
>   ✦ *J'ai vu le frère de Paul, lequel frère habite à Lille.* C'est le frère qui y habite.
>   ✦ *J'ai vu le frère de Paul, lequel Paul habite à Lille.* C'est Paul qui y habite.

8.4.4 La valence des verbes et les pronoms personnels

Les pronoms personnels eux aussi dépendent de la valence du verbe. Mais, selon les cas d'autres traits pertinents entrent en ligne de compte, et entre autres :
- Le genre : *elle* (féminin), il (masculin).
- Le nombre : *tu* (singulier), vous (pluriel).
- La personne : *nous* (1ère personne), *vous* (2ème personne).
- Le trait animé ou non-animé : *lui* (animé) *y* (non-animé).

On peut donc se douter que le choix sera difficile.

Nous allons classer nos pronoms selon la fonction :

8.4.4.1 Le pronom personnel sujet

Per-sonne	1ère	2ème	3ème			1ère	2ème	3ème	
fonc-tion			masc	fém	neutre			masc	fém
sujet	je	tu	il	elle	on	nous	vous	ils	elles

Le sujet doit être en accord avec la conjugaison du verbe.

Le nombre intervient à chaque personne. Le genre, lui, ne joue de rôle que dans la troisième personne. Cependant, même les pronoms qui sont invariables véhiculent un genre.

Une fille dira et écrira :   ✦ *Je suis arrivée ce matin.*

Un garçon dira et écrira :   ✦ *Je suis arrivé ce matin.*

Le pronom *on* est bivalent. Ou bien il représente *n'importe qui*, ou bien il remplace *nous*.
>   ✦ *En Chine, on mange le riz avec des baguettes. On= tout le monde.*
>   ✦ *Avec ma femme, on est allés au cinéma. On= nous.*

On fait l'accord avec *on* comme si c'était *nous*, d'où le « *s* » au participe passé.

Il est employé aussi par certaines personnes s'adressant à un bébé, à un animal familier ou à une personne âgée sénile, parfois avec l'imparfait ou le plus-que-parfait :

Au bébé :   ✦ *Eh bien, on a fait son rôt ?*

Au chat :   ✦ *On avait bien mangé, petit minou à sa mémère ?*

Au vieillard :   ✦ *Alors, on avait fait une bonne sieste ?*
Les trois à qui l'on s'adresse ont quelque chose en commun : ils sont innocents et sans défense.

8.4.4.2   Le pronom personnel CV{−}

Étudions ce tableau :

Le pronom personnel CV{−}			1ère pers.	2e pers.	3e personne		
					masc.		fém.
					+ cons.	+ voy/h muet	+ cons.
défini		sing.	me	te	le	l'	la
		plur.	nous	vous	les		
indéfini	+ nég.				en		
	- nég.	dénombrable sing.			en … un		en … une
		plur.			en		
		non dénombrable			en		

Lorsque le pronom personnel est CV{−}, il faut distinguer deux cas :

8.4.4.2.1   Le signifié est défini.

Comme on le voit dans le tableau, les différentes formes se répartissent sur les trois personnes du singulier et du pluriel. Le seul point intéressant est la troisième personne du singulier, qui dépend des règles de la phonétique. Lorsque le mot qui suit commence par une voyelle, une semi-consonne ou un h muet, *le* et *la* deviennent *l'*. On n'arrive ainsi plus à identifier le genre par le pronom personnel.

✦ *Pauline a écrit à Paul qu'elle l'aimait et quelle le trouvait beau.*
✦ *Paul lui a répondu qu'il l'aimait aussi et qu'il la trouvait belle également.*

Récapitulons :

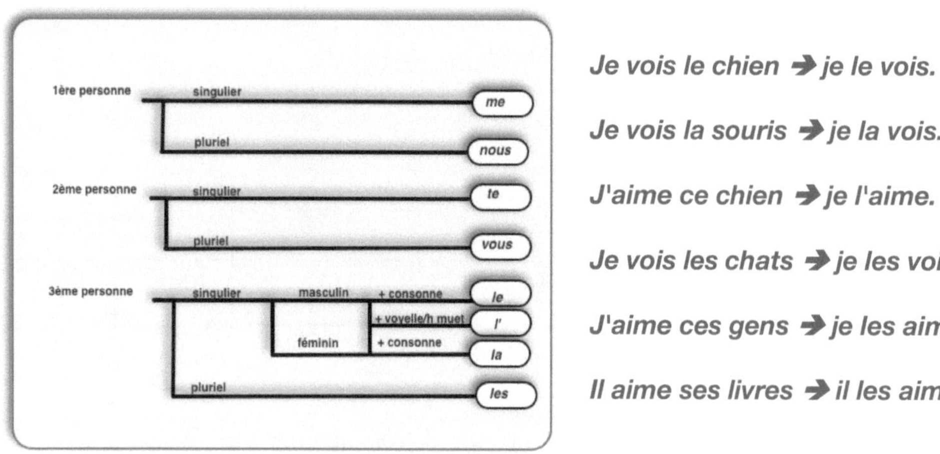

Je vois le chien ➜ *je le vois.*

Je vois la souris ➜ *je la vois.*

J'aime ce chien ➜ *je l'aime.*

Je vois les chats ➜ *je les vois.*

J'aime ces gens ➜ *je les aime.*

Il aime ses livres ➜ *il les aime.*

8.4.4.2.2   Le signifié est indéfini :

Ceci n'est possible qu'à la troisième personne, la première et la deuxième étant définies : la première concerne les gens qui parlent ou écrivent, la seconde les gens à qui ils s'adressent.

➜ Lorsque le signifié est dénombrable la troisième personne fonctionne ainsi :

✦ *Elle a un chien.* ➜ *Elle en a un.*
✦ *Ils habitent une île paradisiaque.* ➜ *Ils en habitent une paradisiaque.*
✦ *Nous mangeons des radis.* ➜ *Nous en mangeons.*
✦ *Elle a un chat.* ➜ *Moi, je n'en ai pas.*
✦ *Vous habitez une grande ville.* ➜ *Vous n'en habitez pas de grande.*
✦ *Vous lisez des livres.* ➜ *Nous n'en lisons pas.*

→ Lorsque le signifié est non-dénombrable

> ✦ *Il boit du lait.* ➜ *Il en boit.*
>
> ✦ *Elle mange de la tarte.* ➜ *Elle en mange.*
>
> ✦ *Il ne boit pas de lait.* ➜ *Il n'en boit pas.*
>
> ✦ *Elle ne mange pas de tarte.* ➜ *Elle n'en mange pas.*

⚠ **Remarque sur l'impératif à l'affirmative :**
Les pronoms personnels *me* et *te*, lorsqu'il se trouvent placés après le verbe en position d'inversion, sont respectivement remplacés par *moi* et *toi*.

> ✦ *Tu me regardes.* ➜ *Regarde-moi !*
>
> ✦ *Tu te regardes.* ➜ *Regarde-toi !*

La raison en est que ces pronoms se retrouvent dans une position où, à l'oral, ils doivent être accentués par un accent tonique. Les règles de l'intonation prévoyant que [ə] ne peut pas être accentué (à l'exception de *le* [lə]). On aura donc :

> *me* [mə]   ➜ *moi* [mwa]
>
> *te* [tə]   ➜ *toi*   [twa]

En revanche, *le* [lə] peut, lui, recevoir l'accent tonique. La langue n'a pas trouvé de remplaçant, les formes [l] + voyelle étant déjà nombreuses (*le, la, les, lui, long, lent, l'un* etc…)

> ✦ *Tu le regardes.* ➜ *Regarde-le !*

8.4.4.3   Le pronom personnel CV$_i$ {Prép + qn/qc/inf}

CVi (prép+ qc/qn/inf)			1e pers	2e pers	3e pers.	
		Prép +			masc	fém.
CVi (Prép+qc/qn)	animé	singulier	moi	toi	lui	elle
		pluriel	nous	vous	eux	elles
	non-animé	Prép = à			y	
		Prép = de			en	
		Autre prép.			Prép + ceci/cela	
CVi (Prép+inf)	Prép.= à				y	
	Prép = de				en	
	Autre prép.				Prép + ceci/cela	
					Prép + ceci/cela	

Dans le cas de CVi{prép +qc/qn/inf}, la préposition est toujours employée, et le complément est situé après le verbe.

> ✦ *Ma fille tient de moi.* (de sa mère, qui dit cette phrase).
>
> ✦ *Elle pense à lui.* (à son amoureux).
>
> ✦ *Il tremble pour elle.* (pour sa fiancée, qui passe un examen)
>
> ✦ *Qu'est-ce que vous en pensez ?* (de l'augmentation du prix du pain) ?
>
> ✦ *Nous y réfléchissons.* (à nos vacances)
>
> ✦ *J'y ai pensé.* (à acheter le pain)
>
> ✦ *Il faut compter sur cela. (*sur la justice).
>
> ✦ *Il faut compter avec cela. (*le fait que le prix du gazole augmente).

8.4.4.4   Le pronom personnel comme complément second CV$_2$ {Prép+qc/qn}
Rappelons ce qu'est un complément second : c'est un complément qui s'emploie dans l'une des deux combinaisons qui suivent :

> CV{—} CV$_2$ {Prép+qc/qn}
>
> Ou   CV$_i$ {Prép+qc/qn/inf} CV$_2$ {Prép+qc/qn}

Voyons deux exemples correspondant à ces deux patrons :

CV$_2$ {Prép+qc/qn}
- *Eve a donné la pomme à Adam.* → Elle la lui a donnée.
- *Elle a présenté son mari à ses nouveaux voisins.* → Elle le leur a présenté.
- *Le président a présenté ses vœux aux Français.* → Il les leur a présentés.
- *Elle m'a donné le bonjour.* → Elle me l'a donné.

CV$_i$ {Prép+qc/qn/inf} CV$_2$ {Prép+qc/qn}
- *Elle a parlé de mariage à son petit ami.* → Elle lui en a parlé.
- *Il a promis de repeindre la maison à sa mère.* → Il le lui a promis/il lui a promis cela.

On notera que les compléments introduits par *à*, qu'ils soient du modèle *CVi {(Prép=à qc/qn}* ou *CV2 {Prép+qc/qn}*, se ressemblent mais ne s'emploient pas de la même façon.

En règle générale, le CVi se place après le verbe, précédé de sa préposition.
Mais lorsqu'on les remplace par un pronom personnel, il y a deux cas.
→Le pronom se place après le verbe avec sa préposition :
Les verbes en *à* fonctionnent comme ceux en *par*, *de* ou autres.
Elle a pensé à son ami. → *Elle a pensé à lui.* (placé après le verbe, avec préposition)

→Le pronom se place avant le verbe sans préposition :

Me, te, lui, nous, vous, leur, en y

Les soldats obéissent à leurs chefs. → *Ils leur obéissent.* (Avant le verbe)
L'avenir appartient aux jeunes. → *Il leur appartient.* (avant le verbe)
Ils ont réfléchi à s'installer au Canada. → *Ils y ont réfléchi.*
Les alpinistes ont résisté au froid. → *Ils lui ont résisté.*
On lui a demandé d'acheter le pain. Il y a pensé. (il a pensé à acheter du pain)
Le chat a trouvé du caviar. Il en a mangé la moitié. (la moitié du caviar)

	Préposition	av/ap verbe		1e pers.	2e pers.	3e pers.	
						masc.	fém.
animé	seul, avec préposition ,		singulier	moi	toi	lui	elle
	ou après verbe		pluriel	nous	vous	eux	elles
non-animé	à					y	
	de					en	
	autre prép.					Prép + adv	

8.4.4.5   Le choix des pronoms CV$_2$(à) dans la valence qc à qn.
→Le pronom personnel CV$_2$ (complément avec préposition) se place devant le verbe. À la troisième personne, on ne fait pas de différence entre le masculin et le féminin.
- *Tu m'écris une lettre.* (*Me* →m' devant voyelle ou h muet)
- *Je t'écris une lettre.* (*Te* →t' devant voyelle ou h muet)
- *Je lui écris une lettre.* (*Lui* : féminin ou masculin)
- *Il nous écrit une lettre.*
- *Je vous écris une lettre.*
- *Je leur écris une lettre.* (*Leur* : féminin ou masculin)

→Quant à la différence entre *animés* et *non-animés*, elle est abolie :
- *Il a donné un coup de pied à sa tante.*
    - →*Il lui a donné un coup de pied.*
- *Elle a donné un coup de pied à la table.*
    - →*Elle lui a donné un coup de pied.*

8.4.4.6   La place des pronoms CV2 {Prép=àqc/qn} dans la valence qc à qn.

Le pronom personnel CV$_2${Prép=à qc/qn} (appelé aussi complément d'attribution ou complément second) se place devant le verbe. Il est alors en concurrence avec le pronom CV{qc/qn} (ex COD) qui, lui
aussi, se place avant le verbe.
Le problème est de savoir lequel des deux aura la priorité sur l'autre.
En fait, tout dépend du CV$_2$.

- Si le CV$_2$. est à la 1e ou à la 2e personne, c'est lui qui passera devant.
  - ✦ *Pierre <u>me</u> la donnera.*
  - ✦ *Paul <u>te</u> le montrera.*
  - ✦ *Julie <u>nous</u> le dira.*
  - ✦ *Je vous <u>l'</u>écrirai.*

- Et si le CV$_2$ est à la 3e personne, il passera en deuxième position.
  - ✦ *Il la <u>lui</u> donnera.* (Il donnera la lettre à sa mère).
  - ✦ *Elle <u>le leur</u> montrera.* (Elle montrera le jardin à ses invités).

Les règles de position sont également valables à l'impératif, à la forme négative. Les pronoms étant
placés avant le verbe, comme pour les autres modes.

- ✦ *Tu me le donnes.*   ➔   *Ne me le donne pas !*
- ✦ *Vous nous les montrez.* ➔ *Ne nous les montrez pas !*
- ✦ *Nous la lui prêtons.* ➔   *Nous ne la lui prêtons pas !*

On distinguera deux cas :
1. Cas normal (sauf impératif sans négation).
2. L'impératif sans négation.

8.4.4.6.1   Cas normal :

➔ *le / la / les*   ils précèdent le verbe conjugué :

- ✦ *Les vaches regardent le train*   ➔ *Elles le regardent.*
- ✦ *Tu me donnes le stylo*   ➔ *Tu me le donnes.*
- ✦ *Tu m'as donné le stylo*   ➔ *Tu me l'as donné.*
- ✦ *Ne me donne pas le stylo*   ➔ *Ne me le donne pas !*

➔ *en..un / en..une / en*   *en* précède le verbe, mais pas *un(e)* .

- ✦ *Je vois des vaches*   ➔   *J'en vois.*
- ✦ *J'ai vu des vaches*   ➔   *J'en ai vu.*
- ✦ *Je vois une vache*   ➔   *J'en vois une.*
- ✦ *Ne me donne pas de stylo*   ➔ *Ne m'en donne pas !*

⚠ **Attention!**
Le CV{—} *le /la /les* se place **avant le CVi{prép=à qc/qn/inf} 3ème personne**, mais **après
le CVi{prép=à qc/qn/inf} 1ère ou 2ème personne**:

- ✦ *Elle <u>nous</u> le donne.* (*Nous* --> 1ère personne)
- ✦ *Elle <u>te</u> le donne.*   (*Te* ---> 2ème personne)
- ✦ *Elle le <u>lui</u> donne.* (*Lui* --> 3ème personne)
- ✦ *Elle le <u>leur</u> donne.* (*Leur* --> 3ème personne)

8.4.4.6.2 Lorsque le verbe conjugué est suivi d'un infinitif (verbe opérateur)

Un verbe qui admet dans sa valence un verbe à l'infinitif s'appelle un *verbe opérateur*.
Lorsque ce verbe est un *verbe de perception*, les pronoms se placent avant ce verbe :

- *Je le regarde passer.*
- *Je la vois travailler.*
- *Je l'ai entendue passer.*
- *Je le sens frémir.*
- *J'en vois passer.*

C'est la même chose pour les verbes *faire* et *laisser* :

- *Je le fais travailler.*
- *Je la laisse passer.*
- *J'en fais sécher deux.*

Dans les autres cas, le pronom se place devant le verbe auquel il se rapporte, donc, l'infinitif dans les cas qui suivent :

- *Je sais le faire.*
- *Je veux le voir.*
- *Je crois la comprendre.*
- *Je désire en prendre trois.*
- *Je ne peux pas en acheter.*

8.4.4.6.3 À l'impératif sans négation

➜ *le / la / les* se placent **après** le verbe, **avec un tiret.**
Nous /vous

- *Tu nous regardes.* ➜ *Regarde-nous !*
- *Tu le regardes.* ➜ *Regarde-le !*
- *Tu l'aideras.* ➜ *Aide-la !*
- *Tu la regardes passer.* ➜ *Regarde-la passer !*

 **Attention!**
Tu désires la voir. ➜ *Désire la voir !*
(Le CV{—}*la* se rapporte au verbe *voir*, qui se trouve à l'infinitif, et non pas à l'impératif. *la* reste donc à sa place, et ne prend pas de tiret!)

➜ *me/te* se placent après le verbe, avec un tiret, mais deviennent respectivement *moi /toi*

- *Tu me regardes.* ➜ *Regarde-moi !*
- *Tu te laves.* ➜ *Lave-toi !*

La raison en est que **la dernière syllabe du mot phonique est accentuée**. Cette place est tenue ici par le pronom *me*, ou par le pronom *te*. Or, la voyelle de ces pronoms est un **e muet**, et en français, le e muet ne peut pas recevoir l'accent tonique (sauf lorsqu'il s'agit du pronom personnel *le*).
Les pronoms *me* et *te* se transforment alors respectivement en *moi* et *toi*.

Lorsque *me* et *te* sont employés devant *en* ou *y*, il est possible de faire une liaison entre *me* (ou *te*) et le pronom suivant (*y* ou *en*). Ils redeviennent *me / te*, mais comme ils sont placés devant une voyelle, ils s'écrivent respectivement *m'* **et** *t'* :

- *Tu m'en donnes deux. Donne-m'en deux !*

Il y a seulement un petit problème... Ce ne sont plus vraiment des CV{—}... En effet, il faut comprendre ce *en* comme un remplaçant de « *de cela, de ceux-là, de celles-là* ».

- *Tu vois ces livres ? Donne-m'en un (= un de ces livres)*

Le véritable COD, c'est en réalité *un*.

Lorsque l'on écrira « ***Tu avais des pommes. Tu m'en as donné deux.*** », il ne faudra pas accorder le participe conjugué avec *avoir* avec le pronom *en*, puisque celui-ci n'est pas un CV{—}.

 **Attention !**

Le CV{—} *le/la/les* placé **après le verbe** se place **avant le complément d'attribution, quelle que soit la personne de celui-ci** .

> ✦ *Donne-le-moi !*
> ✦ *Donne-le-lui !*
> ✦ *Donne-le-leur !*
> ✦ *Donne-le-nous !*

➜ *en* se place également après le verbe à l'impératif (sans négation):
> ***Prends-en trois !***

Attention ! Les verbes en **-e**, qui se conjuguent sans **s** à la 2ème personne du singulier à l'impératif, reprennent ce **s** devant le pronom *en* :
> *m a n g e !*
> *m a n g e s - e n !*

Ce *s* permet alors de faire la liaison entre le verbe et le pronom personnel.

8.4.4.7 Cas particulier des pronoms réfléchis.

Lorsque le complément a le même signifié que le sujet, le verbe est pronominal et le pronom personnel complément doit être choisi dans la catégorie des réfléchis.

Le complément peut avoir diverses fonctions. Si l'on veut réussir l'accord du participe, il faut savoir si le pronom personnel réfléchi, qui est forcément placé avant, est un CV{—} (accord), ou un CV2{—} (pas d'accord).

N°	Phrase	patron	code	Remarque
A	Elle s'est lavée.	Laver qn	CV{qn = *se*} A	Accord avec *se*
B	Elle s'est lavé la tête.	Laver qc à qn	CV{qc = tête} CV2{qn= *se*}	Pas d'accord
C	La tête, il se l'est lavée hier.	Laver qc à qn	CV{qc = l' (tête)} CV2{qn = *se*}	Accord avec *l'*
D	Lave-toi.	Laver qn	CV{qn = *toi*}	Te = toi à la fin
E	La tête, lave-la-toi.	Laver qc à qn	CV{qc = la (tête)} CV2{qn = *toi*}	CV avant CV2

On voit que, grâce à l'emploi de la valence, on arrive à identifier la fonction du pronom. Il n'y a pas d'autre méthode aussi sûre que celle-là

Pour avoir toutes les formes intéressantes, le plus simple est de conjuguer le verbe (*se laver* ou autre) à toutes les personnes :

> ✦ *Je me lave.* (*M'* devant voyelle ou h muet : je m'habille).
> ✦ *Tu te laves.* (*T'* devant voyelle ou h muet : tu t'habilles).
> ✦ *Il se lève.* (*S'* devant voyelle ou h muet : il s'habille).
> ✦ *Il s'assoit.* (Se *devant consonne* ' devant voyelle ou h aspiré : il se hérisse).
> ✦ *Elle se lave.* (*S'* devant voyelle ou h muet : elle s'habille).
> ✦ *On se lave.* (*S'* devant voyelle ou h muet : il s'habille).
> ✦ *Nous nous lavons.*
> ✦ *Vous vous lavez.*
> ✦ *Ils se lavent.* (*S'* devant voyelle ou h muet : ils s'habillent).
> ✦ *Elles se lavent.* (*S'* devant voyelle ou h muet : elles s'habillent).

Voici le tableau des pronoms réfléchis :

	personne	avant verbe	après verbe impératif	
			en position tonique	autre position
Singulier	1ᵉ	me / m'		
	2ᵉ	te / t'	-toi	t'y, t'en, te
	3ᵉ	se / s'		
Pluriel	1ᵉ	nous	-nous	nous
	2ᵉ	vous	-vous	vous
	3ᵉ	se / s'		

8.4.5   Lorsque l'on met un complément en relief.

Mettre un élément en relief, c'est utiliser l'intonation par oral, ou une construction syntaxique pour montrer l'importance de cet élément.

8.4.5.1   c'est que / qui ...

On peut mettre en relief n'importe quelle partie d'une phrase, sauf un pronom tonique, en employant l'expression *c'est qui* / *c'est que*.

En règle générale, il suffit d'extraire la partie à souligner de la phrase, et de la placer entre **c'est** et **que** (ou **qui** lorsque la partie soulignée est sujet) :

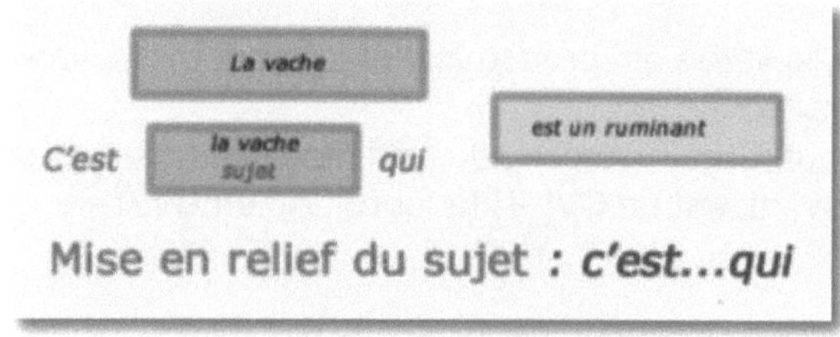

✦ *La vache* est un ruminant.

➔ *C'est* la vache *qui* est un ruminant.

✦ Gus a acheté *la vache* à un voisin.

➔ *C'est la vache que* Gus a achetée à un voisin

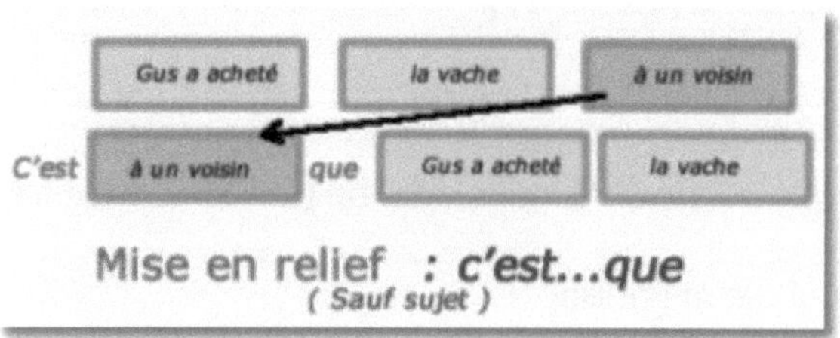

✦ Gus a acheté la vache *à un voisin*.
➔ *C'est à un voisin que* Gus a acheté la vache.

✦ *Paul a raison.*   ➔   C'est Paul *qui* a raison. **Sujet**

✦ *J'ai visité un musée.*   ➔   C'est un *musée que* j'ai visité. **CV{—}**

✦ *J'ai pensé à mon prof.*   ➔   C'est à mon *prof que* j'ai pensé. **CVi{Prép + qn}**

Lorsque la partie mise en relief est à la 3e personne du pluriel, on emploiera de préférence **ce sont**, même si **c'est** est également correct.

    ✦ *J'ai appelé les pompiers.* ➔ *Ce sont les pompiers que* j'ai appelés. (très bien)
                                    ➔ *C'est les pompiers que* j'ai appelés. (correct)

Et on n'oubliera pas que, lorsque le CV{—} (=COD) passe devant le verbe conjugué avec l'auxiliaire *avoir*, il y a des accords à faire:

✦ *J'ai vu une souris.*   ➜ *C'est une souris que j'ai vue.*

8.4.5.2   avec un sujet: c'est ... qui ...

Les petits cadeaux entretiennent l'amitié.
✦ *Ce sont les petits cadeaux qui entretiennent l'amitié*.

Vous avez raison.
✦ *C'est vous qui avez raison.*

La boulangère vend des croissants.
✦ *C'est la boulangère qui vend les croissants.*

Il a fait ce travail.
✦ *C'est lui qui a fait ce travail.*

Celui-là me plaît.
✦ *C'est celui-là qui me plaît.*

N'oubliez pas que le pronom relatif transmet aussi la **personne**. Ainsi, *moi* est une **1e personne du singulier**:
✦ *C'est moi qui suis heureux.* (parce que : *je suis heureux*).
✦ *C'est vous qui avez raison.* (parce que : *vous avez raison*).
✦ *C'est nous qui le ferons.* (parce que : *nous ferons*).

Notons que la réponse à une question sur le sujet commence le plus souvent par *c'est* (ou **ce sont** à la 3e personne du pluriel), que suit *qui*.
✦ Qui a cassé le vase?   - *C'est lui !* (= c'est lui qui a cassé le vase).
✦ Qui vous a offert ces fleurs? - *Ce sont mes enfants !* (Ce sont eux qui m'ont offert ces fleurs).

8.4.5.3   avec un CV{—}(=COD): c'est ... que ...
Je regarde la télévision.
✦ *C'est la télévision que je regarde.*
Je l'aime.
✦ *C'est elle que j'aime.*
Je veux celle-ci.
✦ *C'est celle-ci que je veux.*

8.4.5.4   avec un CVi(Prep+qc/qn/inf) mot précédé d'une préposition
Il pense à elle   ✦ *C'est à elle qu'il pense.*
Je parle de cela. ✦ *C'est de cela que je parle.*

8.4.5.5   avec un CV(inf) infinitif
Il veut boire: ✦ *C'est boire qu'il veut.*

8.4.5.6   avec un adjectif ou un substantif attribut CA(adj) ou CA(qc/qn)
La maison est jaune.
✦ *C'est jaune qu'est la maison. (et non pas rouge)*
✦ *C'est jaune que la maison est. (et non pas rouge)*

8.4.5.7 avec un verbe conjugué

⚠ Il est fort délicat d'extraire le verbe de la phrase, car une phrase sans verbe serait incompréhensible. Il va falloir faire des contorsions pour arriver à souligner le verbe :

Les enfants dorment. ✦ *Ce que les enfants font, c'est dormir.*

Comme je vous aime bien, **je vous conseillerai d'éviter de souligner les verbes**.

8.4.5.8 avec un complément de nom

Lorsque le mot à souligner est complément de nom, on a tout de suite des problèmes. Rappelons que, dans l'expression:

le chien de ma tante

ma tante est complément de nom de *chien*.

Si je veux souligner dans : *Je garde le chien de ma tante* :

Je : ✦ *C'est moi qui garde le chien de ma tante.*

Chien : ✦ *C'est le chien de ma tante que je garde.* (je suis obligé de souligner *ma tante* en même temps.)

En se donnant beaucoup de mal, on arrive à souligner *ma tante*

ma tante : ✦ *Il est à ma tante, le chien que je garde*

Je souligne donc l'appartenance du chien à ma tante.

Dans une phrase comme : *Elle a acheté un cheval de bois*, on aura:

Bois : *Il est en bois, le cheval qu'elle a acheté.*

Je souligne donc le matériau dans lequel le cheval est fait.

En résumé, disons que l'on ne peut pas souligner le complément de nom par les moyens conventionnels, il faudra donc expliquer.

⚠ C'est la voiture de sa mère. ✦ *C'est à sa mère qu'appartient la voiture.*

✦ *C'est à sa mère que la voiture appartient.*

8.5 Mise au point d'une étude de la valence verbale. Apprentissage avec la participation des apprenants

8.5.1 Enseigner la valence

Pour enseigner la valence, l'enseignante doit connaître pour chacun des verbes qu'elle utilisera la valence correspondante.

Pour cela, le plus simple est d'employer le modèle contenant qc (*quelque chose*), qn (*quelqu'un*) ou inf (*infinitif*). On trouvera la valence des verbes utilisés ici à l'adresse : www.la-grammaire-du-fle.com Menu : Valence verbale Menu : outils

➜ **Qn** correspond à un animé (personne, animal que l'on connaît personnellement : mon *Minou*, *Médor*, le chien qui fait régulièrement pipi sur mon paillasson, etc.) Ce peut être aussi un organisme, une administration abstraite gérée par des animés. (Le collège, le ministère etc.)

➜ **Qc** correspond à un non-animé : objet, animal anonyme (une fourmi qui part avec une miette de votre pique-nique, vache ou cheval dans un champ, oiseau dans un arbre, etc.)

➜ **Inf** désigne un verbe à l'infinitif. Le verbe qui l'introduit est un **verbe opérateur**

Nous complèterons ensuite par les patrons qui symbolisent cette valence.

Voici quelques exemples :

N°	Exemple	Modèle de valence	Patron de valence
A	Elle a donné un stylo à sa sœur.	Donner qc à qn.	CV(qc/qn) CV$_2$(Prép= à + qn)
B	J'aime la musique.	Aimer qc	CV(qc/qn)
C	Pense à ton fils.	Penser à qn	CV$_i$ (Prép= à + qn)
D	Pense à faire tes devoirs.	Penser à inf	CV$_i$ (Prép= à + inf)
E	Elle est intelligente.	être + adj	ASj(adj)
F	Paul est un pompier.	être qn	ASj (qn/qc)
G	On la tient pour intelligente.	tenir qn pour adj	ACo(adj)
H	On le considère comme un adulte.	Considérer qn comme qc/qn	ACo(qc/qn))

Nous allons suivre la démarche suivante :

- Apprendre à reconstituer le modèle de la valence d'un verbe dans un exemple.
- Apprendre à reconstituer le patron de la valence d'un verbe dans un exemple.
- Se servir de la valence pour accorder le participe passé.
- Utiliser la valence pour mettre au passif.
- Choisir le bon pronom relatif.
- Choisir le bon pronom personnel.
- Mettre en relief.

8.5.2 Recherches et exercices en groupes ou seul

Dans chacun des chapitres qui suivent, nous allons faire ensemble de la recherche pour comprendre comment fonctionne le système.

Ensuite, nous ferons des exercices en  groupes ou seuls avec l'ordinateur. 

8.5.2.1 Apprendre à reconstituer le modèle de la valence d'un verbe dans un exemple.

Découvrons avec les apprenants d'abord ensemble les sept sortes de verbes selon leur valence.
Nous nous appuierons sur le contenu du paragraphe 2.1., pages 5 à 8.

Classer les exemples suivants selon la valence 0 (pas de complément dans la valence) 1 (un seul complément possible), ou 2 (2 compléments possibles dans la valence). Trouvez pour cela le modèle de la valence (avec *ø, qn, qc, qn/qc, inf*).

Exercice n° 1

N°	Exemple	Modèle valence	Valence 0, 1 ou 2
A	Je sors dans le jardin	Sortir…	Valence :
B	Je sors la poubelle.	Sortir…	Valence :
C	Je sors le matin dans le jardin.	Sortir…	Valence :
D	Je dors huit heures par nuit.	Dormir…	Valence :
E	Ma mère a offert un dictionnaire à mon père.	Offrir…	Valence :
F	A ma sœur, j'ai offert des fleurs.	Offrir…	Valence :
G	Le président adore faire des discours.	Adorer…	Valence :
H	Elle réfléchit à son avenir.	Réfléchir…	Valence :
I	Arrêtez de bouger.	Arrêter…	Valence :
J	Je parlerai de ce problème au directeur.	Parler…	Valence :

Voici les solutions :

N°	Exemple	Modèle valence	Valence 0, 1 ou 2
A	Je sors dans le jardin	Sortir	Valence :0
B	Je sors la poubelle.	Sortir qc	Valence :1
C	Je sors le matin dans le jardin.	Sortir	Valence :0
D	Je dors huit heures par nuit.	Dormir	Valence :0
E	Ma mère a offert un dictionnaire à mon père.	Offrir qc à qn	Valence :2a
F	A ma sœur, j'ai offert des fleurs.	Offrir qc à qn	Valence :2a
G	Le président adore faire des discours.	Adorer faire	Valence :1a
H	Elle réfléchit à son avenir.	Réfléchir à qc	Valence :1b
I	Arrêtez de bouger.	Arrêter de faire	Valence :1b
J	Je parlerai de ce problème au directeur.	Parler de qc à qn	Valence :2b

Remarques :
Attention aux compléments circonstanciels
      De lieu A (dans le jardin), C (dans le jardin),
      De temps : C (le matin) D (huit heures / par nuit)
Attention aux compléments qui se rapportent à l'infinitif, et ne rentrent donc pas dans la valence du verbe opérateur (qui introduit l'infinitif) G (faire des discours)

8.5.2.2 Apprendre à reconstituer le patron de la valence d'un verbe dans un exemple.

Nous allons maintenant trouver le patron de la valence des verbes :
/ CV{qc/qn/inf} / CVi{Prép = qc/qn/inf }

Valence nulle	COD	COIndirect	Complément second	Attribut Du sujet	Attribut du COD
Ø	CV{qc/qn/inf}	CVi{ Prép=qc/qn/inf}	CV2{ Prép=qc/qn}	ASj{qc/qn}	ACo{Prép = qc/qn}

Instructions : Pour qc/qn ou encore qc/qn/inf, n'inscrivez que l'abréviation qui correspond : qc, qn ou inf
Pour Prép=, précisez la préposition : Prép=à, Prép=de, Prép = pour etc.
Lorsqu'il y a deux compléments, décrivez-les tous les deux.

Exercice n° 2

N°	Exemple	Modèle valence	Patron valence
A	Je sors dans le jardin	Sortir	
B	Je sors la poubelle.	Sortir	
C	Je sors le matin dans le jardin.	Sortir	
D	Je dors huit heures par nuit.	Dormir	
E	Ma mère a offert un dictionnaire à mon père.	Offrir	
F	A ma sœur, j'ai offert des fleurs.	Offrir	
G	Le président adore faire des discours.	Adorer	
H	Elle réfléchit à son avenir.	Réfléchir	
I	Arrêtez de bouger.	Arrêter	
J	Je parlerai de ce problème au directeur.	Parler	
K	Le ciel est bleu, aujourd'hui	être	
L	Don Quichotte passait pour un idiot.	passer	

Solutions :

Valence nulle	COD	COIndirect	Complément second	Attribut Du sujet	Attribut du COD
Ø	CV{qc/qn/inf}	CVi{ Prép=qc/qn/inf}	CV2{ Prép=qc/qn}	ASj{qc/qn}	ACo{Prép = qc/qn}

Instructions : Pour qc/qn ou encore qc/qn/inf, n'inscrivez que l'abréviation qui correspond : qc, qn ou inf
Pour Prép=, précisez la préposition : Prép=à, Prép=de, Prép = pour etc.
Lorsqu'il y a deux compléments, décrivez-les tous les deux.

CV_2

N°	Exemple	Modèle valence	Patron valence
A	Je sors dans le jardin	Sortir	Ø Complément circonstanciel
B	Je sors la poubelle.	Sortir qc	CV{qc = la poubelle }
C	Je sors le matin dans le jardin.	Sortir	Ø Deux compléments circonstanciels
D	Je dors huit heures par nuit.	Dormir	Ø Deux compléments circonstanciels
E	Ma mère a offert un dictionnaire à mon père.	Offrir qc à qn	CV{qc = un dictionnaire } CV_2{ Prép=à qn= mon père}
F	A ma sœur, j'ai offert des fleurs.	Offrir qc (à qn)	CV{qc = des fleurs } CV_2{ Prép=à qn= ma sœur}
G	Le président adore faire des discours.	Adorer inf	CV{inf = faire}
H	Elle réfléchit à son avenir.	Réfléchir à qc	CVi{ Prép=à qc=son avenir}
I	Arrêtez de bouger.	Arrêter de inf	CVi{ Prép=de inf=bouger}
J	Je parlerai de ce problème au directeur.	Parler de qc à qn	CVi{ Prép=qc/qn/inf} CV_2{ Prép=à qn= le directeur}
K	Le ciel est bleu, aujourd'hui	Être qc	ASj{qc=bleu}
L	On prenait Don Quichotte pour un idiot.	Prendre qn pour qc	CV{qc = Don Quichotte } ACo{Prép = pour qn= un idiot}

Attention aux compléments circonstanciels :
C : le matin (temps)
D : huit heures, par nuit (temps)
K : aujourd'hui (temps)

Nous allons récapituler ce que nous avons découvert. Pour cela, nous allons récapituler les résultats que nous avons obtenus dans l'exercice précédent.

Comparez nos résultats de l'exercice précédent au graphique que nous vous présentons ci-dessous. Vous avez intérêt à faire une copie de ce graphique et de l'utiliser dans les exercices qui suivent.

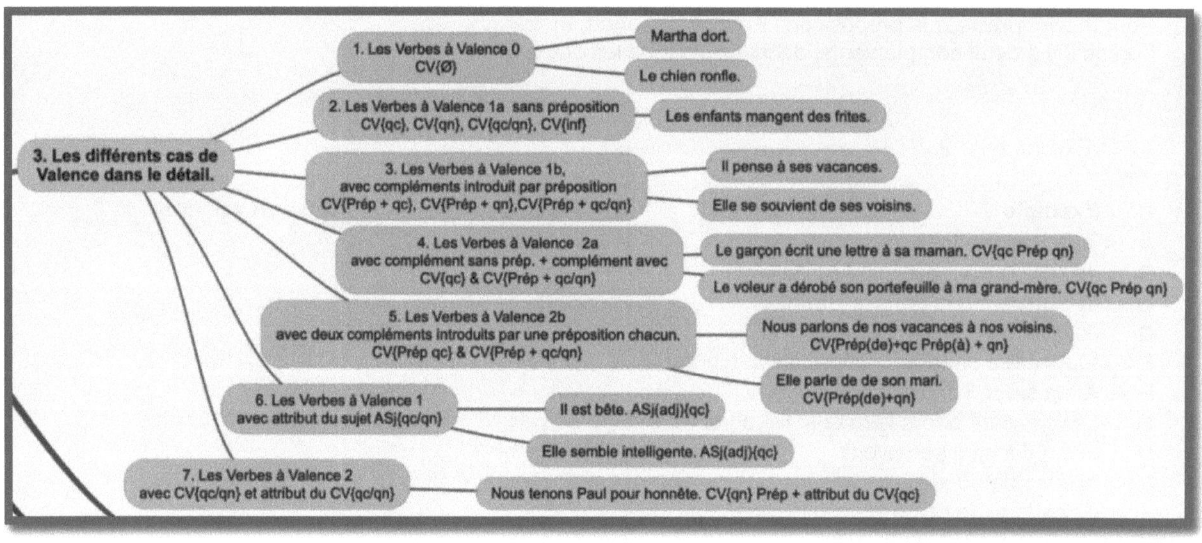

8.5.3 Se servir de la valence pour accorder le participe passé.

Apprenons à reconnaître le CV{qc/qn/inf} dans une phrase. (version facile)
Pour chaque phrase, trouvez si elle contient un CV{qc/qn/inf} et identifiez le contenu : *qc*, *qn*, ou *inf*

Exercice n° 3

N°	Phrase	Phrase contient un CV{–} o/n	Type qc/qn/inf	CV{–}
A	Je suis arrivé ce matin.			
B	J'aime le matin.			
C	Elle est sortie ce matin.			
D	Nous avons sorti la poubelle.			
E	Je me rappelle ce livre.			
F	Elle se souvient de ce film.			
G	Les enfants aiment les frites.			
H	Ils aiment manger des frites ;			
I	Les élèves doivent faire une dictée.			
J	Ils regardent la télé tous les soirs			

Solutions :

N°	Phrase	Phrase contient un CV{–} o/n	Type qc/qn/inf	CV{–}
A	Je suis arrivé ce matin.	n	-	-
B	J'aime le matin.	o	qc	CV{qc=le matin}
C	Elle est sortie ce matin.	n	-	-
D	Nous avons sorti la poubelle.	o	qc	CV{qc=la poubelle}
E	Je me rappelle ce livre.	o	qc	CV{qc=ce livre}
F	Elle se souvient de ce film.	n	-	-
G	Les enfants aiment les frites.	o	qc	CV{qc= les frites }
H	Ils aiment manger des frites ;	o	inf	CV{inf= manger}
I	Les élèves doivent faire une dictée.	o	inf	CV{inf=faire}
J	Ils regardent la télé tous les soirs	o	qc	CV{qc=la télé}

Apprenons à reconnaître le CV{qc/qn/inf} dans une phrase. (version difficile)

Exercice n° 4

N°	Phrase	Phrase contient un CV{–} o/n	Type qc/qn/inf	CV{–}
A	Elle a mangé une brioche.			
B	Qu'il mange de la brioche.			
C	Elle s'est lavée la tête ce matin.			
D	Les pieds, elle se les est lavés hier.			
E	Elle s'est lavée ce soir.			
F	Il s'est demandé ce qu'elle voulait			
G	On leur a offert un voyage au Canada.			
H	On s'est disputés.			
I	Le chanteur s'appuie sur le piano.			
J	Il s'est gratté la tête.			

Solutions :

N°	Phrase	souligné = CV{–} o/n	Type qc/qn/inf	CV{–}
A	Elle a mangé une brioche.	o	Manger qc	CV{qc = une brioche}
B	Qu'il mange de la brioche.	n	Manger de qc	(une certaine quantité) de qc = partitif
C	Elle s'est lavée la tête ce matin.	o	Laver qc à qn	CV
D	Les pieds, elle se les est lavés hier.	n	Laver qc à qn	CV{=les pieds} CV2{Prép=à qn= se}
E	Elle s'est lavée ce soir.	o	Laver qn	CV{qn=s'}
F	Il s'est demandé ce qu'elle voulait	o	Demander qc à qn	CV{qc=ce } CV2{Prép=à qn= s'}
G	On leur a offert un voyage au Canada.	n	Offrir qc à qn	CV{qc=voyage } CV2{Prép=à qn= leur}
H	On s'est disputés.	n	Se disputer avec qn	Verbe essentiellement pronominal
I	Le chanteur s'appuie sur le piano.	o	Appuyer qn sur qc	CVi{s'}CV2{prép=sur qc=piano}
J	Il s'est gratté la tête.	n	Gratter qc à qn	CV{=la tête} CV2{Prép=à qn= s'}

L'accord du participe des verbes pronominaux :

Reconnaître la catégorie du verbe pronominal.

Exercice n° 5

Essentiellement pronominaux	De sens passif	Occasionnellement pronominaux	Quasi-essentiellement pronominaux
essPron.	sensPassif	occPron.	quasiEssPron.

N°	Phrase	Catégorie
A	Elle s'est souvenue de son enfance.	
B	Elle s'est couchée à vingt heures.	
C	Elle s'est démenée comme un beau diable.	
D	Ce mot s'écrit avec deux l .	
E	Les professeurs s'étaient gendarmés.	
F	Je me suis rappelé son nom.	
G	Comment ça se mange.	
H	La fumée s'échappe de la cheminée.	
I	Les oiseaux se sont envolés.	
J	Mon chat s'est oublié dans la cuisine	

Solutions :

N°	Phrase	Catégorie
A	**Elle s'est souvenue de son enfance.**	sensPassif
B	Elle s'est couchée à vingt heures.	occPron.
C	Elle s'est démenée comme un beau diable.	essPron.
D	Ce mot s'écrit avec deux l.	sensPassif
E	Les professeurs s'étaient gendarmés.	essPron.
F	Je me suis rappelé son nom.	occPron.
G	Comment ça se mange.	sensPassif
H	La fumée s'échappe de la cheminée.	quasiEssPron.
I	Les oiseaux se sont envolés.	essPron.
J	Mon chat s'est oublié dans la cuisine	quasiEssPron.

Exercice n° 6

Identifier la règle à appliquer (avoir / être)

N°	Phrase	Catégorie avoir /être
A	Elle s'est souvenue de son enfance.	
B	Elle s'est couchée à vingt heures.	
C	Elle s'est démenée comme un beau diable.	
D	Ce mot s'écrit avec deux l .	
E	Les professeurs s'étaient gendarmés.	
F	Elle s'est rappelé son nom.	
G	Les pieds, elle se les était lavés la veille.	
H	La fumée s'est échappée par le fenêtre ouverte.	
I	Les oiseaux se sont envolés.	
J	Elle s'est lavé les pieds.	

Solutions

N°	Phrase	Catégorie avoir /être
A	Elle s'est souvenue de son enfance.	être
B	Elle s'est couchée à vingt heures.	être
C	Elle s'est démenée comme un beau diable.	être
D	Ce mot s'écrit avec deux l .	être
E	Les professeurs s'étaient gendarmés.	être
F	Elle s'est rappelé son nom.	être
G	Les pieds, elle se les était lavés la veille.	avoir
H	La fumée s'est échappée par le fenêtre ouverte.	être
I	Les oiseaux se sont envolés.	être
J	Elle s'est lavé les pieds.	avoir

Identifier les compléments et les décrire.

N°	Phrase	Cv{—}
A	Elle s'est rappelé son lieu natal.	
B	Elle s'est couchée à vingt heures.	
C	Elle s'est démenée comme un beau diable.	
D	Ce mot s'écrit avec deux « l » .	
E	Les professeurs s'étaient gendarmés.	
F	Elle s'est rappelé son nom.	
G	Les pieds, elle se les était lavés la veille.	
H	La fumée s'est échappée par le fenêtre ouverte.	
I	Les oiseaux se sont envolés.	
J	Elle s'est lavé les pieds.	

Solutions :

N°	Phrase	CV{—}
A	Elle s'est rappelé son lieu natal.	CV{qc=son lieu} CV2 {à qn=s'}
B	Elle s'est couchée à vingt heures.	CV{qn=s'}
C	Elle s'est démenée comme un beau diable.	Essentiellement pronominal
D	Ce mot s'écrit avec deux l .	CV{qc=s'} sens passif
E	Les professeurs s'étaient gendarmés.	Essentiellement pronominal
F	Elle s'est rappelé son nom.	CV{qc=son nom } CV2 {à qn=s'}
G	Les pieds, elle se les était lavés la veille.	CV{qc=les} CV2 {à qn=se}
H	La fumée s'est échappée par le fenêtre ouverte.	Quasi-essentiellement pronominal
I	Les oiseaux se sont envolés.	Essentiellement pronominal
J	Elle s'est lavé les pieds.	CV{qc=les pieds} CV2 {à qn=s'}

L'accord des participes. (y compris les verbes pronominaux).

Accordez les participes. Trouvez si l'on applique la règle d'*être* ou celle d'*avoir*. :

N°	Phrase	CV{—}
A	Elle se sont rappelé__ leur enfance.	
B	Elle se sont couché__ très tôt..	
C	Elles se sont démené__ pour être à l'heure.	
D	Ce mot s'est écrit__ avec deux p autrefois.	
E	Les maîtresses s'étaient gendarmé__.	
F	Elle s'est souvenu__ de son nom.	
G	Les mains, elle se les était lavé__ avant.	
H	Les serpents s'étaient échappé__ par le fenêtre ouverte.	
I	Les oiseaux se sont envolé__.	
J	Elle s'est lavé__ les pieds.	

Solutions :

N°	Phrase	CV{—} / sujet
A	Elles se sont rappelé leur enfance.	Avoir / CV{ leur enfance}
B	Elles se sont couchées très tôt.	Être / sujet {= elles}
C	Elles se sont démenées pour être à l'heure.	Être / sujet {= elles}
D	Ce mot s'est écrit avec deux p autrefois.	Être / sujet {= ce mot }
E	Les maîtresses s'étaient gendarmé__.	Être / sujet {=les maîtresses}
F	Elle s'est souvenue de son nom.	Être / sujet {= elle}
G	Les mains, elle se les était lavées avant.	Être / sujet {= elle}
H	Les serpents s'étaient échappés par le fenêtre ouverte.	Être / sujet {= }
I	Les oiseaux se sont envolés.	Être / sujet {= }
J	Elle s'est lavé les pieds.	Avoir / CV{ qc=les pieds}

8.5.3.1   Utiliser la valence pour mettre au passif.

Étudier des cas : sont-ils susceptibles d'être mis au passif ?

Mettre au passif.

Pour pouvoir mettre un verbe au passif, il faut remplir plusieurs conditions :

Le verbe doit avoir un CV{−} (C.O.D.) qui sera pris comme sujet au passif.

✦ *Les abeilles fécondent les plantes.*

➜ *Les plantes sont fécondées par les abeilles.*

Il faut qu'on ait un certain intérêt à mettre au passif, par exemple intérêt à mettre le sujet actif en relief en le plaçant à la fin de la phrase comme complément d'agent au passif.

✦ Des ouvriers prennent le train pour aller au travail.

➜ Possible mais non utilisé : Le train est pris par des ouvriers. (manque d'intérêt)

✦ *Les trois quarts des ouvriers prennent le train pour aller au travail.* (information inté-ressante du fait du grand nombre)

➜ *Le train est pris par les trois quarts des ouvriers pour aller au travail.*

Attention : si le sujet est *on*, on ne pourra pas mettre le verbe au passif, car on ne peut pas employer *on* comme complément d'agent. On préfère, si le verbe le permet, employer un verbe pronominal de sens passif. :

✦ *On boit le champagne frais.*

➜*Le champagne se boit frais.*

Pour faire l'exercice suivant, il faudra d'abord identifier un éventuel CV{−}, et en faire le sujet de la phrase au passif.

8.5.3.1.1   Passage de la voix active à la voix passive

Réfléchissons ensemble

Recherches grammaticales : Avant tout il faut sensibiliser les apprenants au concept de **contrôle de la faisabilité**.

➜ Pour mettre un verbe actif au passif, il y a plusieurs conditions à respecter.

1. Le verbe doit avoir un CV{−}. Il se conjugue donc à l'actif avec *avoir*.

✦ *Il sort* n'a pas de passif : il est conjugué à l'actif avec être.

✦ *Il mange* aurait eu un passif s'il avait eu un CV{−}

✦ *Paul mange une pomme* peut être mis au passif, puisque le verbe a un CV{−} : *une pomme.*

2. Le sujet deviendra complément d'agent, précédé de *par*.

✦ *Une pomme a été mangée par Paul. (voir remarque ci-dessous).*

Attention : si le sujet est « *on* », il ne pourra pas devenir complément d'agent. Il n'y en aura donc pas dans ce cas.

On a construit une cité HLM ➜ *Une cité HLM a été construite.*

Quelques remarques importantes sur l'utilisation du passif :

Remarque 1 : le fait que l'on change d'auxiliaire nous oblige à **accorder le participe avec le sujet**, c'est-à-dire l'ancien CV{−}.

Remarque 2 (pour les meilleurs) : Le mot avec lequel s'accordait, à l'actif, le participe conjugué avec avoir, à condition qu'il soit placé avant (le CV{−}, est celui avec lequel il s'accorde au passif, maintenant qu'il est devenu sujet. La seule différence est qu'il s'accorde dans tous les cas.

Remarque 3 : Nous savons qu'en français, on a tendance à placer l'important à la fin du mot phonique du verbe. Ainsi, le sujet actif, lorsqu'il devient complément d'agent passif, gagne en importance justement parce qu'il se trouve à la place « VIP ».

La conséquence est donc qu'une phrase comme : *Une pomme est mangée par Paul.* donne trop d'importance à Paul. Familièrement, nous dirions qu'on s'en fiche un peu que ce soit Paul qui ait mangé la pomme. Il y a donc gros à parier que personne ne mettrait la phrase : *Paul mange une pomme* au passif, sauf si l'on rend le fait que quelqu'un mange une pomme intéressant : *Une pomme a été mangée par Ève, une autre par Adam*).

C'est cet ensemble d'information qu'il va falloir faire découvrir à nos apprenants.

8.5.3.1.2   La phase de découverte

Recherches grammaticales : En groupe, allons voir comment on passe de l'actif au passif :

Nous appellerons : CV{—} le complément selon la valence sans préposition.

    Ex : *Il regarde la télé.* (regarder qc / qc= CV{—} = la télé.)

CA(par) le complément d'agent (avec la préposition *par*).

    Ex : *Elle est poussée par ses parents.* (par qn = CA(par).

Exercice n° 9

<table>
<tr><td colspan="4">

A. Les boulangers fabriquent le pain.
➜ **Le pain est fabriqué par les boulangers.**

B. Alexandre Dumas a écrit « Les trois Mousquetaires ».
➜ **Les trois Mousquetaires ont été écrits par Alexandre Dumas.**

C. On vend beaucoup de voitures juste avant les vacances.
➜**Beaucoup de voitures sont vendues juste avant les vacances.**

D. Madame la Chancelière a déjà répondu à votre question.
➜ **(impossible de mettre cette phrase au passif).**

E. Elle est sortie toute la journée.
➜ **(impossible de mettre cette phrase au passif).**

F. Travailler ennoblit l'homme.
L'homme est ennobli par le travail. (Un léger changement est nécessaire)

</td></tr>
</table>

Dans les phrases A à C :			
	Phrase A	Phrase B	Phrase C
Que devient le sujet ?			
Que devient le CV{—} ?	Sujet :	Sujet :	Sujet :
Que devient le verbe ?			
Dans les phrases D, E : pourquoi les phrases D et E ne peuvent-elles être mises au passif ?			
D :			
E :			
Dans la phrase F : pourquoi un changement est-il nécessaire ?			

Les apprenants vont faire la synthèse de ce qu'ils ont découvert.

Solutions :

Dans les phrases A à C :			
	Phrase A	Phrase B	Phrase C
Que devient le sujet ?	CA{par} *par les boulangers*	CA{par} *par A. Dumas*	On disparaît : il ne peut pas devenir CA{par}
Que devient le CV{—} ?	Sujet : *le pain*	Sujet : *les 3 Mousquetaires*	Sujet : *beaucoup de voitures*
Que devient le verbe ?	est fabriqué	ont été écrits (accord avec le sujet)	est ennobli

Dans les phrases D, E : pourquoi les phrases D et E ne peuvent-elles être mises au passif ?
D : *il n'y a pas de CV{—} qui puisse devenir sujet.*
E : *il n'y a pas de CV{—} qui puisse devenir sujet. Toute la journée est Complément circonstanciel de temps sans préposition CC(tps : -)*
Dans la phrase F : pourquoi un changement est-il nécessaire ?
L'infinitif *travailler ne peut pas devenir complément d'agent. On le remplace par le nom travail, ce qui donne CA{par=par le travail.}*

En groupe, rédigez la règle en précisant les points suivants.
Les conditions qui doivent être remplies :
Il faut un verbe ayant un sujet qui soit un nom ou un pronom (sauf « *on* »), pas un infinitif.
Il doit aussi avoir un *CV{—}*, un complément selon la valence sans préposition (un COD pour parler comme d'autres).
Si le sujet est un infinitif, il faudra le remplacer par un nom de même sens. (*travailler / le travail, dormir / le sommeil*, etc.)
La règle générale :
Le sujet devient *CA(par)* –complément d'agent-. Le *CV{—}* devient sujet.
Le verbe est conjugué avec l'auxiliaire être, qui se met au temps du verbe à la forme active.
Le sujet « on » disparaît au passif. Il n'y a alors aucun *CA(par)*.
Les points particuliers :
Il ne faut pas oublier de faire l'accord avec le sujet, puisque l'auxiliaire est *être*.

8.5.3.1.3 Exercices voix active / voix passive

 Exercice n° 10

Trouvez si les phrases suivantes peuvent être mises au passif. **Répondre : Passif possible / passif impossible**
➔ **Le président a déjà répondu à cette question.**
{ 01 : passif …   }
répondre à qc :
➔ **Beaucoup de gens boivent de la bière.**
{ 02 : passif …   }
boire qc :
➔ **Les révolutionnaires ont décapité le roi Louis XVI.**
{ 03 : passif …   }
Décapiter qn :
➔ **Mon chien a mordu le facteur.**
{ 04 : passif …   }
mordre qc/qn.
➔ **Le facteur a déposé une plainte contre moi.**
{ 05 : passif …   }

déposer qc contre qn.

➜ **Pendant les vacances, elle dort toute la journée.**
{ 06 : passif…   }
dormir Ø .

➜ **L'administration lui a envoyé une lettre.**
{ 07 : passif …   }
envoyer qc à qn.

➜**Une lettre est arrivée ce matin. Le concierge la lui a donnée.**

{ 08 : passif …   }
donner qc à qn.

➜**La banque nous obligera à rembourser.**
{ 09 : passif …   }
rembourser qc à qn

Trouvez si les phrases suivantes peuvent être mises au passif.

➜ **Le président a déjà répondu à cette question.**
{ 01 : passif impossible }
répondre à qc : **Le complément** *à cette question* **est un CVi{prép=à qc/qn/inf}. Il n'y a pas de CV{—} pour devenir sujet.**
➜ **Beaucoup de gens boivent de la bière.**
{ 02 : passif possible}
boire qc : **Le complément** *de la bière* **est un CV{—} qui peut donc devenir sujet au passif. Attention Dans** *de la bière*, *de la* **est l'article indéfini des non dénombrables, et pas du tout la préposition** *de* **suivie d'un article défini.**
➜ **Les révolutionnaires ont décapité le roi Louis XVI.**
{ 03 : passif possible}
boire qc. **Le complément** *le roi Louis XVI* **est un CV{—} qui peut donc devenir sujet au passif.**
➜ **Mon chien a mordu le facteur.**
{ 04 : passif possible}
mordre qc/qn. **Le complément** *le facteur* **est un CV{—} qui peut donc devenir sujet au passif.**
➜ **Le facteur a déposé une plainte contre moi.**
{ 05 : passif possible}
déposer qc contre qn. **Le complément** *une plainte* **est un CV{—} qui peut donc devenir sujet au passif.**
➜ **Pendant les vacances, elle dort toute la journée.**
{ 06 : passif impossible}
dormir Ø . **Le complément** *toute la journée* **est CC(-), complément circonstanciel de temps sans préposition . Il n'y a pas de CV{—} pour devenir sujet.**
➜ **L'administration lui a envoyé une lettre.**
{ 07 : passif possible}
envoyer qc à qn. **Le complément** *une lettre* **est un CV{—} qui peut donc devenir sujet au passif.**
➜**Une lettre est arrivée ce matin. Le concierge la lui a donnée.**
{ 08 : passif possible}
donner qc à qn. **Le complément** *la = la lettre* **est un CV{—} qui peut donc devenir sujet au passif.**
➜**La banque nous obligera à rembourser.**
{ 09 : passif impossible}
rembourser qc à qn **Même si le verbe** *rembourser* **peut avoir un CV{—}, dans cette phrase, il n'en a pas. Il n'y a donc pas de CV{—} pour devenir sujet.**

Intéressons-nous maintenant avec les apprenants à quelques détails.
Une fois que l'on est sûr d'avoir le droit d'effectuer la transformation passive, il faut s'intéresser :

➔ Au CV{−} actif qui devient sujet.

✦ *Christophe Colomb a découvert l'Amérique.*

La valence de *découvrir* est : *qc/qn*. L'Amérique est le CV{−} : *découvrir qc* {CV{−} = l'Amérique}

✦ *L'Amérique a été découverte par Christophe Colomb.*

➔ Au verbe, qu'il faut conjuguer avec l'auxiliaire *être* que l'on met au temps du verbe à l'actif, le verbe étant au participe passé :

✦ *Fleming découvrit la pénicilline.*

➔ *La pénicilline fut découverte par Fleming.* (passé simple)

✦ *Fleming avait découvert la pénicilline.*

➔ *La pénicilline avait été découverte par Fleming.* (plus-que-parfait)

➔ Au sujet actif qui devient complément d'agent. Bien sûr, si c'est *on*, qu'il soit à la véritable 3e personne du singulier ou remplaçant de « *nous* », il ne pourra pas devenir complément d'agent. Dans ce deuxième cas, on pourra employer « *nous* » :

✦ *On l'a raccompagné chez lui = il a été raccompagné par nous.*

Et s'il est un verbe à l'infinitif, on le transformera en nom, comme vu plus haut.

✦ *Dormir favorise la bonne santé.*

➔ *La (bonne) santé est favorisée par le sommeil.*

 Exercice n° 11

Faisons un exercice : En groupe, complétez les phrases suivantes mises au passif

Le chat a mangé la souris
➔ **La souris est mangée { 01: _______________ }**

Peugeot fabrique des voitures à l'étranger.
➔ **{02 : _______________ } sont fabriquées par Peugeot à l'étranger.**

Peugeot fabrique beaucoup de voitures à l'étranger.
➔ **{03 : _______________ } sont fabriquées par Peugeot à l'étranger.**

Les députés viennent de voter la loi.
➔ **La loi {04 : _______________ } par les députés.**

Le Sénat va examiner cette loi la semaine prochaine.
➔ **Cette loi {05 : _______________ } par le Sénat la semaine prochaine.**
le verbe *va examiner qc* **devient au passif:** *va être examinée*. **Attention à l'accord avec le nouveau sujet:** *examinée.*

Pierre et Paul, notre équipe vous aidera en cas de besoin.
➔ **Pierre et Paul, vous {06 : _______________ } par notre équipe en cas de besoin.**

Julie et Paulette, notre équipe vous aidera si vous le désirez.
➔ **Julie et Paulette, vous {07 : _______________ } par notre équipe si vous le désirez.**

L'Etat protège la famille.
➔ **La famille {08 : _______________ } par l'État.**

Solution :

Faisons un exercice : En groupe, complétez les phrases suivantes mises au passif

Le chat a mangé la souris
➔ **La souris est mangée { 01: par le chat}**
le sujet *le chat* **devient CA(par) complément d'agent introduit par** *par*.

Peugeot fabrique des voitures à l'étranger.

> **→ {02 : Des voitures} sont fabriquées par Peugeot à l'étranger.**
> **Sujet passif:** *des voitures*. **Attention à l'accord avec le nouveau sujet:** *fabriquées*
>
> **Peugeot fabrique beaucoup de voitures à l'étranger.**
> **→ {03 : Beaucoup de voitures} sont fabriquées par Peugeot à l'étranger.**
> **Sujet passif:** *beaucoup de voitures*. **Attention à l'accord avec le nouveau sujet:** *fabriquées.*
>
> **Les députés viennent de voter la loi.**
> **→ La loi {04 : vient d'être votée} par les députés.**
> **le verbe** *vient de voter qc* **devient au passif:** *vient d'être votée*. **Attention à l'accord avec le nouveau sujet:** *votée.*
> **Le Sénat va examiner cette loi la semaine prochaine.**
> **→ Cette loi {05 : va être examinée} par le Sénat la semaine prochaine.**
> **le verbe** *va examiner qc* **devient au passif:** *va être examinée*. **Attention à l'accord avec le nouveau sujet:** *examinée.*
>
> **Pierre et Paul, notre équipe vous aidera en cas de besoin.**
> **→ Pierre et Paul, vous {serez aidés} par notre équipe en cas de besoin.**
> **le verbe** *vous aidera* **devient au passif:** *vous serez aidés*. **Attention à l'accord avec le nouveau sujet:** *aidés.*
> **Julie et Paulette, notre équipe vous aidera si vous le désirez.**
> **→ Julie et Paulette, vous {serez aidées} par notre équipe si vous le désirez.**
> **le verbe** *aider qn* **devient au passif:** *vous serez aidées*. **Attention à l'accord avec le nouveau sujet:** *aidées.*
> **L'Etat protège la famille.**
> **→ La famille {est protégée} par l'Etat.**
> **le verbe** *protéger qc/qn* **devient au passif:** *est protégée*. **Attention à l'accord avec le nouveau sujet:** *protégée.*

8.5.3.2 Passage de la voix active à la voix pronominale de sens passif

Réfléchissons ensemble

Recherches grammaticales : Le passage de la voix active à la voix pronominale de sens passif est lui aussi soumis à des conditions :

- o Le sujet doit être *on*.
- o Le verbe doit avoir un CV{—} qui deviendra sujet.

Comme le sujet est *on*, il n'est pas question d'avoir un complément d'agent. C'est pour cela que l'on a l'impression que le sujet du verbe fait l'action sur lui-même, alors qu'en fait, c'est *on* qui fait l'action.

Ex :	On l'appelait Pierrot.	**→** ***Il s'appelait Pierrot.***
	On écrit « ballon » avec 2 L	**→** *« Ballon » s'écrit avec 2 L.*

Exercice n° 12

> **Employez le même verbe que dans la phrase proposée en le mettant à la voix pronominale de sens passif.**

> **On mange les frites avec les doigts.**
> → *Les frites {__________} avec les doigts.* (**manger qc → se manger**)
> **On peut manger les frites avec les doigts.**
> → *Les frites {__________} avec les doigts.* (**pouvoir manger**)
> **On écrit le mot "long" avec un "g".**
> → *Le mot "long" {__________} avec un "g".* (**écrire qc**)
> **On trouve l'or dans certaines rivières de Guyane.**
> → *L'or {__________} dans certaines rivières de Guyane.* (**trouver qc**)
> **On boit du vin blanc avec le poisson.**

→ *Le vin blanc { __________ } avec le poisson.* **(boire qc)**
On soigne le mal de tête avec de l'aspirine.
→ *Le mal de tête { __________ } avec de l'aspirine.* **(soigner qc)**
Les Allemands boivent la bière avec de la mousse.
→ *En Allemagne, la bière { __________ } avec de la mousse.* **(boire qc)**
On prononce le th anglais en mettant la pointe de la langue entre les dents.
→ *Le th anglais { __________ } avec la pointe de la langue entre les dents.* **(prononcer qc)**

Solution :

Employez le même verbe que dans la phrase proposée en le mettant à la voix pronominale de sens passif.

On mange les frites avec les doigts.
➔ *Les frites {se mangent} avec les doigts.* **(manger qc ➔ se manger)**
On peut manger les frites avec les doigts.
➔ *Les frites {peuvent se manger} avec les doigts.* **(pouvoir manger ➔ pouvoir se manger)**
On écrit le mot "long" avec un "g".
➔ *Le mot "long" {s'écrit} avec un "g".* **(écrire qc ➔ s'écrire)**
On trouve l'or dans certaines rivières de Guyane.
➔ *L'or {se trouve} dans certaines rivières de Guyane.* **(trouver qc ➔ se trouver)**
On boit du vin blanc avec le poisson.
➔ *Le vin blanc {se boit} avec le poisson.* **(boire qc ➔ se boire)**
On soigne le mal de tête avec de l'aspirine.
➔ *Le mal de tête {se soigne} avec de l'aspirine.* **(soigner qc ➔ se soigner)**
Les Allemands boivent la bière avec de la mousse.
➔ *En Allemagne, la bière {se boit} avec de la mousse.* **(boire qc ➔ se boire)**
On prononce le th anglais en mettant la pointe de la langue entre les dents.
➔ *Le th anglais {se prononce} avec la pointe de la langue entre les dents.* **(prononcer qc ➔ se prononcer)**

8.5.3.3 Passage de la voix active à la voix pronominale (verbes occasionnellement pronominaux)

Le cas le plus fréquent est celui où le sujet fait l'action du verbe sur lui-même. Dans ce cas, on est obligé d'employer un verbe pronominal alors que, lorsque l'on fait l'action sur un autre, on emploie un verbe à la voix active.

Par exemple, quand on lave un bébé, on dira :

✦ ***Chez les Durand, le père lave le bébé, puis, il le sèche.***

Mais lorsque M. Durand, père admirable (il paraît qu'il y en a) lave et se sèche lui-même, on dira :

✦ ***Après s'être lavé, M. Durand se sèche.***

Ceci entraîne, malheureusement pour nous plusieurs problèmes qui vont nous compliquer l'existence :

➔ Le verbe change d'auxiliaire, passant d'*avoir* à *être*.

➔ On pourrait se dire que c'est une bonne chose, puisque l'accord selon *être* est plus simple à faire que celui selon *avoir*. Hélas, le français serait une langue banale s'il en était ainsi. En réalité, l'auxiliaire est bien *être*, ce qui est obligatoire pour les verbes pronominaux, mais, ne l'oublions pas, lorsque l'on fait l'action du verbe à la voix active sur n'importe qui ou n'importe quoi, on emploie l'auxiliaire *avoir*, et dans le cas exceptionnel où on agit sur soi-même, on emploie, pour des raisons formelles, l'auxiliaire *être*.

Eh bien, même lorsque le verbe est conjugué avec *être*, **il continue, par une sorte de fidélité, à suivre les règles d'accord avec** *avoir*.
Ainsi, on aura : *elles se sont lavées.* **(Le verbe est : « laver qn. Ici, qn est représenté par** *se*, **qui est donc un CV{−}, un Complément selon la valence du verbe. Il est placé avant le verbe : l'accord se fait donc avec «** *se* **».**

Comme on le voit, tout suit une logique compréhensible, même si elle est surprenante.
- ➔ Le problème sera donc double :
    - Savoir à quelle sorte de verbe on a affaire, le problème se posant pour les verbes occasion-
nellement pronominaux, qui bien que se conjuguant avec ***être***, suivent la règle selon ***avoir***. Il
faudra cependant vérifier si le verbe actif a le même sens que le pronominal, et la même valence pour que l'on ait le même sens.
    - Une fois la valence identifiée, il faudra encore retrouver concrètement les différents éléments
de cette valence, afin d'identifier le VC{−}, et de voir sa position.

C'est ce que nous allons faire ici, d'abord dans une phase de découverte, puis dans une phase d'exer-
cices, avec, dans les deux cas, nos deux objectifs :
- Voir comment fonctionnent les verbes pronominaux, et voir qu'ils sont différents.
- Identifier la valence et les éléments qui s'y rapportent

La phase de découverte

Recherches grammaticales : On va faire étudier un certain nombre d'exemples :
Voici quelques phrases contenant des verbes à la voix active, la voix passive ou la voix pronominale.

◆ **Les artichauts.**
Elle a mangé (01) des artichauts.
Les artichauts ont tous été mangés (02) par les invités.
Les artichauts se sont souvent mangés (03) avec de la vinaigrette.
On a toujours mangé (04) des artichauts, en France.
◆ **Écrit-on clé ou clef ?**
Mon grand-père écrivait (05) le mot clef avec un « f ».
Autrefois, le mot clé était écrit (06) par les intellectuels avec un « f ».
Aujourd'hui, ce mot s'écrit le plus souvent (07) « clé »
◆ **Triste histoire...**
Gaston avait été licencié (08) en 2008.
Chômeur depuis 5 ans, désespéré, il a décidé (09) d'éliminer sa famille.
Les trois enfants ont été tués (10) par leur père.
Ensuite, il s'est tué (11) lui-même.
Quant à la mère, elle s'est suicidée (12) après avoir découvert les corps sans vie.
C'est en tout cas ce qui se lit (13) dans les journaux.

Remarques :

Phrase 01 :	**L'auxiliaire utilisé :** *avoir*, **auxiliaire normal, sujet = elle, c'est « elle » qui agit sur les artichauts (elle les mange) , il n'y a pas de pronom particulier, voix active (l'auxiliaire est celui qui est utilisé à l'actif, avoir, et le sujet fait l'action sur le CV{−}).**
Phrase 02 :	L'auxiliaire utilisé est « *être* », alors que l'auxiliaire usuel de *manger* à l'actif est « *avoir* » Le sujet artichaut subit l'action du complément d'agent par les invités. Nous avons donc affaire à la voix passive.
Phrase 03 :	L'auxiliaire utilisé est « *être* », alors que l'auxiliaire usuel à l'actif est « *avoir* » Le sujet *artichauts* semble faire l'action sur lui-même, à cause du pronom se. Nous avons donc affaire à une voix pronominale de sens passif, qui correspond à une forme active dont le sujet est on : *on mange les artichauts* ➜ *les artichauts se mangent.*
Phrase 04 :	L'auxiliaire utilisé : *avoir*, auxiliaire normal, sujet = *on*, c'est « on » qui agit sur les artichauts (*on les mange*), il n'y a pas de pronom particulier, voix active (l'auxiliaire est celui qui est utilisé à l'actif, *avoir*, et le sujet fait l'action sur le CV{−}).
Phrase 05 :	On n'utilise pas d'auxiliaire, ce qui élimine le passif, toujours conjugué avec *être*. Il n'y a pas non plus de pronom réfléchi, ce qui élimine la voix pronominale. Le sujet « *grand-père* » fait bien l'action sur le CV{−}. C'est donc bien une voix active.
Phrase 06 :	L'auxiliaire utilisé est « *être* », alors que l'auxiliaire usuel d'*écrire* à l'actif est « *avoir* » Le sujet *mot* subit l'action du complément d'agent par les *intellectuels*. Nous avons donc affaire à la voix passive.
Phrase 07 :	L'auxiliaire utilisé est « *être* », alors que l'auxiliaire usuel du verbe *écrire* à l'actif est « *avoir* » Le sujet *mots* semble faire l'action sur lui-même, à cause du pronom se. Nous avons donc affaire à une voix pronominale de sens passif, qui correspond à une forme active dont le sujet est on : on écrit le mot ➜ *le mot s'écrit*
Phrase 08 :	L'auxiliaire utilisé est « *être* », alors que l'auxiliaire usuel de *licencier* à l'actif est « *avoir* » Le sujet Gaston subit l'action, sans que l'on connaisse le complément d'agent, qui n'est pas évoqué. Nous avons donc affaire à la voix passive.
Phrase 09 :	L'auxiliaire utilisé : *avoir*, auxiliaire normal, sujet = elle, c'est « *elle* » qui agit sur les *artichauts* (elle les mange), il n'y a pas de pronom particulier, voix active (l'auxiliaire est celui qui est utilisé à l'actif, avoir, et le sujet fait l'action sur le CV{−}).
Phrase 10 :	L'auxiliaire utilisé est « *être* », alors que l'auxiliaire usuel de *tuer* à l'actif est « *avoir* » Le sujet *enfants* subit l'action du complément d'agent, leur père. Nous avons donc affaire à la voix passive.
Phrase 11 :	Le verbe tuer s'emploie avec l'auxiliaire *avoir*. Ici, nous avons l'auxiliaire *être*. De plus, le sujet *il* fait l'action de *tuer* sur lui-même, *se*. Nous avons donc affaire à la voix pronominale.
Phrase 12 :	Le verbe *se suicider* est un verbe essentiellement pronominal. Il ne s'emploie qu'à la voix pronominale, ce qui est logique, car on ne peut pas *suicider* quelqu'un d'autre.
Phrase 13 :	On n'utilise pas d'auxiliaire ici, ce qui élimine la voix passive. On emploie le pronom réfléchi *se*. Le sujet *qui*, se rapportant à *ce*, semble faire l'action sur lui-même, à cause du pronom *se*. Nous avons donc affaire à une voix pronominale de sens passif, qui correspond à une forme active dont le sujet est on : *on lit cela dans les journaux* ➜*C'est ce qui se lit dans les journaux* .

On demande ensuite à l'apprenant de se servir de ses observations pour définir comment on distingue les trois voix.

Étudiez bien votre tableau, et répondez à la question : « À quoi peut-on reconnaître les voix ? »

La voix active	La voix passive	La voix pronominale

Solution

La voix active	La voix passive	La voix pronominale
On est dans la voix active lorsque le temps est simple (sans auxiliaire), et sans pronom réfléchi (se…). ***Elle mange*** Sinon, lorsque l'on a un temps composé, lorsque l'auxiliaire est celui que l'on emploie pour la conjugaison active. ***Elle a mangé.*** ***Elle est partie.***	L'auxiliaire est ***être***, (au lieu d'avoir), le sujet subit l'action faite, lorsqu'il y en a un, par le complément d'agent. Il n'y a pas de pronom réfléchi. ***Le médecin a été enlevé par des terroristes.***	Soit le verbe est essentiellement pronominal (***se souvenir, se suicider***). Soit le sujet fait l'action sur lui-même : ***Elle se lave, il se rase.*** Soit le verbe se conjugue avec le pronom réfléchi, et correspond à une forme active où le sujet est ***on***, et le CV{−} devient sujet : ***On écrit « ballon » avec 2 l.*** ***« Ballon » s'écrit avec deux l.***

Comparez vos résultats à ceux des autres groupes. Votre enseignante va vous aider à faire la synthèse des résultats (elle, elle connaît la réponse).

8.5.4　La phase d'exercices : verbes occasionnellement pronominaux

Nous allons faire un exercice où l'on fait passer un verbe de la voix active à la voix pronominale. Attention aux pronoms réfléchis et à l'accord du participe du verbe occasionnellement pronominal qui, alors qu'il est conjugué avec ***être***, suit les règles d'***avoir***.

 Exercice n° 13

Les verbes occasionnellement pronominaux.

Employez le même verbe que dans la première partie de la phrase (verbe en caractères gras) en le mettant à la voix pronominale.

A. *Paul lave sa fille, puis, il {se lave} lui-même.*
A l'actif : laver qn : il fait l'action sur lui-même : → verbe occasionnellement pronominal}.

B. *Nous photographions les monuments, et nous {nous photographions} nous-mêmes devant.*
A l'actif : photographier qn / qc : il fait l'action sur lui-même : → verbe occasionnellement pronominal}.

C. *Paulette a habillé ses quatre enfants avant de sortir, puis, elle {s'est habillée} elle-même.*
A l'actif : habiller qn. Elle fait l'action sur elle-même : → verbe occasionnellement pronominal.

D. *Elle a lavé son chemisier, puis elle {s'est lavée}.*
A l'actif : laver qc/ à la forme pronominale : laver qn. Elle fait l'action sur elle-même : → verbe occasionnellement pronominal. Le CV{−} est *s'*, **placé avant: Il y a donc accord : féminin, singulier=** *e*.

E. *Elle a mis sa casquette, puis, elle {s'est mis} une veste de la même couleur.*
A l'actif : « mettre qc » / à la forme pronominale : « mettre qc à qn ». Elle fait l'action sur elle-même: → verbe occasionnellement pronominal. « Se » est le CV+(à). Le CV{−} est *une veste*, **placé après: pas d'accord.**

F. *Elle a mis des chaussettes, et ces chaussettes qu'elle {s'était mises} étaient rouges.*
A l'actif : mettre qc/ à la forme pronominale : « mettre qc à qn ». Elle fait l'action sur elle-même: → verbe occasionnellement pronominal. « Se » est le CV+(à). Le CV{−} est « chaussettes », placé avant: accord -es.

 **Exercice n° 14 : sur toutes les voix (mélanges)**

> **Complétez en mettant le verbe à la forme pronominale. Employez le verbe souligné de la phrase du lutin, qu'il utilise juste avant .**

Casimir, qui n'est pas des plus honnêtes, gagne sa vie en cambriolant des ateliers avec son ami Gilles. Quand il est au travail, il écoute toujours son petit lutin intérieur, qui lui donne des conseils : «Allez, Paul, <u>gare-toi</u> dans la rue d'à côté.
— D'accord, on va {01 : ______________ } là.
— Dis à Gilles de <u>s'installer</u> au volant.
— Allez, Gilles, {02 : ______________ } au volant. Voilà, il est installé.
— Maintenant, <u>munis-toi</u> de tes outils.
— Je {03 : ______________ } de mes outils.
— Ouvre la porte avec ton passe-partout, et <u>dépêche-toi</u>.
— Bien, je l'ouvre... Voilà, maintenant, je {04 : ______________ }... Mais pour quoi faire?
— Pour <u>déconnecter</u> l'alarme. Tu sais comment ?
— Bien sûr. Je sais comment ça {05 : ______________ }. Un moment... Voilà, ça y est.
— Bon, eh bien maintenant, il ne te reste plus qu'à trouver le Picasso; Tu sais où <u>le trouver</u> ?
— Non, je ne sais pas où il {06 : ______________ }.
— Rends-toi dans le bureau, à gauche de la cuisine. Attends, là il y a des bonbons, sur la commode. <u>Prends-t' en un ou deux</u>. Tu auras besoin d'un peu de sucre.
— Voilà, je {07 : ______________ }. Ah, voilà le Picasso. Je vais décrocher le cadre.
— Eh non ! Il est beaucoup trop gros. Il vaut mieux <u>le découper</u>.
— Et comment est-ce qu'il {08 : ______________ } ?
— Ce n'est pas difficile. Tu coupes la toile le long du cadre. Tu sais comment <u>t'y prendre</u> ?
— Je devine un peu comment {09 : ______________ }. Avec le cutter.
— Voilà. Et après, tu roules la toile, et <u>tu t'en vas</u> vite fait avec Gilles.
— Voilà. Nous {10 : ______________ }. Merci, le lutin.
— Mais de rien. Toujours à ton service pour les mauvais coups, et pour les bons aussi. <u>Souviens-t'en</u> !
— Oui, à l'avenir, je {11 : ______________ }, c'est promis.»

Solution

> **Complétez en mettant le verbe à la forme pronominale. Employez le verbe souligné de la phrase du lutin**

Casimir, qui n'est pas des plus honnêtes, gagne sa vie en cambriolant des ateliers avec son ami Gilles. Quand il est au travail, il écoute toujours son petit lutin intérieur, qui lui donne des conseils : «Allez, Paul, <u>gare-toi</u> dans la rue d'à côté.
— D'accord, on va {01 : se garer } là.
— Dis à Gilles de <u>s'installer</u> au volant.
— Allez, Gilles, {02 : installe-toi } au volant. Voilà, il est installé.
— Maintenant, <u>munis-toi</u> de tes outils.
— Je {03 : me munis } de mes outils.
— Ouvre la porte avec ton passe-partout, et <u>dépêche-toi</u>.
— Bien, je l'ouvre... Voilà, maintenant, je {04 : me dépêche }... Mais pour quoi faire ?
— Pour <u>déconnecter</u> l'alarme. Tu sais comment ?
— Bien sûr. Je sais comment ça {05 : se déconnecte }. Un moment... Voilà, ça y est.
— Bon, eh bien maintenant, il ne te reste plus qu'à trouver le Picasso; Tu sais où <u>le trouver</u> ?
— Non, je ne sais pas où il {06 : se trouve }.
— Rends-toi dans le bureau, à gauche de la cuisine. Attends, là il y a des bonbons, sur la commode. <u>Prends-t' en un ou deux</u>. Tu auras besoin d'un peu de sucre.
— Voilà, je {07 : m'en suis pris deux }. Ah, voilà le Picasso. Je vais décrocher le cadre.
— Eh non ! Il est beaucoup trop gros. Il vaut mieux <u>le découper</u>.
— Et comment est-ce qu'il {08 : se découpe } ?
— Ce n'est pas difficile. Tu coupes la toile le long du cadre. Tu sais comment <u>t'y prendre</u> ?
— Je devine un peu comment {09 : m'y prendre }. Avec le cutter.

> — Voilà. Et après, tu roules la toile, et <u>tu t'en vas</u> vite fait avec Gilles.
>
> — Voilà. Nous {10 : nous en allons }. Merci, le lutin.
>
> — Mais de rien. Toujours à ton service pour les mauvais coups, et pour les bons aussi. <u>Souviens-t'en</u> !
>
> — Oui, à l'avenir, je {11 : m'en souviendrai}, c'est promis.»

---

01 : se garer : Verbe occasionnellement pronominal : on va se garer. La forme active est : *garer qc.*

02 : s'installer : Verbe occasionnellement pronominal : installe-toi au volant. La forme active est : *installer qn à qc.*

03 : se munir de qc : Verbe occasionnellement pronominal : je me munis de mes outils. La forme active est : *munir qn de qc*

04 : se dépêcher : Verbe quasi essentiellement pronominal : je me dépêche. La forme active, dépêcher qn, a une autre signification.

05 : se déconnecter : Verbe pronominal à sens passif : ça se déconnecte. La forme active est : *déconnecter qc de qc.*

06 : se trouver: Verbe pronominal à sens passif : il se trouve. La forme active est : *on le trouve.*

07 : se prendre qc : Verbe essentiellement pronominal : je m'y suis pris. Le verbe *prendre* a une autre signification.

08 : se découper: Verbe à sens passif : il se découpe. La forme active est : *on le découpe.*

09 : s'y prendre avec qc : Verbe essentiellement pronominal : *je sais comment m'y prendre.*

10 : s'en aller : Verbe essentiellement pronominal : *nous nous en allons.* Le verbe aller a une autre signification.

11 : se souvenir de qc : Verbe essentiellement pronominal : *je m'en souviendrai.*

8.5.5 Choisir le bon pronom relatif.

Identifiez la fonction, choisissez le pronom qui correspond.

Caractéristiques : genre, nombre, personne

 **Recherches grammaticales** : étudier l'influence du genre, du nombre et de la personne

Étudiez les exemples suivants et identifiez quels traits pertinents sont transmis par le pronom relatif (genre, nombre, personne etc.)

 Exercice n° 15

	genre	nombre	Pers
C'est sa sœur qui est arrivée hier			
J'ai vu ses filles qui sont descendues de leur voiture en maillot de bain.			
C'est toi qui as écrit cette lettre ?			
C'est vous qui le leur avez dit.			
C'est nous qui nous en sommes souvenues les premières.			

Solution :

	genre	nombre	Pers
C'est sa sœur qui est arrivée hier.	Fém.	Sing.	3[e]
J'ai vu ses filles qui sont descendues de leur voiture en maillot de bain.	Fém.	Plur.	3[e]
C'est toi qui as écrit cette lettre ?	Masc.	Sing.	2[e]
C'est vous qui le leur avez dit.	Masc.	Plur.	2[e]
C'est nous qui nous en sommes souvenues les premières.	Fém.	Plur.	1[e]

8.5.5.1 L'antécédent est CE, RIEN ou QUELQUE CHOSE

 Exercice n° 16

 **Recherches grammaticales :** lorsque l'antécédent est *ce*, *rien* ou *quelque chose*

Étudiez les cas qui suivent, où l'antécédent est non-animé, en observant bien : • L'antécédent, son genre, son nombre, s'il est animé ou non. • la fonction du pronom relatif • et la présence éventuelle de préposition	
Ce que tu dis est vrai.	Ant. = *ce* / dire qc : *que* est CV{—}
C'est ce à quoi je pensais quand je l'ai vu.	
C'est la chose à laquelle je pensais quand je l'ai vu.	
C'est quelque chose à quoi on ne pense pas.	
Il n'est rien que j'aime plus que cela.	
Il n'est rien à quoi je ne renoncerai pour l'épouser.	
Pourquoi, à votre avis, faut-il employer « quoi » au lieu de « lequel / laquelle etc...»	

Solutions

Étudiez les cas qui suivent, où l'antécédent est non-animé, en observant bien : • L'antécédent, son genre, son nombre, s'il est animé ou non. • la fonction du pronom relatif • et la présence éventuelle de préposition	
Ce que tu dis est vrai.	Ant. = *ce* / dire qc : *que* est CV{—}
C'est ce à quoi je pensais quand je l'ai vu.	Ant. = *ce* /penser à qc : *à quoi* est CVi{prép=à qc }
C'est la chose à laquelle je pensais quand je l'ai vu.	Ant. = *chose* / penser à qc : *à laquelle* est CVi{prép=à qc }
C'est quelque chose à quoi on ne pense pas.	Ant. = *quelque chose* / penser à qc : *à quoi* est CVi{prép=à qc/qn/inf}
Il n'est rien que j'aime plus que cela.	Ant. = *rien* / penser à qc : *à quoi* est CVi{prép=à qc/qn/inf}
Il n'est rien à quoi je ne renoncerai pour l'épouser.	Ant. = *rien* / renoncer à qc : *à quoi* est CVi{prép=à qc/qn/inf}

Pourquoi, à votre avis, faut-il employer « quoi » au lieu de « lequel / laquelle etc. »
Pour employer « lequel etc. », il faut connaître le genre et le nombre du signifié. Or, les antécédents *ce*, *quelque chose* et *rien* sont neutres, étant donné qu'ils ne sont ni masculin, ni féminin.
On remplacera donc Prép. + *lequel/laquelle* etc., pour lesquels il faut connaître le genre, par
quoi.

Règle :

Lorsque l'antécédent est *ce, quelque chose*, *rien* et que le pronom relatif doit être construit
avec une préposition, on emploie *quoi* au lieu de *que* ou *lequel*.

Ex :   C'est la chose à laquelle je tiens le plus.
       C'est quelque chose à quoi je tiens

8.5.5.2   Choix des pronoms relatifs / Fonction

Recherches grammaticales : Identifier les cas pertinents :

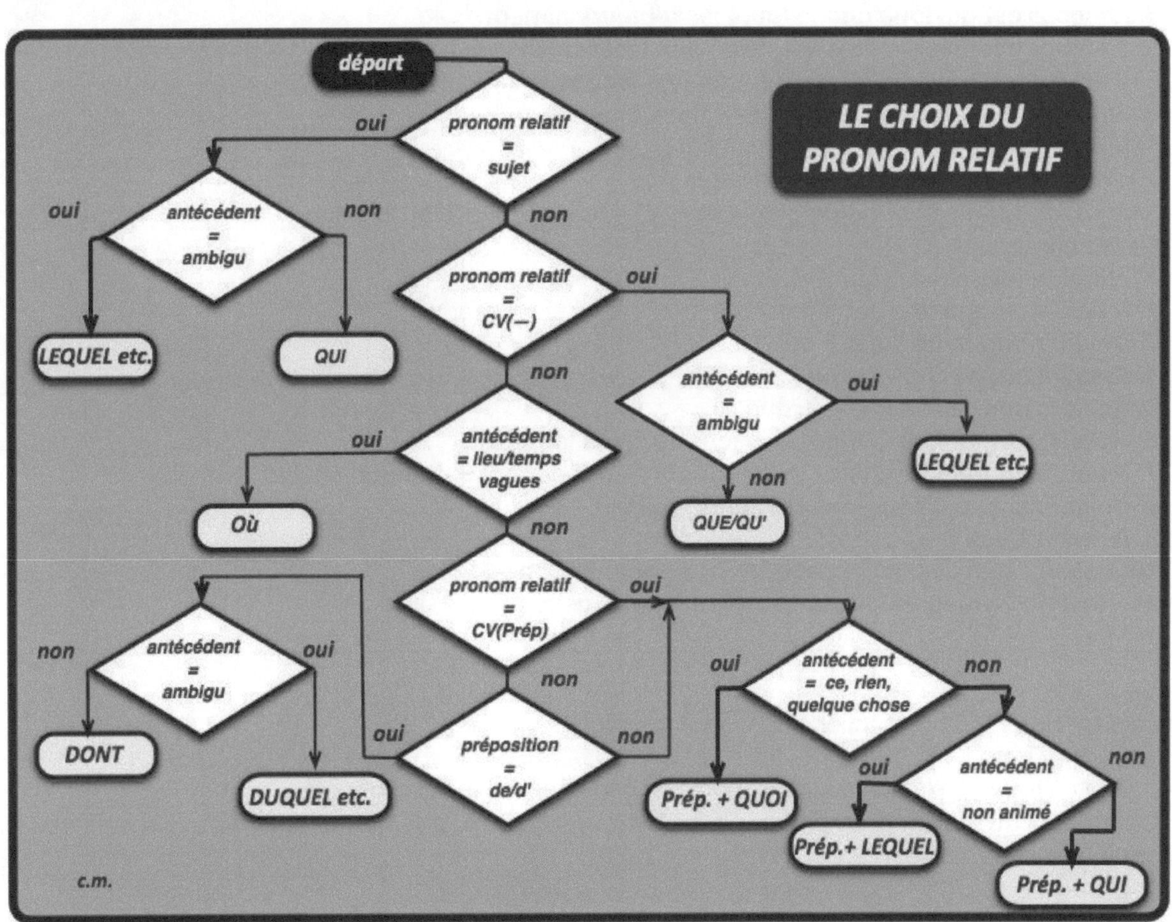

 Exercice n° 17

Servez-vous du diagramme ci-dessus pour trouver le bon pronom relatif
1. Federer est le tennisman {__________} a remporté le plus de victoires.
2. C'est la motivation {__________} fait réussir.
3. L'envie de réussir est quelque chose {__________} nous sauvera.
4. L'homme {__________} tu aimes est généreux.
5. L'amour est quelque chose {__________} les lecteurs aiment.
6. L'amour est une chose à {__________} nos lectrices sont attachées.
7. L'amour est quelque chose à {__________} nos lectrices tiennent.
8. Mon oncle est quelqu'un à {__________} je tiens beaucoup.
9. C'est le professeur {__________} je tiens cela.
10. Voici le pont près {__________} il a vécu.
11. Voici les gens auprès {__________} j'ai vécu pendant 10 ans.

Solution :

Servez-vous du diagramme ci-dessus pour trouver le bon pronom relatif
1. Federer est le tennisman {qui} a remporté le plus de victoires.
2. C'est la motivation {qui} fait réussir.
3. L'envie de réussir est quelque chose {qui} nous sauvera.
4. L'homme {que} tu aimes est généreux.
5. L'amour est quelque chose {que} les lecteurs aiment.
6. L'amour est une chose à {laquelle} nos lectrices sont attachées.
7. L'amour est quelque chose à {quoi} nos lectrices tiennent.
8. Mon oncle est quelqu'un à {qui} je tiens beaucoup.
9. C'est le professeur {dont} je tiens cela.
10. Voici le pont près {duquel} il a vécu.
11. Voici les gens auprès {de qui/desquels} j'ai vécu pendant 10 ans.
Commentaires :
1. relatif sujet animé = qui.
2. Relatif non-animé sujet = qui.
3. Relatif non-animé sujet = qui.
4. Relatif : animé CV{—}= que.
5. Relatif : non-animé CV{—}= que
6. Relatif : non-animé CVi{prép=à qc/qn/inf} = à laquelle
7. Relatif : non-animé CVi{prép=à qc/qn/inf} antécédent = quelque chose : à quoi.
8. Relatif : animé CVi{prép=à qc/qn/inf} = à qui
9. Relatif : CV(de).
10. Relatif : CV(près de), antécédent non-animé=pont.
11. Relatif : CV(auprès de), antécédent animé=gens.

 Exercice n°18 : la fonction des pronoms relatifs

Attention à tous les éléments : genre, nombre, personne, animé ou non,

Complétez au moyen d'un pronom relatif. Ajoutez une préposition chaque fois que cela vous semblera nécessaire.
1. Le cheval {__________} a gagné la course s'appelle Bouchon.
2. C'est la poule {__________} chante {__________} a fait l'œuf.
3. Le livre {__________} m'a plu le plus, c'est « La Conjuration des Imbéciles » , et c'est John Kennedy Toole {__________} l'a écrit.

4. Ce {_________} m'étonne, c'est le calme de Paul. En rentrant chez lui, il a trouvé sa femme, {_________} était couchée avec un homme. Au lieu de se mettre en colère, Paul leur a simplement dit : "Désolé de vous déranger.", et il est reparti sans mot dire.

5. Je vous présente le mari de ma sœur, {_________} travaille à Monoprix. (c'est la sœur qui travaille à Monoprix)

6. Connaissez-vous la mère de Carla, {_________} a été danseuse au Casino de Paris? (la mère a été danseuse)

7. C'est nous {_________} le lui avons dit.

8. Lui, il connait l'homme {qui} a vu l'homme {_________} a vu l'ours !

9. Je vais vous montrer le tableau {_________} j'ai découvert aux Puces.

10. Paula n'est plus la petite fille {_________} nous avons connue.

11. C'est ce {_________} Paul m'a raconté !

12. Voilà la maison {_________} Pierre Pons a habitée.

13. Eh, mon mignon, connais-tu le pays {_________} fleurit l'oranger.

14. La maison {_________} les Fourbi ont habitée a été classée monument historique.

15. Paris est la ville {_________} je suis né.

16. Non, je ne pourrais vous dire l'heure {_________} il est arrivé. Mais c'est sûrement après huit heures.

17. Je n'ai jamais gagné à la loterie, mais je connais quelqu'un {_________} c'est arrivé.

18. C'est ce {_________} il a fait allusion dans sa conférence de presse.

19. La mort n'est pas une chose à {_________} on pense volontiers.

20. La retraite, c'est quelque chose {_________} il faut penser tant qu'on est jeune.

21. Pierrette est quelqu'un {_________} il faut dire ses quatre vérités.

22. Pauline est quelqu'un {_________} je pense le plus grand bien.

23. L'auteur à propos de {_________} j'ai écrit ce livre est mort à l'âge de 100 ans.

24. Je ne vois pas du tout ce {_________} vous parlez.

25. Malheur à celui par {_________} le scandale arrive !

26. Bien des soldats tombés, comme on dit, au champ d'honneur, ne savent pas pour {_________} ni pour {quoi} ils sont morts.

27. Il n'est rien pour {_________} il aurait envie de se sacrifier.

28. La découverte pour {_________} Bernard Palissy a sacrifié tous ses meubles dans le feu en valait-elle la peine ?

29. Edith Piaf avait gagné beaucoup d'argent. Mais tout ce {__________} eut droit son mari, comme héritage, ce fut une belle collection de dettes.

30. Cherchez à {qui} profite le crime. C'est ce {__________} vous dira n'importe quel inspecteur de police, et ce à {__________} les criminels ne pensent pas assez souvent. L'homme {__________} je le tiens, c'est le commissaire Maigrichon.

Solution :

Complétez au moyen d'un pronom relatif. Ajoutez une préposition chaque fois que cela vous semblera nécessaire.

1. Le cheval {qui} a gagné la course s'appelle Bouchon.
2. C'est la poule {qui} chante {qui} a fait l'œuf.
3. Le livre {qui} m'a plu le plus, c'est « La Conjuration des Imbéciles » , et c'est John Kennedy Toole {qui} l'a écrit.
4. Ce {qui} m'étonne, c'est le calme de Paul. En rentrant chez lui, il a trouvé sa femme, {qui } était couchée avec un homme. Au lieu de se mettre en colère, Paul leur a simplement dit : "Désolé de vous déranger.", et il est reparti sans mot dire.
5. Je vous présente le mari de ma sœur, {laquelle} travaille à Monoprix. (c'est la sœur qui travaille à Monoprix)
6. Connaissez-vous la mère de Carla, {laquelle mère} a été danseuse au Casino de Paris? (la mère a été danseuse)
7. C'est nous {qui} le lui avons dit.
8. Lui, il connait l'homme {qui} a vu l'homme {qui} a vu l'ours !
9. Je vais vous montrer le tableau {que} j'ai découvert aux Puces.
10. Paula n'est plus la petite fille {que} nous avons connue.
11. C'est ce {que} Paul m'a raconté !
12. Voilà la maison {que} Pierre Pons a habitée.
13. Eh, mon mignon, connais-tu le pays {où} fleurit l'oranger.
14. La maison {que} les Fourbi ont habitée a été classée monument historique.
15. Paris est la ville {où} je suis né.
16. Non, je ne pourrais vous dire l'heure {où} il est arrivé. Mais c'est sûrement après huit heures.
17. Je n'ai jamais gagné à la loterie, mais je connais quelqu'un {à qui} c'est arrivé.
18. C'est ce {à quoi} il a fait allusion dans sa conférence de presse.
19. La mort n'est pas une chose à {laquelle} on pense volontiers.
20. La retraite, c'est quelque chose {à quoi } il faut penser tant qu'on est jeune.
21. Pierrette est quelqu'un {à qui} il faut dire ses quatre vérités.
22. Pauline est quelqu'un {dont} je pense le plus grand bien.
23. L'auteur à propos de {qui} j'ai écrit ce livre est mort à l'âge de 100 ans.
24. Je ne vois pas du tout ce {dont} vous parlez.
25. Malheur à celui par {qui} le scandale arrive !
26. Bien des soldats tombés, comme on dit, au champ d'honneur, ne savent pas pour {qui} ni pour {quoi} ils sont morts.
27. Il n'est rien pour {quoi} il aurait envie de se sacrifier.
28. La découverte pour {laquelle} Bernard Palissy a sacrifié tous ses meubles dans le feu en valait-elle la peine ?
29. Edith Piaf avait gagné beaucoup d'argent. Mais tout ce {à quoi} eut droit son mari, comme héritage, ce fut une belle collection de dettes.
30. Cherchez à {qui} profite le crime. C'est ce {que} vous dira n'importe quel inspecteur de police, et ce à {quoi} les criminels ne pensent pas assez souvent. L'homme {dont} je le tiens, c'est le commissaire Maigrichon.

Commentaires

1. Sujet ➔ qui
2. Sujet ➔qui
3. Sujet ➔qui
4. Sujet ➔qui
5. Sujet / se rapporte à sœur. pour éviter de croire que c'est le mari (masculin), on choisit ➔laquelle (féminin)
6. Sujet / se rapporte à sœur. pour éviter de croire que c'est Carla, on choisit ➔laquelle "mère"
7. Sujet ➔ "qui"
8a. Sujet ➔qui
8b. Sujet ➔"qui"
9. découvrir qc ➔CV{—} ➔"que"
10. connaître qn ➔CV{—} ➔"que"
11. raconter qc ➔CV{—} ➔"que"
12. habiter qc ➔CV{—} ➔"que". Le "e" de "habitée" montre qu'il y a accord avec un CV{—} placé avant.
13. lieu vague ➔"où"
14. habiter qc ➔CV{—} ➔"que". Le "e" de "habitée" montre qu'il y a accord avec un CV{—} placé avant.
15. lieu vague ➔"où"
16. temps vague ➔"où"
17. arriver à qn ➔CVi{prép=à qc/qn/inf} animé ➔"à qui"
18. faire allusion à qc ➔CVi{prép=à qc/qn/inf} non-animé / antécédent = ce, quelque chose, rien ➔"à quoi"
19. penser à qc ➔CVi{prép=à qc/qn/inf} non-animé / féminin singulier ➔ "à laquelle"
20. penser à qc ➔CVi{prép=à qc/qn/inf} non-animé / antécédent = ce, quelque chose, rien ➔"à quoi"
21. dire qc à qn ➔CVi{prép=à qc/qn/inf} animé ➔"à qui"
22. penser qc de qn ➔CV(de) ➔dont
23. écrire qc à propos de qn ➔CV(à propos de) ➔à propos de qui"
24. parler de qc ➔CV(de) ➔"dont"
25. arriver par qn ➔CV(par) animé ➔ "par qui"
26a. tomber pour qc ➔CV(pour) animé ➔ "pour qui"
26b. sacrifier qc pour qc ➔CV(pour) non-animé après "rien" → "pour quoi"
27. sacrifier qc pour qc ➔ CV(pour) non-animé après "rien" → "pour quoi"
28. sacrifier qc pour qc ➔ CV(pour) non-animé /féminin, singulier → "pour laquelle"
29. avoir droit à qc ➔ CVi{prép=à qc/qn/inf} / l'antécédent est ce ➔ à quoi
30. profiter à qn ➔ CVi{prép=à qc/qn/inf} animé ➔ "à qui"
30b. dire qc ➔ CV{—} ➔ "que"
30c. penser à qc ➔ CVi{prép=à qc/qn/inf} non-animé / antécédent "ce" ➔ "à quoi"
30d. tenir qc de qn ➔ CV(de) ➔ dont

 **Exercice n°19 :** le choix des pronoms relatifs.

Complétez en déterminant la fonction du pronom relatif dans la relative
a) Mon mari n'est plus l'homme "que" {________________ } j'ai connu au début.
b) Ce livre qui {________________ } a été écrit par Zola parle de la vie des mineurs.
c) La femme à "qui" {________________ } Paul pense se moque bien de lui.
d) Ce sont des vacances "auxquelles" {________________ } vous penserez toujours.

e) Ce n'est pas celui à "qui " {________________} je pense.

f) Je ne connais pas l'homme "dont" {________________} vous me parlez.

g) Il est retourné voir ses parents, chez "qui" {________________} il habite désormais.

h) Les falaises sur "lesquelles" {________________} il a construit sa maison ont 120m de hauteur.

Solutions

Complétez en déterminant la fonction du pronom relatif dans la relative

a) Mon mari n'est plus l'homme "que"{CV{—}[ ]CV(de)[ ]sujet[ ]temps/lieu vagues[ ]CV(x) ou CC(x) animé[ ]CV(x) ou CC(x) non-animé} j'ai connu au début.

b) Ce livre qui {sujet [ ]CV{—}[ ]CV(de)[ ]temps/lieu vagues[ ]CV(x) ou CC(x) animé[ ]CV(x) ou CC(x) non-animé} a été écrit par Zola parle de la vie des mineurs.

c) La femme à "qui" {CV(x) ou CC(x) animé [ ]CV{—}[ ]CV(de)[ ]sujet[ ]temps/lieu vagues[ ]CV(x) ou CC(x) non-animé} Paul pense se moque bien de lui.

 d) Ce sont des vacances "auxquelles"{CV(x) ou CC(x) non-animé [ ]CV(x) ou CC(x) animé[ ]CV{—}[ ]CV(de)[ ]sujet[ ]temps/lieu vagues} vous penserez toujours.

 e) Ce n'est pas celui à "qui"{CV(x) ou CC(x) animé [ ]CV{—}[ ]CV(de)[ ]sujet[ ]temps/lieu vagues[ ]CV(x) ou CC(x) non-animé} je pense.

f) Je ne connais pas l'homme "dont" {CV (de) [ ]CV(x) ou CC(x) animé[ ]CV{—}[ ]sujet[ ]temps/lieu vagues[ ]CV(x) ou CC(x) non-animé} vous me parlez.

g) Il est retourné voir ses parents, chez "qui" {CV(x) ou CC(x) animé [ ] CV{—}[ ]CV(de)[ ]sujet[ ]temps/lieu vagues[ ]CV(x) ou CC(x) non-animé} il habite désormais.

h) Les falaises sur "lesquelles" {CV(x) ou CC(x) non-animé [ ]CV(x) ou CC(x) animé[ ]CV{—}[ ]CV(de)[ ]sujet[ ]temps/lieu vagues} il a construit sa maison ont 120m de hauteur.

Commentaires

a) connaître qn ➔ CV {—}➔ que
b) connaître qn ➔sujet de "a été écrit" ➔ "qui".
c) penser à qn ➔CVi{prép=à qc/qn/inf} animé ➔ "à qui"
d) penser à qc ➔ CVi{prép=à qc/qn/inf} non-animé ➔ "auxquelles"
e) penser à qn (celui) ➔ CVi{prép=à qc/qn/inf} animé ➔ "à qui"
f) parler de qn ➔ CV(de) "dont"
g) habiter chez qn ➔CC(chez) animé ➔ "chez qui"
h) construire qc sur qc ➔ CC(sur) non-animé ➔ "sur lesquelles"

Le pronom personnel est l'un des chapitres les plus importants et les plus complexes de la grammaire française.

Avant de se lancer dans l'étude des pronoms personnels, qui concentrent un nombre important de difficultés, il faudra s'assurer que les apprenants possèdent bien les points suivants :

- Le système phonique et intonatif du français.
- Les principes de la construction de la phrase française :
    - À l'affirmative,
    - À l'interrogative,
    - À la forme négative,
- La mise en relief
- L'article
- La valence du verbe
- L'impératif.

Nous allons devoir manipuler bon nombre de traits pertinents : genre, nombre, personne, caractère dénombrable ou pas, réfléchi, réciproque. Nous allons devoir nous occuper de problèmes dus à la prononciation et à l'intonation, à la fonction syntaxique, pour pouvoir choisir le bon pronom et le placer au bon endroit. Bref, nous allons avoir de quoi nous occuper.

Nous allons essayer de regrouper les difficultés et d'assurer une progression dans l'apprentissage.

- **Nous allons classer les pronoms en grandes familles, selon leur fonction syntaxique ou leur emploi.**
    - **Sujet,**
    - **Compléments selon valence :**
        - **CV{—} (=COD) : complément dans la valence sans préposition.**
        - **CV(x) : complément dans la valence avec la préposition = x.**
            - **Qc à qn**
            - **Autres valences**
    - **Compléments hors valence**
    - **Pronom tonique**
    - **Pronom réfléchi**
- **Nous allons apprendre à placer les pronoms dans la phrase selon les cas.**
- **Impératif et ordre des pronoms**
- **Problèmes particuliers**
    - **Pronom et clarté du texte**
    - **Pronom non-animé représentant une idée**
    - **Les abus de l'emploi de en**

8.5.6.1   Les grandes familles de pronoms

On peut classer les pronoms personnels selon leur fonction syntaxique, mais sans trop aller dans les détails.

Nous aurons plusieurs familles classées selon leur fonction : un groupe sujet, un groupe CV{—} (ex cod) et un groupe de pronoms selon la valence qc/qn à qn, regroupant les CVi{prép=à qc/qn/inf}, puis, les autres CV(x), quelles que soient la préposition (=x) ou la fonction.

Nous aurons ensuite la famille des pronoms toniques, qui ont en commun le fait d'être soumis à l'accent tonique, et doivent donc se trouver en fin de mot phonique.

Enfin, nous aurons une famille particulière, qui s'emploie avec les verbes pronominaux, les réfléchis.

8.5.6.2 Le pronom sujet

Voici un tableau récapitulant les pronoms sujets.

Nombre	Personne	trait pertinent	Pronom
Singulier	1ᵉ		je
	2ᵉ		tu
	3ᵉ	masculin	il
		féminin	elle
		indéfini	on
Pluriel	1ᵉ	familier	
			nous
	2ᵉ	pluriel	vous
		politesse	
	3ᵉ	masculin	ils
		féminin	elles

Les pronoms se classent par **personne** et par **nombre**. Seule la 3ᵉ personne distingue le **genre**, féminin ou masculin.

Les autres pronoms transmettent pourtant le genre, sans qu'ils en portent le moindre signe. En effet, cela se remarque au participe passé qui s'accorde avec le sujet, ou avec un adjectif attribut.

> Ex : Juliette dit : « ***Je suis bien contente de connaître Roméo.*** »

Vous aurez sûrement remarqué le *–e* de ***contente***, dû au fait que le sujet *je* est féminin, puisqu'il est représenté par Juliette.

Notons enfin que *je* s'écrit *j'* devant voyelle. Les autres pronoms permettent de faire une liaison, que ce soit avec le *l* (*il, elle*), ou avec le *s* prononcé en sonore [z] (***nous, vous, ils, elles***). Même *tu*, en transformant le *u* en semi-consonne [ɥ], permet d'intégrer la voyelle qui suit dans la syllabe commençant par *t*. On remarquera que dans le langage familier, beaucoup de *tu* se retrouvent transformés en *t'* : *Si t'es pas content, tu dégages !* On remarquera la disparition simultanée du « ne » de la négation.

Particularités de certains pronoms

On mettra l'accent sur le pronom ***on***, qui a deux emplois différents :

- Il est 3ᵉ personne du singulier indéfini, et représente ainsi n'importe qui, par exemple dans des conseils ou des interdictions :
    - ***On s'essuie les pieds avant d'entrer.***
    - ***On ne parle pas au conducteur de bus.***
- Il est aussi l'équivalent familier de ***nous*** :
    - ***On s'ennuyait, alors, on est allés au cinéma.***
- Il est aussi employé par certaines personnes comme un ***vous*** familier. Par exemple, à quelqu'un qui prend le frais sur son balcon, on pourra dire :
    - ***Alors, on prend le frais ?***
- Et la réponse pourra être : ***Oui, on prend le frais.*** Le *on* aura alors la valeur *nous*, ou tout simplement *je*.

 **Exercice n° 20 : qui est « *on* » ?**

Le but est d'apprendre à interpréter les signes syntaxiques, tels que les terminaisons d'accord, pour bien comprendre qui est ***on***.

> **Lisez bien le texte et recherchez le pronom *on*. Pour chaque occurrence de *on*, trouvez**
> - **s'il s'agit de l'indéfini (n'importe qui, tout le monde) et inscrivez [i],**
> - **si c'est la version familière de nous, inscrivez [n],**
> - **et si c'est la version familière du vous, inscrivez [v].**

Les Glandu, qui ont gagné le gros lot à l'Euromillion, sont arrivés à la Française des Jeux (FdJ) de Paris pour toucher leur chèque de 15 millions.

On [01 : __] les fait entrer dans le bureau du responsable des grands gagnants.

« Alors, on [02 : __] a trouvé facilement ?

— Oui, ce n'est pas la première fois qu'on [03 : __] vient à Paris, ma femme et moi.

— Montrez-moi votre billet. C'est le règlement : on [04 : __] doit toujours contrôler si le billet est valable.

— Tenez, le voici. On [05 : __] l'avait bien mis de côté parce qu'on [06 : __] n'avait pas envie de le perdre.

— Et vous avez eu raison, car on [07 : __] a vite fait de perdre un billet de loto et alors, adieu les millions ! Attendez-moi ici : je reviens tout de suite. »

Et il sortit avec le billet. Les Glandu se regardèrent. Ils se sentaient légèrement angoissés, car on [08 : __] ne sait jamais, il peut toujours y avoir une erreur.

Mais le responsable revint rapidement. Un grand sourire illuminait son visage.

« Mes chers amis, dit-il, je vais pouvoir vous remettre le chèque tout de suite, car, comme le dit le proverbe, on [09 : __] doit battre le fer tant qu'il est chaud. Mme Glandu, M. Glandu, voici vos 15 millions. » Et il leur remit un chèque, un pauvre petit bout de papier très banal de la Banque de France, sur lequel était inscrit comme bénéficiaire : Mme ou M. Glandu, ainsi que la somme de 15.000.000, avec 6 zéros. Il y avait bien marqué « quinze millions », avec un s, car on [10 : __] connaissait bien la grammaire à la FDJ.

Les Glandu voulurent vite rentrer chez eux.

« On [11 : __] est pressés de rentrer ? On [12 : __] doit bien faire attention de ne pas perdre le chèque. »

Ils prirent congé de l'aimable responsable, et se rendirent vite à la gare de Lyon, prendre leur train. Mais M. Glandu avait pris soin de se rendre aux toilettes à la FDJ, et en avait profité pour cacher le chèque dans son slip, à l'abri des regards et des voleurs.

Le soir même, ils étaient à la maison.

« Maintenant qu'on [13 : __] est rentrés, Paul, on va pouvoir réfléchir à ce que l'on [14 : __] va faire, car on [15 : __] doit toujours réfléchir avant d'agir » dit Mme Glandu.

Solutions :

Les Glandu, qui ont gagné le gros lot à l'Euromillion, sont arrivés à la Française des Jeux (FdJ) de Paris pour toucher leur chèque de 15 millions.

On [01 : i] les fait entrer dans le bureau du responsable des grands gagnants.

« Alors, on [02 : v] a trouvé facilement ?

— Oui, ce n'est pas la première fois qu'on [03 : n] vient à Paris, ma femme et moi.

— Montrez-moi votre billet. C'est le règlement : on [04 : i] doit toujours contrôler si le billet est valable.

— Tenez, le voici. On [05 : n] l'avait bien mis de côté parce qu'on [06 : n] n'avait pas envie de le perdre.

— Et vous avez eu raison, car on [07 : i] a vite fait de perdre un billet de loto et alors, adieu les millions ! Attendez-moi ici : je reviens tout de suite. »

Et il sortit avec le billet. Les Glandu se regardèrent. Ils se sentaient légèrement angoissés, car on [08 : i] ne sait jamais, il peut toujours y avoir une erreur.

Mais le responsable revint rapidement. Un grand sourire illuminait son visage.

« Mes chers amis, dit-il, je vais pouvoir vous remettre le chèque tout de suite, car, comme le dit le proverbe, on [09 : i] doit battre le fer tant qu'il est chaud. Mme Glandu, M. Glandu, voici vos 15 millions. » Et il leur remit un chèque, un pauvre petit bout de papier très banal de la Banque de France, sur lequel était inscrit comme bénéficiaire : Mme ou M. Glandu, ainsi que

la somme de 15.000.000, avec 6 zéros. Il y avait bien marqué « quinze millions », avec un s, car on [10 : i] connaissait bien la grammaire à la FDJ.
Les Glandu voulurent vite rentrer chez eux.
« On [11 : v] est pressés de rentrer ? On [12 : v] doit bien faire attention de ne pas perdre le chèque. »
Ils prirent congé de l'aimable responsable, et se rendirent vite à la gare de Lyon, prendre leur train. Mais M. Glandu avait pris soin de se rendre aux toilettes à la FDJ, et en avait profité pour cacher le chèque dans son slip, à l'abri des regards et des voleurs.
Le soir même, ils étaient à la maison.
« Maintenant qu'on [13 : n] est rentrés, Paul, on va pouvoir réfléchir à ce que l'on [14 : n] va faire, car on [15 : i] doit toujours réfléchir avant d'agir » dit Mme Glandu.

Les emplois du pronom sujet

Bien sûr, le pronom personnel s'emploie avec un verbe. Si on l'emploie sans verbe, il faut prendre le pronom dans la catégorie des pronoms toniques.

> ✦ *« Qui a envie d'aller au cinéma ?*
> *— Moi ! »*

C'est logique, puisqu'on ne peut employer un pronom seul qu'en mettant un accent tonique. Or, *je*, *tu*, *il* et *ils* ne peuvent pas être accentués.

L'inversion du sujet

Nous avons déjà abordé le problème de l'inversion du sujet dans le chapitre 4 sur l'interrogative.
Bien sûr, lorsque l'on pose une question sur le sujet, avec *qui* ou *qu'est-ce qui*, on ne peut pas faire l'inversion du sujet, celui-ci étant un mot interrogatif, qu'il faut mettre en tête de la phrase.
Le sujet est un substantif, avec lequel on peut faire l'inversion.
Ce sera le cas lorsque la question porte sur le CV{—} (l'objet direct) non-animé:

> ✦ *Qu'a vu ton frère, en Afrique ?*

Mais lorsque la question porte sur un CV{—} (cod) animé, cela ne sera pas possible.. En effet, dans :

> ✦ *Qui a vu ton père ?*

Le sujet est qui, et ton père est CV{—} (cod) . Dans le cas inverse, on dira plutôt :

> ✦ *Qui ton père a-t-il vu ?*

Dans ce cas, le père ne peut être que sujet, et *qui* est CV{—} (cod).

Apprenez aux apprenants à distinguer si *qui* est sujet ou CV{—} (cod)..
> ✦ *Qui a photographié ta sœur ?* Qui = sujet. Sœur= CV{—} (cod)..
> ✦ *Qui ta sœur a-t-elle photographié ?* Qui = CV{—} (cod).. Sœur = sujet.
Ensuite, apprenez-leur à poser la bonne question.

Ce sera aussi le cas avec les pronoms interrogatifs *où* et *comment* :

> ✦ *Comment va ton père ?* = Comment ton père va-t-il ?
> ✦ *Où va ton père ?* = Où ton père va-t-il ?
> ✦ *Où va travailler ta mère ?* = Où ta mère va-t-elle travailler ?

Apprenez à poser la bonne question avec où et comment.
Posez une question sur la partie soulignée
> Ma voisine va au travail <u>à pied</u>. *Comment va-t-elle au travail ?*
> Mon voisin va <u>au marché</u> à vélo. *Où va-t-il à vélo ?*

Le sujet est un substantif, et on fait l'inversion avec un pronom personnel.
Il en est ainsi dans tous les autres cas où le sujet est un substantif.

> ✦ *Les allocations sont-elles suffisantes pour payer la crèche du bébé ?*
> ✦ *Pourquoi les allocations chômage sont-elles payées tous les quinze jours ?*
> ✦ *À qui le professeur a-t-il donné 2 heures de colle ?*

Apprenez à poser la bonne question en repérant le sujet.

À trouver le pronom qui correspond.

Et à faire l'inversion, même si le verbe est à un temps composé, ou s'il est pronominal.

Le sujet est un pronom personnel, et on fera l'inversion avec.

Si le sujet est un pronom personnel, il ne sera pas difficile de faire une inversion avec, sauf, bien sûr, si la question porte sur le sujet (cf. § 4.2.2.1)

+ *Il a mangé tout le gâteau ?* (Intonation montante à la fin)

+ *A-t-il mangé tout le gâteau ?* (Intonation montante à la fin)

+ *Qu'a-t-il mangé ?* (Intonation montante au début sur le mot interrogatif)

Exercice 21 :

Posez la même question avec l'inversion

Est-ce que c'est l'heure de partir ?
Qui est-ce qui te l'a donné ?
À quelle heure est-ce que le TGV démarre ?
Est-ce que je peux vous demander votre prénom ?
Qu'est-ce qui vous plairait pour votre anniversaire ?
Est-ce qu'elle peut vous aider ?
Est-ce qu'il imagine son avenir ?
Avec qui est-ce que vous en avez parlé ?
Où est-ce que votre frère travaille ?
Et vous, est-ce que vous êtes au courant ?

Solutions

Est-ce l'heure de partir ?
Qui te l'a donné ?
À quelle heure le TGV démarre-t-il ?
Puis-je vous demander votre prénom ?
Qu'est-ce qui vous plairait pour votre anniversaire ? (inversion impossible lorsqu'on interroge sur un sujet non-animé)
Peut-elle vous aider ?
Imagine-t-il son avenir ?
Avec qui en avez-vous parlé ?
Où travaille votre frère ? / Où votre frère travaille-t-il ?
Et vous, êtes-vous au courant ?

8.5.6.3   Le pronom CV{−}(= cod)

Le complément dans la valence sans préposition CV{−}(cod) a son propre pronom personnel.

8.5.6.3.1   Les divers pronoms CV{−} (= cod)

Le pronom personnel CSP (Complément sans préposition)			1ère pers.	2e pers.	3e personne		
					masc.		fém.
					+ cons.	+ voy/h muet	+ cons.
défini		sing.	me/m'	te/t'	le	l'	la
		plur.	nous	vous	les		
indé-fini	+ nég. ou + quantité				en		
	- nég.	dénombrable	sing.			en … un	en … une
			plur.			en	
		non dénombrable				en	

8.5.6.3.2   Les pronoms définis

→Notons d'abord que devant voyelle ou h muet, *me, te, le, la* deviennent respectivement *m', t', l'* et *l'*.

→Notons ensuite que les pronoms personnels se divisent en deux catégories : les **définis** et les **non définis**.

Les définis sont variés, puisqu'ils changent selon **le genre**, **le nombre et la personne**.

Les pronoms de la 3ᵉ personne du singulier font la différence entre le masculin (*le*) et le féminin (*la*). Au pluriel, il n'y en a qu'un, *les*, quel que soit le genre.

Rappelons-nous que, comme pour le pronom sujet, le pronom personnel défini transmet le genre, que cela se voie, comme pour *le* ou *la*, ou non.

Une femme pourra raconter à une amie :

✦ *Mon futur mari m'a découverte dans un bal, alors que nous nous étions déjà rencontrés plusieurs fois, sans qu'il réagisse en me voyant.*

Le verbe découvrir est conjugué avec avoir, et le CV{—}(cod) *m'* est placé avant. **Comme il est féminin, il faudra accorder le participe passé**.

8.5.6.3.3   Les indéfinis sont beaucoup moins variés.

Avec négation, c'est *en*.

✦ *Des cigarettes, je n'en ai pas.*

À la forme affirmative, les dénombrables seront accompagnés de *un* (ou *deux, trois etc.*)

✦ *Des livres, j'en ai cinquante.*

Si l'on se limite à *en*, c'est qu'on ne veut pas en donner le nombre : *Des livres, j'en ai.*

Les non dénombrables, eux, se résument à **en**, puisqu'on ne peut pas les compter, et que, donc, on ne peut pas en donner le nombre.

Attention, on ne peut pas faire l'accord comme ci-dessus avec *en* placé avant, qui ne transmet *ni le nombre, ni le genre* :

✦ *Des livres, j'en ai possédé plusieurs.*

Il n'est pas permis de mettre un *–s* à possédé.

En fait, il semblerait que la langue considère la partie placée (ici : *plusieurs*) après comme une partie du CV{—}(= cod), le *en* signifiant *de qc* :

✦ *J'en possède deux, de ces livres.*

En correspond à *de ces livres*, qui comporte un *de*, et n'est donc pas un CV{—}, mais un CV(de), un complément avec pour préposition : *de*.

Cette forme avec *en* est donc un curieux CV{—} (c.o.d .), puisqu'il fait référence à une préposition, et qu'il est de ce fait un CV{Prép=de}) (un c.o.i.)

8.5.6.3.4   Expliquons les définis

Pour mettre un peu d'ordre dans notre enseignement, nous allons d'abord réfléchir avec les apprenants sur les définis, qui posent le moins de problèmes, si l'on excepte l'élision du *e* ou du *a* devant voyelle ou *h* muet. Nous allons tout d'abord amener les apprenants à classer les pronoms dans un tableau. Comme le problème n'est pas bien grand, nous attendrons d'avoir étudié les indéfinis pour proposer un grand exercice où tous les pronoms seront présents.

 **Exercice n° 22 : Les pronoms définis**

> **Trouvez les pronoms personnels CV{—}dans le tableau ci-dessous. N'écrivez chaque pronom 1 seule fois.**
>
> **Les Glandu réfléchissent ensemble. Ils ont posé le chèque sur la table. Ils ne peuvent pas { } quitter des yeux.**
>
> **« Je { ____ } vois tous les deux en vacances dans les Caraïbes. Toi, Paul, je { ____ } vois avec ton paréo, et moi, je m'imagine avec mon bermuda. Et puis, nous pourrons…**
> **— Oui, s'il nous reste encore assez d'argent.**

— Qu'est-ce que tu veux dire ? Les 15 millions, nous les avons.

— Oui, je sais. Mais je me demande si on va les garder. Les impôts vont {_____} mettre dans la catégorie des riches. Tu connais l'ISF, l'impôt sur la fortune ? Les impôts {_____} considèrent vite comme des richards, et ils {_____} écrasent pour vous prendre tout votre argent.

—On pourrait prendre ce chèque, l'emporter dans un autre pays et déposer la somme dans une banque. Il suffit de se faire donner une carte, et tu {_____}utilises où tu veux, pour prendre de l'argent là où tu veux.

— Si tu veux t'acheter la belle maison à 3 millions, avec vue sur la mer, tu devras {_____} payer avec de l'argent liquide. Tu {_____} vois expliquer au vendeur où je {_____} ai gagnés, ces 3 millions en liquide ? Il va croire que je fais du trafic.

— Mais tu paieras avec un chèque ?

— Et où je {_____} prendrai, ce chèque ? Il portera le nom d'une banque à l'étranger, et on {_____} condamnera pour évasion fiscale. Non, il nous faudra trouver une meilleure solution.

Solutions

Trouvez les pronoms personnels CV{—}dans le tableau ci-dessous. N'écrivez chaque pronom 1 seule fois.

Les Glandu réfléchissent ensemble. Ils ont posé le chèque sur la table. Ils ne peuvent pas {le} quitter des yeux.

« Je {nous} vois tous les deux en vacances dans les Caraïbes. Toi, Paul, je {te} vois avec ton paréo, et moi, je m'imagine avec mon bermuda. Et puis, nous pourrons…

— Oui, s'il nous reste encore assez d'argent.

— Qu'est-ce que tu veux dire ? Les 15 millions, nous les avons.

— Oui, je sais. Mais je me demande si on va les garder. Les impôts vont {nous} mettre dans la catégorie des riches. Tu connais l'ISF, l'impôt sur la fortune ? Les impôts {vous} considèrent vite comme des richards, et ils {vous} écrasent pour vous prendre tout votre argent.

—On pourrait prendre ce chèque, l'emporter dans un autre pays et déposer la somme dans une banque. Il suffit de se faire donner une carte, et tu {l'}utilises où tu veux, pour prendre de l'argent là où tu veux.

— Si tu veux t'acheter la belle maison à 3 millions, avec vue sur la mer, tu devras {la} payer avec de l'argent liquide. Tu {me} vois expliquer au vendeur où je {les} ai gagnés, ces 3 millions en liquide ? Il va croire que je fais du trafic.

— Mais tu paieras avec un chèque ?

— Et où je {le} prendrai, ce chèque ? Il portera le nom d'une banque à l'étranger, et on {nous} condamnera pour évasion fiscale. Non, il nous faudra trouver une meilleure solution.

Les solutions et les explications se trouvent dans ce tableau :

Le pronom personnel c.o.d.		1ère pers.	2e pers.	3e personne		
				masc.		fém.
				+ cons.	+ voy/h muet	+ cons.
défini	sing.	me/m'	te/t'	le	l'	la
	plur.	nous	vous	les		

8.5.6.3.5 Expliquons les indéfinis

Exercice n° 23 : les indéfinis.

Après un exercice de réflexion sur le sujet nous passerons à un exercice sur les indéfinis, dans lequel il s'agira d'identifier le cas d'emploi du *en* et de replacer le pronom dans le tableau.

Lisez ce texte. Cherchez les pronoms personnels en CV{—} indéfinis.
Trouvez ensuite s'ils remplacent un dénombrable ou non dénombrable, s'il y a une quantité exprimée ou non, une négation. Pour les dénombrables au singulier, cherchez, le cas échéant, la quantité exprimée.
Écrivez à côté du pronom le numéro de la case du tableau qui correspond.

Les Glandu sont allés voir un conseiller financier pour avoir des conseils pertinents. Ils ont toujours le chèque.

« Est-ce que vous avez un compte ?

— Oui, nous en [01 : __] avons un.

— Et est-ce que vous avez des enfants ?

— Oui nous en [02 : __] avons deux.

— Et vous voulez leur en [03 : __] donner une partie, de vos 15 millions ?

— Ça, nous n'en [04 : __] savons encore rien.

— Et vous avez des dettes ?

— Oui, nous en [05 : __] avons. Mais pas beaucoup. Nous avons un crédit, pour payer notre pavillon.

— Et il vous reste du temps [06 : __] pour le rembourser…

— Ah, ça oui. Nous avons pris un crédit sur 30 ans.

— Bien. Et vous avez l'intention d'acheter une maison ?

— Oui, nous en [07 : __] avons vu une qui nous plairait bien.

— Et combien coûterait-elle ?

— 3 millions. Maintenant, nous avons l'argent.

— Avec 15 millions, vous en [08 : __] avez assez. Et vous envisagez d'autres grosses dépenses ?

— Nous voulons juste rembourser notre crédit, 120 000 €, et faire un petit voyage.»

Solutions :

Lisez ce texte. Cherchez les pronoms personnels en CV{—} indéfinis.
Trouvez ensuite s'ils remplacent un dénombrable ou non dénombrable, s'il y a une quantité exprimée ou non, une négation. Pour les dénombrables au singulier, cherchez, le cas échéant, la quantité exprimée.
Écrivez à côté du pronom le numéro de la case du tableau qui correspond.

Les Glandu sont allés voir un conseiller financier pour avoir des conseils pertinents. Ils ont toujours le chèque.

« Est-ce que vous avez un compte ?

— Oui, nous en [01 : A] avons un.

— Et est-ce que vous avez des enfants ?

— Oui nous en [02 : B] avons deux.

— Et vous voulez leur en [03 : A donner une partie, de vos 15 millions ?

— Ça, nous n'en [04 : A] savons encore rien.

— Et vous avez des dettes ?

— Oui, nous en [05 : D] avons. Mais pas beaucoup. Nous avons un crédit, pour payer notre pavillon.

— Et il vous reste du temps [06 : E] pour le rembourser…

— Ah, ça oui. Nous avons pris un crédit sur 30 ans.

— Bien. Et vous avez l'intention d'acheter une maison ?

— Oui, nous en [07 : C] avons vu une qui nous plairait bien.

— Et combien coûterait-elle ?

— 3 millions. Maintenant, nous avons l'argent.

— Avec 15 millions, vous en [08 : E] avez assez. Et vous envisagez d'autres grosses dépenses ?

— Nous voulons juste rembourser notre crédit, 120 000 €, et faire un petit voyage.»

Le pronom personnel c.o.d.				3e personne		
				masc.		fém.
				+ cons.	+ voy/h muet	+ cons.
indé-fini	+ nég. ou + quantité			en (A)		
	- nég.	dénombrable	sing.	en … un (B)		en … une (C)
			plur.	en (D)		
		non dénombrable		en (E)		

 **Exercice n°24 :**

Solution : Trouvez le pronom personnel CV{—} (cod) qui manque.
Chez le conseiller fiscal de la Banque Française pour le Commerce « Nous voudrions avoir des conseils. Les 15 millions, nous voulons [01   ] garder. Nous savons qu'il faudra payer des impôts, mais nous ne voudrions pas [02 :   ] payer trop. — La première année, vous n'aurez pas à [03   ] payer. Mais ensuite, il faudra payer l'ISF. — Oui, cela, nous [04 :   ] savons. Mais quand nous aurons acheté la maison, et fait quelques cadeaux, nous pourrons placer la somme restante. — Bien sûr. Vous pourrez [05 :   ] placer en souscrivant à une assurance-vie. Vous pouvez [06 :   ] croire : c'est la meilleure solution.. — Nous vous croyons. Et combien cela peut-t-il nous rapporter ? — Je ne pense pas [07 :   ] tromper en disant que vous pouvez espérer 4%. Cela fait 400 000 euros par an. — Cette solution [08 :   ] intéresse, n'est-ce pas chérie? — Si cela [09 :   ] intéresse, toi, alors, cela [10 :   ] intéresse aussi. Mais je me [11 :   ] rappelle, maintenant : Il y aura les impôts. — Je ne [12 :   ] ai pas oubliés. Vous [13 :   ] aurez pour 120 000 € . Il vous restera 280 000 € par an. Vous [14 :   ] aurez toujours assez. — Quand- même, il n'en reste pas beaucoup. On pourrait peut-être fonder une société-écran, et nous pourrions [15 :   ] utiliser pour économiser un peu d'argent. Vous pourriez nous [16 :   ] proposer une, aux îles Caïman, par exemple. — Vous n' [17 :   ] économiserez pas tant que cela car nous ne pourrons pas vous [18 :   ] proposer. Si vous aviez 50 millions, je ne dis pas. Mais avec 10 millions, ce ne sera pas possible. — Alors, plus on [19 :   ] a, et moins on [20 :   ] en paye ? — Vous [21 :   ] avez bien dit. Maintenant, réfléchissez, et revenez [22 :   ] voir... Voyons... Nous pouvons [23 :   ] revoir mardi vers quinze heures. Nous reparlerons de vos 10 millions, et je [24 :   ] informerai sur les possibilités d'[25 :   ] conserver une grosse partie. »

Solution :

Solution : Trouvez le pronom personnel CV{—} (cod) qui manque.
Chez le conseiller fiscal de la Banque Française pour le Commerce « Nous voudrions avoir des conseils. Les 15 millions, nous voulons [01 : les] garder. Nous savons qu'il faudra payer des impôts, mais nous ne voudrions pas [02 : en] payer trop. — La première année, vous n'aurez pas à [03 : en] payer. Mais ensuite, il faudra payer l'ISF. — Oui, cela, nous [04 : le] savons. Mais quand nous aurons acheté la maison, et fait quelques cadeaux, nous pourrons placer la somme restante. — Bien sûr. Vous pourrez [05 : la] placer en souscrivant à une assurance-vie. Vous pouvez [06 : me] croire : c'est la meilleure solution.. — Nous vous croyons. Et combien cela peut-t-il nous rapporter ? — Je ne pense pas [07 : me] tromper en disant que vous pouvez espérer 4%. Cela fait 400 000 euros par an. — Cette solution [08 : nous] intéresse, n'est-ce pas chérie? — Si cela [09 : t'] intéresse, toi, alors, cela [10 : m'] intéresse aussi. Mais je me [11 : le] rappelle, maintenant. il y aura les impôts. — Je ne [12 : les] ai pas oubliés. Vous [13 : en] aurez pour 120 000 € . Il vous restera 280 000 € par an. Vous [14 : en] aurez toujours assez. — Quand- même, il n'en reste pas beaucoup. On pourrait peut-être fonder une société-écran, et nous pourrions [15 : l'] utiliser pour économiser un peu d'argent. Vous pourriez nous [16 : en] proposer une, aux îles Caïman, par exemple. — Vous n' [17 : en] économiserez pas tant que cela car nous ne pourrons pas vous [18 : en] proposer. Si vous aviez 50 millions, je ne dis pas. Mais avec 10 millions, ce ne sera pas possible.

— Alors, plus on [19 : en] a, et moins on [20 : en] en paye ?
— Vous [21 : l'] avez bien dit. Maintenant, réfléchissez, et revenez [22 : me] voir... Voyons...
Nous pouvons [23 : nous] revoir mardi vers quinze heures. Nous reparlerons de vos 10 mil-
lions, et je [24 : vous] informerai sur les possibilités d'[25 : en] conserver une grosse partie. »
Il y a quelques remarques à faire.

D'abord sur l'utilisation de *en*
N° 02 : payer trop d'impôts (payer qc / CV{−}➜ en payer trop
N° 03 : vous n'aurez pas à payer d'impôts (payer qc / CV{−}➜ vous n'aurez pas à en payer
N° 13. vous aurez assez d'euros (CV{−}après quantité = assez) Vous en aurez assez
N° 14 : il reste assez d'argent (CV{−}après quantité=assez) ➜ Il en reste assez.
N° 16 : proposer qc (CV{−}une société-écran) ➜ en proposer une.
N° 17 : économiser qc (indéfini, quantité= tant) ➜vous n'en économiserez pas tant.
N° 18 : proposer qc (en = indéfini avec négation) à qn (vous) nous ne pourrons pas vous en
proposer (de société-écran)
N° 19 : avoir qc = de l'argent (CV{−}indéfini) = moins on en a (d'argent)
N° 20 : payer qc := payer des impôts (CV{−} indéfini) = en payer ➜ plus on en paye (d'impôts).
N° 25 : conserver qc (en = indéfini avec négation) en conserver ➜ en conserver une grosse
partie.
 Ensuite
N° 04 : le = il faudra payer l'ISF. ➜   Nous le savons
N° 06 : me = croire qn (CV{−}) ➜ me croire
N° 07 : me est en réalité un pronom réfléchi, à la 1° personne du singulier (se tromper : ➜ je
me trompe). Mais sa fonction est bien d'être CV{−} du verbe : tromper qn
N° 08 / 09 / 10 : intéresser qn (CV{−})
N° 11 : se rappeler qc (de : rappeler qc à qn) : qc est CV{−}: ➜ je me le rappelle
N° 12 : oublier qc/qn : CV{−} du verbe oublier : je ne les ai pas oubliés (avec accord du parti-
cipe conjugué avec avoir).
N° 13 : vous aurez 120 000 euros d'impôts à payer ➜ CV{−} vous en aurez pour 120 000€
N° 15 : utiliser qc (=CV{−}) pour faire qc ➜ utiliser la société
N° 21 : dire qc . Défini, phase = le. Devant voyelle : l' ➜ vous l'avez dit
N° 22 : voir qn . Défini, 1° personne du singulier : me ➜ venez me voir
N° 23 : se revoir : verbe réfléchi se est CV{−}: à la 1° personne du pluriel ➜ nous pouvons
nous revoir.
N° 24 : informer qn CV{−} 2° personne du pluriel : vous ➜ je vous informerai.

8.5.6.4   Le pronom CV(x) (complément avec préposition x)

Nous en arrivons maintenant aux pronoms personnels compléments avec préposition, que nous devrons diviser en deux catégories :

> Les pronoms CVi{prép=à qc/qn/inf} dans la valence *qc à qn/qc*, que nous noterons : *CV+(à)*

> Les pronoms CV(x) dans les autres valences ou compléments circonstanciels.

La différence est assez grande puisque :

En ce qui concerne les animés, les pronoms CV+(à) dans la valence qc/qn à qn sont remplacés par le
pronom personnel qui vient se placer avant le verbe.
✦ *J'ai écrit une lettre à ma tante.* ➜ écrire qc à qn ➜ *Je lui ai écrit une lettre.* CV+(à)
CVi{prép=à qc/qn/inf}

Tableau des pronoms dans valence CVi{Prép=x}, avec x = à, de, etc.

Préposition		Avant/après le verbe		1e pers	2e pers	3e pers.	
						masc	fém.
dans : qc à qn/qc (Prép = à) CV+(à)	animé et non-animé	avant verbe, sans la préposition à	singulier	me	te	lui	
			pluriel	nous	vous	leur	
+ obéir à qn : animé							
autres valences ou compléments circonstanciels ou d'agent	animés	après verbe Prép. + …	singulier	moi	toi	lui	elle
			pluriel	nous	vous	eux	elles
	non-animés	Prép = à	avant verbe			y	
		Prép = de				en	
		autre prép.	après vbe			Prép + adverbe correspondant	

Pour s'y retrouver :

➜ Vous avez en haut les CVi{prép=à qc/qn/inf} dans la valence qc à qn/qc (anciennement compléments d'attribution). Le pronom se place devant le verbe, sans la préposition, et on peut ne pas faire de différence entre animés et non-animés.

    ✦ *Je lui ai obéi : je lui ai donné ma voiture.*

    ✦ *La table était bancale. Je lui ai rallongé le pied le plus court.*

Si ce dernier exemple vous gêne, vous pouvez dire aussi : *J'en ai rallongé le pied* (en= de la table) et traiter ainsi cette sorte de verbes comme les autres.

Remarque : le verbe ***obéir à qn/qc*** fonctionne comme ces verbes quand le pronom est animé.

➜ Vous avez en bas tous les autres verbes qui comportent une ou plusieurs valences. Dans ces cas :
- Vous devrez employer la préposition suivie du complément et placer le groupe après le verbe : ✦ *J'ai parlé d'elle à mes amis.* (parler de qc à qn)
- Vous devrez également faire la différence entre animés et non-animés.

Notez que pour le non-animé, lorsqu'une préposition autre que *à* (*qui* donne *y*) et *de* (*qui* donne *en*) est utilisée, le pronom est remplacé par un adverbe correspondant à la préposition.

    ✦ *J'ai posé un napperon et un vase dessus.* (sur le napperon).

Si vous ne trouvez pas d'adverbe, il vous reste la solution d'employer la préposition suivie d'un pronom démonstratif.

    ✦ *J'ai posé deux vases et j'ai mis un livre entre ceux-là.*

Comme il y a un adjectif numéral, on aurait pu employer aussi un pronom numéral : *entre les deux.*

Pour résumer, dans ce cas, il faut se montrer inventif.

Vous voyez que pour faire un exercice sur ce genre de pronoms, il va falloir faire fonctionner son cerveau. Nous allons donc proposer deux exercices :
- Un exercice de découverte pour explorer le cas et proposer des pistes de réflexion.
- Un exercice où il faudra trouver le bon pronom en se servant du résultat des réflexions.

 **Recherches grammaticales :**

Nous allons d'abord proposer 3 phrases :

- ✦ *Vous nous avez lavés.* (Phrase A)

- ✦ *Vous nous avez lavé les pieds.* (Phrase B)

- ✦ *Les mains, vous nous les avez lavées hier.* (Phrase C)

Vous voyez tout de suite que ces exemples se ressemblent beaucoup, avec une partie commune : *vous nous avez lavé...,* et une différence minime, l'accord du participe qui, lui, est chaque fois différent.

Ces exemples poursuivent un double but : trouver les raisons de l'accord, et mettre au point une méthode pour identifier la fonction de nous, et des autres pronoms. Vous trouverez l'exercice dans la partie recherches grammaticales de ce chapitre.

Les pronoms de la 1e et de la 2e personne sont identiques, et s'emploient avant le verbe, qu'ils soient **CV{—}**(= cod) ou **CV+(à)** dans la valence *qc/qn à qn*.

Nous allons nous employer à montrer comment détecter les uns et les autres, et nous terminerons par un exercice nous permettant d'appliquer notre propre règle.

➔ Identifions la fonction de ***nous***

Voici deux phrases.
    ✦ *Vous nous avez lavés.* **(A)**
    ✦ *Vous nous avez lavé les pieds*. **(B)**
Réfléchissez ensemble sur ces deux exemples. Pourquoi y a-t-il un *s* **à** *lavé* **dans la phrase A, et pas dans la phrase (B) ?**

Que peut-on en déduire sur la fonction de *nous* **dans la phase A :** ➔ *nous* **est CV{—} du verbe** *avez lavé.*
Et dans la phrase (B), ➔ *nous* **est CV+(à) du verbe** *avez lavé .* **Rappelons que CV+(à) se trouve en second du groupe : qc à qn.**

Regardez maintenant la phrase : ✦ *Les mains, vous nous les avez lavées hier.* **(C)**
Expliquez l'accord du participe : *lavées.* ➔ **Le CV{—} (cod) placé avant est** *les***, mis pour** *mains.*
    Quelle est la fonction de *nous* **dans la phrase (C) ?** ➔*nous* **est CV+(à) du verbe** *laver.*
    Quelle est la fonction de *les* **dans la phrase (C) ?** ➔ *les* **est CV{—} (=cod) du verbe** *laver.*

➔À la recherche d'une méthode

Trouvez la valence du verbe *laver* **dans les phrases A, B et C**

A : *laver* ➔ laver qn   l'accord se fait avec qn=nous placé avant. Conclusion : laver qn (=nous)
B : *laver* ➔ laver qc à qn   l'accord se fait avec   qc= *les pieds* placé avant.
    Conclusion : laver qc (les pieds) à qn (nous)
C : *laver* ➔   laver qc à qn l'accord se fait avec   qc= *les mains* placé avant.
    Conclusion : laver qc (les mains) à qn (nous)

Énoncez votre règle : comment reconnaître la fonction de *nous*
On prend la valence du verbe et on identifie les différents éléments. **ex :**   ✦ *Tu nous as donné un livre.* **Donner qc à qn (qc = CSP= un livre / = CV+(à) = nous)** *Tu nous l'as lu. Lire qc à qn*   **lire qc à qn (qc= CSP = le livre / à qn= CV+(à) = nous)** *Tu nous as ravis. Ravir qn*   **ravir qn (qn=CV{—} = nous)**
➔**Avec leur/les au lieu de nous :** ✦ *Tu leur as donné un livre.*   **Donner qc à qn (qc = CV{—}= un livre / = CV+(à) = leur)** ✦ *Tu le leur as lu.*   **lire qc à qn (qc= CV{—} = le livre / à qn= CV+(à) = leur)** ✦ *Tu les as ravis.*   **ravir qn (qn=CV{—} = les)**

126

 **Exercice n° 25**

> **Trouvez si** *nous* **est CV{—} (complément sans préposition) ou CVi{prép=à qc/qn/inf} ou CV+(à). Soulignez ou surlignez la bonne solution. Rappelons que CV+(à) est un complément dans la valence introduit par à, dans la valence qc /qn à qn.**

> **Sur le chemin du retour, les Glandu discutent :**
> « Si on ne fait pas attention, ils vont nous [01. ____________] dépouiller. Ils vont nous [02 ____________] prendre tout notre argent.
> — Tu ne crois pas qu'ils vont pouvoir nous [03 ____________] empêcher de profiter de notre gain. Ils ont voulu nous [04 ____________] faire peur pour qu'on les écoute, mais ils vont nous [05 ____________ }] obéir. Ils veulent nous [06 ____________] faire croire que si on se débrouille seuls, il ne nous [07 ____________] restera plus rien. Nous irons voir des spécialistes qui vont bien nous [08 ____________] renseigner, et nous ferons ce qui nous [09 ____________] plaira. »

1 : dépouiller qn de qc, 2 : prendre qc à qn, 3 : empêcher qn de vb , 4 : faire peur à qn, 5 : obéir à qn, 6 : faire croire qc à qn, 7 : rester à qn , 8 : renseigner qn

> **Trouvez si** *nous* **est CV{—} (complément sans préposition) ou CVi{prép=à qc/qn/inf} ou CV+(à). Soulignez ou surlignez la bonne solution. Rappelons que CV+(à) est un complément dans la valence introduit par à, dans la valence qc /qn à qn.**

> **Sur le chemin du retour, les Glandu discutent :**
> « Si on ne fait pas attention, ils vont nous [01 CV{—} / CV(à)] dépouiller. Ils vont nous [02 CV{—} / CV+(à)] prendre tout notre argent.
> — Tu ne crois pas qu'ils vont pouvoir nous [03 CV{—} / CV+(à)] empêcher de profiter de notre gain. Ils ont voulu nous [04 CV{—} / CV+à(-)] faire peur pour qu'on les écoute, mais ils vont nous [05 CSP / CVi{prép=à qc/qn/inf}] obéir. Ils veulent nous [06 CV{—} / CV+(à)] faire croire que si on se débrouille seuls, il ne nous [07 CV{—} / CV(à)] restera plus rien. Nous irons voir des spécialistes qui vont bien nous [08 CV{—} / CV+(à)] renseigner, et nous ferons ce qui nous [09 CV{—} / CV(à)] plaira. »

1 : dépouiller qn de qc, 2 : prendre qc à qn, 3 : empêcher qn de vb , 4 : faire peur à qn, 5 : obéir à qn, 6 : faire croire qc à qn, 7 : rester à qn , 8 : renseigner qn

Exercice n° 26 : Exercice sur les pronoms

> **Trouvez les pronoms personnels ou formes de remplacement qui manquent.**

> Les Glandu sont rentrés chez [01 :   ], et se retrouvent assis devant une coupe de champagne. Le banquier [02 :   ] a bien expliqué la situation. S'ils placent 10 millions, ils ne [03 :   ] rapporteront que 400 000 euros, et ils ne pourront même pas [04 : en] profiter. Le fisc ne [05 :   ] fera aucun cadeau, et les intérêts seront dévorés par [06 :   ] jusqu'au dernier sou. Et encore, ils n'ont pas vraiment tout compris. En particulier, comme ils ont une maison de 3 millions, l'ISF s'appliquera aussi [07 :   ]. Le banquier ne [08 :   ] a pas non plus parlé des prélèvements sociaux : CSG (8%) et d'autres taxes qui s'[09 :   ] ajouteront, ce qui [10 :   ] coûtera 15,5%. Cela [11 :   ] fera débourser encore 41 000 €. Et il faudra encore [12 :   ] ajouter l'impôt sur le revenu, qui viendra [13 :   ] enlever dans les 160 000 €.
> Disons qu'en ajoutant tout [14 :   ], et en enlevant quelques avantages fiscaux, on arrivera facilement à 300 000€.
> Mais Mme Glandu, qui ne s'est pas laissé impressionner par ce que [15 :   ] avait raconté le conseiller, est allée chercher les informations :
> « J'ai lu sur Internet qu'une fois que nous aurions payé tous les impôts et toutes les taxes, il [16 :   ] resterait à peine 100 000 euros. Cela [17 :   ] rapporte 8333,33 € par mois.
> — C'est bien, évidemment, mais même si nous faisons partie des millionnaires, nous serons bien loin de vivre comme [18 :   ]. Et combien est-ce que cela [19 :   ] coûterait, en Autriche ?
> — 25 % d'impôts. Il [20 :   ] resterait donc 300 000, ce qui [21 :   ] ferait 25 000 € par mois.
> — Alors, allons mettre notre chèque dans une banque à Vienne. Je vais [21 :   ] acheter un billet pour [22 :   ] aller ce weekend, et retenir une chambre pour [23 : nous] .

— Le weekend, les banques seront fermées. Il vaudrait mieux [24 :   ] aller au début de la semaine prochaine. Avant [25 :   ], nous pouvons encore aller voir M. Cabasson, qui est expert-comptable. Il pourra nous conseiller.
— Tu veux [26 :   ] dire qu'on a gagné 15 millions ? Tu connais sa femme. Avec [27 :   ], tout le quartier sera au courant dans les 24 heures.
— On [28 :   ] dira que c'est une bonne amie à [29 :   ], ta copine Rachida, qui a gagné. »

Trouvez les pronoms personnels ou formes de remplacement qui manquent.

Les Glandu sont rentrés chez [01 :   ], et se retrouvent assis devant une coupe de champagne. Le banquier [02 :   ] a bien expliqué la situation. S'ils placent 10 millions, ils ne [03 :   ] rapporteront que 400 000 euros, et ils ne pourront même pas [04 :   ] profiter. Le fisc ne [05 :   ] fera aucun cadeau, et les intérêts seront dévorés par [06 :   ] jusqu'au dernier sou. Et encore, ils n'ont pas vraiment tout compris. En particulier, comme ils ont une maison de 3 millions, l'ISF s'appliquera aussi [07 :   ]. Le banquier ne [08 :   ] a pas non plus parlé des prélèvements sociaux : CSG (8%) et d'autres taxes qui s'[09 : y] ajouteront, ce qui [10 :   ] coûtera 15,5%. Cela [11 :   ] fera débourser encore 41 000 €. Et il faudra encore [12 :   ] ajouter l'impôt sur le revenu, qui viendra [13 :   ] enlever dans les 160 000 €.

Disons qu'en ajoutant tout [14 :   ], et en enlevant quelques avantages fiscaux, on arrivera facilement à 300 000€.

Mais Mme Glandu, qui ne s'est pas laissé impressionner par ce que [15 :   ] avait raconté le conseiller, est allée chercher les informations :

« J'ai lu sur Internet qu'une fois que nous aurions payé tous les impôts et toutes les taxes, il [16 :   ] resterait à peine 100 000 euros. Cela [17 :   ] rapporte 8333,33 € par mois.
— C'est bien, évidemment, mais même si nous faisons partie des millionnaires, nous serons bien loin de vivre comme [18 :   ]. Et combien est-ce que cela [19 :   ] coûterait, en Autriche ?
— 25 % d'impôts. Il [20 :   s] resterait donc 300 000, ce qui [21 :   ] ferait 25 000 € par mois.
— Alors, allons mettre notre chèque dans une banque à Vienne. Je vais [21 :   ] acheter un billet pour [22 :   ] y aller ce weekend, et retenir une chambre pour [23 :   ].
— Le weekend, les banques seront fermées. Il vaudrait mieux [24 :   ] aller au début de la semaine prochaine. Avant [25 :   ], nous pouvons encore aller voir M. Cabasson, qui est expert-comptable. Il pourra nous conseiller.
— Tu veux [26 :   ] dire qu'on a gagné 15 millions ? Tu connais sa femme. Avec [27 :   ], tout le quartier sera au courant dans les 24 heures.
— On [28 :   ] dira que c'est une bonne amie à [29 :   ], ta copine Rachida, qui a gagné. »

Solutions

Trouvez les pronoms personnels ou formes de remplacement qui manquent.

Les Glandu sont rentrés chez [01 : eux], et se retrouvent assis devant une coupe de champagne. Le banquier [02 : leur] a bien expliqué la situation. S'ils placent 10 millions, ils ne [03 : leur] rapporteront que 400 000 euros, et ils ne pourront même pas [04 : en] profiter. Le fisc ne [05 : leur] fera aucun cadeau, et les intérêts seront dévorés par [06 : lui] jusqu'au dernier sou.

Et encore, ils n'ont pas vraiment tout compris. En particulier, comme ils ont une maison de 3 millions, l'ISF s'appliquera aussi [07 : dessus]. Le banquier ne [08 : leur] a pas non plus parlé des prélèvements sociaux : CSG (8%) et d'autres taxes qui s'[09 : y] ajouteront, ce qui [10 : leur] coûtera 15,5%. Cela [11 : leur] fera débourser encore 41 000 €. Et il faudra encore [12 : y] ajouter l'impôt sur le revenu, qui viendra [13 : leur] enlever dans les 160 000 €.

Disons qu'en ajoutant tout [14 : cela], et en enlevant quelques avantages fiscaux, on arrivera facilement à 300 000€.

Mais Mme Glandu, qui ne s'est pas laissé impressionner par ce que [15 : leur] avait raconté le conseiller, est allée chercher les informations :

« J'ai lu sur Internet qu'une fois que nous aurions payé tous les impôts et toutes les taxes, il [16 : nous] resterait à peine 100 000 euros. Cela [17 : nous] rapporte 8333,33 € par mois.

— C'est bien, évidemment, mais même si nous faisons partie des millionnaires, nous serons bien loin de vivre comme [18 : eux]. Et combien est-ce que cela [19 : nous] coûterait, en Autriche ?

— 25 % d'impôts. Il [20 : nous] resterait donc 300 000, ce qui [21 : nous] ferait 25 000 € par mois.

— Alors, allons mettre notre chèque dans une banque à Vienne. Je vais [21 : nous] acheter un billet pour [22 : y] y aller ce weekend, et retenir une chambre pour [23 : nous] .

— Le weekend, les banques seront fermées. Il vaudrait mieux [24 : y] aller au début de la semaine prochaine. Avant [25 : cela], nous pouvons encore aller voir M. Cabasson, qui est expert-comptable. Il pourra nous conseiller.

— Tu veux [26 : lui] dire qu'on a gagné 15 millions ? Tu connais sa femme. Avec [27 : elle], tout le quartier sera au courant dans les 24 heures.

— On [28 : lui] dira que c'est une bonne amie à [29 : toi], ta copine Rachida, qui a gagné. »

Trouvez les pronoms personnels ou formes de remplacement qui manquent.

Les Glandu sont rentrés chez [01 : eux], et se retrouvent assis devant une coupe de champagne. Le banquier [02 : leur] a bien expliqué la situation. S'ils placent 10 millions, ils ne [03 : leur] rapporteront que 400 000 euros, et ils ne pourront même pas [04 : en] profiter. Le fisc ne [05 : leur] fera aucun cadeau, et les intérêts seront dévorés par [06 : lui] jusqu'au dernier sou.

Et encore, ils n'ont pas vraiment tout compris. En particulier, comme ils ont une maison de 3 millions, l'ISF s'appliquera aussi [07 : dessus]. Le banquier ne [08 : leur] a pas non plus parlé des prélèvements sociaux : CSG (8%) et d'autres taxes qui s'[09 : y] ajouteront, ce qui [10 : leur] coûtera 15,5%. Cela [11 : leur] fera débourser encore 41 000 €. Et il faudra encore [12 : y] ajouter l'impôt sur le revenu, qui viendra [13 : leur] enlever dans les 160 000 €.

Disons qu'en ajoutant tout [14 : cela], et en enlevant quelques avantages fiscaux, on arrivera facilement à 300 000€.

Mais Mme Glandu, qui ne s'est pas laissé impressionner par ce que [15 : leur] avait raconté le conseiller, est allée chercher les informations :

« J'ai lu sur Internet qu'une fois que nous aurions payé tous les impôts et toutes les taxes, il [16 : nous] resterait à peine 100 000 euros. Cela [17 : nous] rapporte 8333,33 € par mois.

— C'est bien, évidemment, mais même si nous faisons partie des millionnaires, nous serons bien loin de vivre comme [18 : eux]. Et combien est-ce que cela [19 : nous] coûterait, en Autriche ?

— 25 % d'impôts. Il [20 : nous] resterait donc 300 000, ce qui [21 : nous] ferait 25 000 € par mois.

— Alors, allons mettre notre chèque dans une banque à Vienne. Je vais [21 : nous] acheter un billet pour [22 : y] y aller ce weekend, et retenir une chambre pour [23 : nous] .

— Le weekend, les banques seront fermées. Il vaudrait mieux [24 : y] aller au début de la semaine prochaine. Avant [25 : cela], nous pouvons encore aller voir M. Cabasson, qui est expert-comptable. Il pourra nous conseiller.

— Tu veux [26 : lui] dire qu'on a gagné 15 millions ? Tu connais sa femme. Avec [27 : elle], tout le quartier sera au courant dans les 24 heures.

— On [28 : lui] dira que c'est une bonne amie à [29 : toi], ta copine Rachida, qui a gagné. »

8.5.6.5   Le pronom tonique

Ce pronom s'emploie lorsque l'on fait porter l'accent tonique dessus :

Soit au début de la phrase, dans un mot phonique créé pour :

Qui veut un billet de 100 € ?

✦ *Moi !*

✦ *Moi, j'en veux bien un.*

Ou encore lorsque le pronom tombe sur une syllabe accentuée :

Tu ne sais pas quoi faire de ce chapeau ?

◆ *Tu peux me le donner.* (*Me* est dans une syllabe atone).

◆ *Donne-le-moi !* (*Me* tombe sur la dernière syllabe –tonique-du mot phonique ➔ *moi*).

	Préposition	av/ap verbe		1ᵉ pers.	2ᵉ pers.	3ᵉ pers.	
						masc.	fém.
animé	seul, avec préposition, ou après verbe		singulier	moi	toi	lui	elle
			pluriel	nous	vous	eux	elles
Non-animé	à	avant				y	
	de	avant				en	
	autre prép.	après				Prép + adv.	

Étant donné la grande ressemblance entre les CV(x) (x=préposition) et le pronom tonique qui, parfois, en fait partie, nous passerons tout de suite à un exercice.

Exercice n° 27 : les pronoms toniques

> **Trouvez les pronoms toniques qui manquent.**
>
> **Chez M. Cabasson**
>
> « [01 :   ], je pense que votre copine Rachida ferait mieux de rester en France. Si, [02 :   ], elle préfère avoir plus d'argent, il faudra qu'elle aille vivre dans son paradis fiscal.
>
> — Pourquoi donc. [03   ], on pensait qu'elle pouvait déposer son chèque dans une banque autrichienne, mais d'après [04 :   ], pourquoi aurait-elle intérêt à s'expatrier ?
>
> — Tout simplement parce que les fonctionnaires du fisc, [05 :   ], ils vont se demander où elle a pris l'argent pour acheter sa belle maison, et donc, ce sont [06 :   ] qui vont faire des recherches pour le savoir.
>
> — Mais pourquoi est-ce qu'elle dépendrait du fisc français, alors que son argent, [07 :   ], se trouverait dans une banque autrichienne ?
>
> — Parce que pour ne plus dépendre du fisc français, il faudrait qu' [08 :   ] elle ne soit plus résidente en France. [09 :   ], par exemple, vous êtes résidents français parce que vous vivez en France , que vous y travaillez, et que vos revenus, [10 :   ], viennent en majorité de la France.
>
> Pour être non-résident, il faudrait que [11 :   ] vous habitiez à l'étranger la plus grande partie du temps, que [12 :   ], Paul, tu abandonnes ton travail en France et que ta femme, [13 :   ], ferme son magasin ici.
>
> — Attention, nous, on n'a pas gagné cet argent, ce sont nos amies Rachida et Juliette, [14 :   ], qui ont gagné cette somme.
>
> — Bien sûr. En tout cas, peu importe. Le problème, [15 :   ], reste le même : pour être résident en Autriche, il faut avoir sa résidence, ses sources de revenu et la plus grande partie de sa fortune en Autriche. Adieu le soleil et le beau temps qui, [16 :   ], resteront chez nous , dans le midi.

Solution :

> **Trouvez les pronoms toniques qui manquent.**
>
> **Chez M. Cabasson**
>
> « [01 : Moi], je pense que votre copine Rachida ferait mieux de rester en France. Si, [02 : elle], elle préfère avoir plus d'argent, il faudra qu'elle aille vivre dans son paradis fiscal.
>
> — Pourquoi donc. [03 : Nous], on pensait qu'elle pouvait déposer son chèque dans une banque autrichienne, mais d'après [04 : vous], pourquoi aurait-elle intérêt à s'expatrier ?
>
> — Tout simplement parce que les fonctionnaires du fisc, [05 : eux], ils vont se demander où elle a pris l'argent pour acheter sa belle maison, et donc, ce sont [06 : eux] qui vont faire des recherches pour le savoir.
>
> — Mais pourquoi est-ce qu'elle dépendrait du fisc français, alors que son argent, [07 : lui], se trouverait dans une banque autrichienne ?
>
> — Parce que pour ne plus dépendre du fisc français, il faudrait qu' [08 :] elle, elle ne soit plus résidente en France. [09 : Vous], par exemple, vous êtes résidents français parce que vous vivez en France , que vous y travaillez, et que vos revenus, [10 : eux], viennent en majorité de la France.

Pour être non-résident, il faudrait que [11 : vous] vous habitiez à l'étranger la plus grande partie du temps, que [12 : toi], Paul, tu abandonnes ton travail en France et que ta femme, [13 : elle], ferme son magasin ici.
— Attention, nous, on n'a pas gagné cet argent, ce sont nos amies Rachida et Juliette, [14 : elles] , qui ont gagné cette somme.
— Bien sûr. En tout cas, peu importe. Le problème, [15 : lui], reste le même : pour être résident en Autriche, il faut avoir sa résidence, ses sources de revenu et la plus grande partie de sa fortune en Autriche. Adieu le soleil et le beau temps qui, [16 : eux], resteront chez nous , dans le midi.

8.5.6.6 Le pronom réfléchi

Le pronom réfléchi ne l'est pas par sa fonction ou par la présence d'une préposition, mais il est dû à un fait un peu particulier : ***lorsque le sujet fait l'action sur lui-même***, on est obligé d'employer un ***verbe pronominal***, lequel se conjugue avec un pronom réfléchi.
Ex :

✦ ***Elle lave son bébé.***

Mais :

✦ ***Elle se lave***, ou

✦ ***Elle se lave les mains***.

Voici le tableau des pronoms réfléchis :

	personne	avant verbe	après verbe impératif	
			en position tonique	autre position
Singulier	1ᵉ	me / m'		
	2ᵉ	te / t'	-toi	t'y, t'en, te
	3ᵉ	se / s'		
Pluriel	1ᵉ	nous	-nous	nous
	2ᵉ	vous	-vous	vous
	3ᵉ	se / s'		

Nous allons faire un exercice où il faut trouver le bon pronom.

Exercice n° 28 : le pronom réfléchi

Trouvez le pronom réfléchi qui manque.

Mme Glandu s'adresse à son mari
« Je [01 :   ] demande si c'est une bonne idée, d'aller [02 :   ] installer en Autriche. Imagine-[03 :   ] qu'on ait froid, qu'on [04 :   ] soit donné de la peine à apprendre l'allemand sans y arriver, et que nous [05 :   ] décidions tout à coup à rentrer en France. Tu [06 :   ] y vois heureux, toi ?
— Écoute, imagine-[07 :   ] que je viens de lire qu'en Suisse, nous aurions au maximum 50 000 € à payer. Et là, si je ne [08 :   ] abuse, ils parlent français.
— C'est vrai, mais je [09 :   ] séparerai difficilement de la mer.
— Nous pouvons [10 :   ] acheter une maison avec vue sur le lac de Genève.
— Tu veux dire, le Léman ?
— Attention, si tu veux [11 :   ] comporter comme une vraie Suissesse, tu devras [12 :   ] habituer à dire : lac de Genève. Souviens-[13 :   ] en bien. Et puis, nous pourrons [14 :   ] acheter un appartement, ou on pourra aussi [15 :   ] prendre une chambre à l'hôtel. Nous en aurons les moyens.
— La question qui [16 :   ] pose, c'est de savoir s'il vaut mieux être un riche millionnaire suisse avec vue sur le lac, sans soleil, ou [17 :   ] traîner comme un modeste tout-juste-millionnaire français avec vue sur la mer, sous le soleil.
— Eh oui. Figure-[11 :   ] qu'il va falloir bientôt répondre à cette question. Être Suisse, ou être Français.

> **Trouvez le pronom réfléchi qui manque.**
>
> **Mme Glandu s'adresse à son mari**
>
> « Je [01 : me] demande si c'est une bonne idée, d'aller [02 : s'] installer en Autriche. Imagine-[03 : toi] qu'on ait froid, qu'on [04 : se] soit donné de la peine à apprendre l'allemand sans y arriver, et que nous [05 : nous] décidions tout à coup à rentrer en France. Tu [06 : t'] y vois heureux, toi ?
>
> — Écoute, imagine-[07 : toi] que je viens de lire qu'en Suisse, nous aurions au maximum 50 000 € à payer. Et là, si je ne [08 : m'] abuse, ils parlent français.
>
> — C'est vrai, mais je [09 : me] séparerai difficilement de la mer.
>
> — Nous pouvons [10 : nous] acheter une maison avec vue sur le lac de Genève.
>
> — Tu veux dire, le Léman ?
>
> — Attention, si tu veux [11 : te] comporter comme une vraie Suissesse, tu devras [12 : t'] habituer à dire : lac de Genève. Souviens-[13 : t'] en bien. Et puis, nous pourrons [14 : nous] acheter un appartement, ou on pourra aussi [15 : se]   prendre une chambre à l'hôtel. Nous en aurons les moyens.
>
> — La question qui [16 : se] pose, c'est de savoir s'il vaut mieux être un riche millionnaire suisse avec vue sur le lac, sans soleil, ou [17 : se]   traîner comme un modeste tout-juste-millionnaire français avec vue sur la mer, sous le soleil.
>
> — Eh oui. Figure-[11 : toi] qu'il va falloir bientôt répondre à cette question. Être Suisse, ou être Français.

8.5.6.7   La place des pronoms

➜L'ordre des pronoms personnels.

Les pronoms précédés d'une préposition se retrouvent forcément après le verbe, avec la préposition.

✦ *Il a pensé toute l'année à ses vacances*.

Mais les pronoms personnels, utilisés dans le cadre de la valence sont, lorsqu'ils se réfèrent à un animé, à utiliser dans l'ordre suivant, qui dépend de la personne du pronom CV+(à).

Si celui-ci est à la 1ᵉ ou à la 2ᵉ personne, du singulier comme du pluriel, nous aurons l'ordre :

➜ *CV+(à), CV{—}, y, en*

✦ *Voici les alliances. À l'église, tu nous les y donneras.* (donner qc à qn)

✦ *Voici les maillots. Nous allons au stade. Tu nous y en donneras deux à chacun*

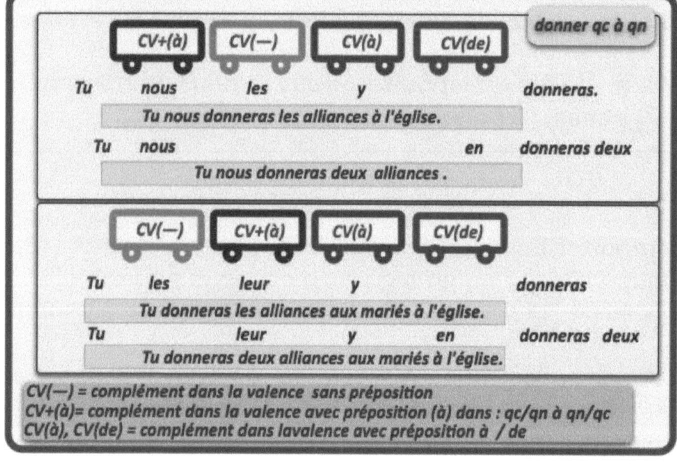

On remet au témoin les alliances pour les mariés. Il devra nous les donner à l'église.

La valence est : *Donner qc à qn*

➜Qc = les alliances (Complément sans préposition) ➜ *les 2 alliances* = CV{—}➜ *en .. deux*

➜   *À qn*= à nous ➜ *nous* = CVi{Prép = à}

Aux mariés ➜ *leur* = CV2{Prép = à}

➜*Tu nous* (Tu leur)

➜ *en donneras* 2. En = CV(de)

➜À l'église (c. circonstanciel) ➜ *y* = CC{Prép = à}

)*Tu nous les* (Tu les leur) *y donneras*

Bien sûr, nous allons proposer un exercice sur la place des pronoms, mais que nous compléterons avec l'exercice suivant sur la place des pronoms avec l'infinitif.

Ordre changé à l'impératif

À l'impératif, à la forme négative, l'ordre des pronoms est toujours le même, quelle que soit la personne du CV+(à) : CV{−} + CV+(à).

Tu nous le donneras. ➔ ✦ *Donne-le-nous.*

Tu le leur donneras. ➔ ✦ *Donne-le-leur.*

Mais avec la négation, tout redevient normal et dépend de la personne du CV+(à).

✦ *Ne nous le donne pas.*

✦ *Ne le leur donne pas.*

Nous remettons l'exercice à l'exercice général sur la position des pronoms personnels.

Position des pronoms personnels avec infinitif.

Lorsque ce verbe est un *verbe de perception*, les pronoms se placent avant ce verbe :

✦ *Je le regarde passer.*

✦ *Je la vois travailler.*

✦ *Je l'ai entendue passer.*

✦ *Je le sens frémir.*

✦ *J'en vois passer.*

C'est la même chose pour les verbes *faire* et *laisser* :

✦ *Je le fais travailler.*

✦ *Je la laisse passer.*

✦ *J'en fais sécher deux.*

Dans les autres cas, le pronom se place devant le verbe auquel il se rapporte, donc, l'infinitif dans les cas qui suivent:

✦ *Je sais le faire.*

✦ *Je veux le voir.*

✦ *Je crois la comprendre.*

✦ *Je désire en prendre trois.*

✦ *Je ne peux pas en acheter.*

Exercice n° 29

Les Glandu ont fait leur choix
« Tu vois la brochure de la banque ? Passe [01 :   ] (= tu me la passes) s'il te plaît.
— Tiens, prends[02 :   ] (=tu la prends). Tu veux aussi la calculette ?
— Non ! Ne [03 :   ] (= tu me la donnes) donne pas. »
Obéissant, il ne la lui donne donc pas.
« Pour moi, la chose est claire. Écoute [04 :   ] (=tu m'écoutes).
— Bien sûr, ma chérie. Je t'écoute.
— On peut placer l'argent et [05   ] laisser travailler(= on laisse travailler l'argent). On lui fait produire des intérêts que l'on replace aussitôt.
— Place [06 :   ] (= place l'argent) pour nos enfants, mais nous, dans tout cela ?
— Si on veut en profiter, alors, plaçons [07 :   ] (= plaçons l'argent) le à 4%. Cela nous fera 8000 € par mois, et nous n'aurons plus besoin de travailler.
— Et nous pourrons [08 :   ] (= faire cadeau de l'argent) faire cadeau au fisc.
— Et après ? Les impôts, payons [09 :   ] (= payer les impôts au fisc), et nous serons en règle avec le fisc, et avec notre conscience.
— Moi, je préférerais [10 :   ] (= garder l'argent) garder pour nous.
— Prends le pavillon et vends [11 :   ] (= vends le pavillon)!
— Ah non, alors ! Pour payer l'ISF dessus ? Je préfère [12   ] (= donner le pavillon) donner.

— Ou alors, mets[13 :   ] (= mettre le feu au pavillon) le feu… Ou encore, transforme [14 :   ] (= transformer le pavillon) en musée.
— C'est ça, le musée de l'Euro Millions !
— Allez, tu verras, nous serons heureux, et nous n'aurons plus besoin de travailler.
— Et ma Porsche, alors ?
_ Achète[15 :   ] (= tu t'achètes une Porsche) une . Elle ne fera pas partie du patrimoine, et tu ne paieras pas d'impôt dessus. »
Ainsi, tout est bien qui finit bien… Pour le prix d'une Porsche.

Solution :

Les Glandu ont fait leur choix

« Tu vois la brochure de la banque ? Passe [01 : -la-moi] (= tu me la passes) s'il te plaît.
— Tiens, prends[02 : -la] (=tu la prends). Tu veux aussi la calculette ?
 — Non ! Ne [03 : me la] (= tu me la donnes) donne pas. »
Obéissant, il ne la lui donne donc pas.
« Pour moi, la chose est claire. Écoute [04 : -moi] (=tu m'écoutes).
— Bien sûr, ma chérie. Je t'écoute.
— On peut placer l'argent et [05 : le] laisser travailler(= on laisse travailler l'argent). On lui fait produire des intérêts que l'on replace aussitôt.
— Place [06 : -le] (= place l'argent) pour nos enfants, mais nous, dans tout cela ?
— Si on veut en profiter, alors, plaçons [07 : -le] (= plaçons l'argent) le à 4%. Cela nous fera 8000 € par mois, et nous n'aurons plus besoin de travailler.
— Et nous pourrons [08 : en] (= faire cadeau de l'argent) faire cadeau au fisc.
— Et après ? Les impôts, payons [09 : -les-lui] (= payer les impôts au fisc), et nous serons en règle avec le fisc, et avec notre conscience.
— Moi, je préférerais [10 : le] (= garder l'argent) garder pour nous.
— Prends le pavillon et vends[11 : -le] (= vends le pavillon)!
— Ah non, alors ! Pour payer l'ISF dessus ? Je préfère [12 : le] (= donner le pavillon) donner.
— Ou alors, mets[13 : -y] (= mettre le feu au pavillon) le feu… Ou encore, transforme [14 : -le] (= transformer le pavillon) en musée.
— C'est ça, le musée de l'Euro Millions !
— Allez, tu verras, nous serons heureux, et nous n'aurons plus besoin de travailler.
— Et ma Porsche, alors ?
_ Achète[15 : -t'en] (= tu t'achètes une Porsche) une . Elle ne fera pas partie du patrimoine, et tu ne paieras pas d'impôt dessus. »
Ainsi, tout est bien qui finit bien… Pour le prix d'une Porsche.

8.5.7 Mettre en relief.

Dans une langue aussi peu flexible que le français, où l'on ne peut pas mettre tout ce qu'on veut n'importe où, il est important de savoir mettre les éléments que l'on veut souligner en relief.
Cette mise en relief s'appuie fortement sur l'oral.

Nous examinerons rapidement les trois méthodes suivantes :
- o   Mettre en relief par l'intonation (accent d'insistance).
- o   Employer le pronom personnel tonique.
- o   Employer la mise en relief par *c'est qui* / *c'est que*.

8.5.7.1   La mise en relief par l'accent d'insistance.

Le français connait, dans son système intonatif, **l'accent fixe de groupe**, puisqu'il tombe toujours sur la même syllabe du mot phonique, la dernière.
Pour mettre un mot simple en relief, il suffit de mettre l'accent tonique d'insistance sur la première syllabe de ce mot.

Par exemple, dans la phrase:
- ✦ *L'importance de la littérature n'est plus à démontrer.*

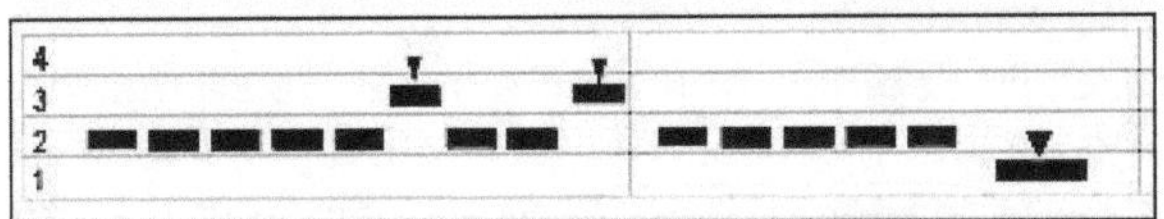

On mettra l'accent d'insistance sur le mot *littérature* en prononçant la première syllabe avec plus d'énergie (accent tonique) et en faisant monter la mélodie au niveau 3.

Cette méthode n'est utilisable que par oral. Mais par écrit, on peut toujours <u>souligner</u>, mettre *en italique*, en **caractères gras** ou même surligner le mot important.

- ✦ *L'importance de la littérature n'est plus à démontrer.*
- ✦ *Celle de la musique non plus, qui, dit-on adoucit les mœurs.*

8.5.7.2   La mise en relief par l'utilisation du pronom personnel tonique.

Si, en Allemagne, vous demandez à des enfants qui veut du gâteau, chacun répondra *ich*, avec un gros accent tonique. *Ich* veut à la fois dire *je* ou *moi*, selon l'accent tonique que l'on y met.

- ✦ *Wer will Kuchen ? Ich ! Ich will Kuchen !*
- ✦ *Qui veut du gâteau ? Moi ! Je veux du gâteau !* (*Je voudrais* pour les enfants bien élevés).

Comme on le voit dans cet exemple, le français ne peut pas mettre d'accent tonique sur le pronom sujet *je* pas plus que sur *tu* , *il*, *ils*).
Il doit puiser dans une autre catégorie, le pronom tonique qui, lui, peut facilement être mis en relief par un accent tonique. Ainsi, chaque fois que l'on répond à une question par un pronom personnel seul, on emploiera le pronom tonique.
Apprenez donc bien à vos élèves ou étudiants à répondre par *moi*, avec ou sans préposition, selon les cas, avec, si nécessaire, la tournure *c'est*.

Qui veut du gâteau ?	*Moi ! Toi ! Lui ! Elle ! Nous ! Vous ! Eux ! Elles !*
A qui sont ces clés ?	*A moi ! A toi ! A lui ! A elle ! A nous ! A vous ! A eux ! A elles !*
Ou encore :	*C'est à moi ! C'est à toi ! C'est à lui ! C'est à elle !*
	C'est à nous ! C'est à vous ! C'est à eux ! C'est à elles !
Qui a cassé le vase ?	*Pas moi ! Ce n'est pas moi ! etc.*

Notons que ce pronom tonique s'emploie souvent dans un mot phonique au début de la phrase, ou à l'inverse, en dernier mot phonique, voire même en parenthèse basse. En effet, dans les deux cas, c'est lui qui portera l'accent tonique.

Ex : ✦ *Tu connais les Durand ? Elle, elle est fine et mignonne, alors que lui, c'est une vraie brute.*

    ✦ *A elle, je lui ai fait un beau sourire. Mais je lui ai tiré la langue, à lui.*

Il y a bien sûr beaucoup de répétitions : *à elle, je lui ai fait... je lui ai tiré la langue, à lui.* mais à l'oral, c'est assez courant, car les répétitions servent à lever certaines ambiguïtés.

On peut bien sûr faire un exercice pour apprendre aux élèves à employer le bon pronom, mais aussi à utiliser la bonne préposition.

On entend souvent surtout dans le midi, des mères dire à leur enfant ? **Tu m'aimes, à moi ?* Cette tournure est fausse, car la valence du verbe aimer est *aimer qn*. Il n'y a donc aucune raison d'employer la préposition *à*, qui serait juste avec le verbe *parler à qn*.

On dira donc : ✦ *Tu m'aimes, moi ?*

Ou encore : ✦ *Et moi, tu m'aimes ?*

Voici un petit exercice comme vous les adorez :

 **Exercice n° 30 :**

Employez le bon pronom tonique
On nous avait invités, Gaëtane et [   ], au mariage de la fille de notre voisin. Les deux mariés avaient l'air sympathique. [   ], elle était infirmière, et [   ], il était ambulancier. Ils avaient dû se rencontrer au chevet d'un malade qui, [   ], ne savait pas qu'il était témoin d'une histoire d'amour. Mais pour [   ], ce fut le coup de foudre, et ils décidèrent un mois après de se marier. Ses parents à [   ] avaient l'air heureux du mariage de leur fils. Mais ses parents à [   ] faisaient grise mine. [   ], ils auraient préféré qu'elle épouse un médecin, mais le destin en avait décidé autrement. Les deux mères, quant à [   ], ne semblaient pas si heureuses que cela de devenir belles-mères, mais les deux pères [   ], se fichaient un peu de leur titre de beau-père. Ils en ont profité pour boire ensemble plusieurs verres de vin, puis, de bière. En ce qui [   ] concerne, on s'est un peu ennuyés. Heureusement, Gaëtane, [   ], devait se coucher tôt, tandis que [   ], j'étais encore fatigué de 3 jours de mauvais sommeil. Ainsi, nous avons réussi à prendre congé plus tôt car de [   ], personne n'attendait rien.

Solutions
On nous avait invités, Gaëtane et [moi], au mariage de la fille de notre voisin. Les deux mariés avaient l'air sympathique. [Elle], elle était infirmière, et [lui], il était ambulancier. Ils avaient dû se rencontrer au chevet d'un malade qui, [lui], ne savait pas qu'il était témoin d'une histoire d'amour. Mais pour [eux], ce fut le coup de foudre, et ils décidèrent un mois après de se marier. Ses parents à [lui] avaient l'air heureux du mariage de leur fils. Mais ses parents à [elle] faisaient grise mine. [Eux], ils auraient préféré qu'elle épouse un médecin, mais le destin en avait décidé autrement. Les deux mères, quant à [elles], ne semblaient pas si heureuses que cela de devenir belles-mères, mais les deux pères [eux], se fichaient un peu de leur titre de beau-père. Ils en ont profité pour boire ensemble plusieurs verres de vin, puis, de bière. En ce qui [nous] concerne, on (= nous familier) s'est un peu ennuyés. Heureusement, Gaëtane, [elle], devait se coucher tôt, tandis que [moi], j'étais encore fatigué, de 3 jours de mauvais sommeil. Ainsi, nous avons réussi à prendre congé plus tôt car de [nous], personne n'attendait rien.

Les zones surlignées en jaune permettaient de trouver le bon pronom, après interprétation.

Tout l'art de cet exercice est de trouver le groupe nominal auquel le pronom tonique renvoie, et de voir s'il concerne le tout ou simplement une partie.

    Au tout : *Nous* <> nous (*Nous*, nous aimons les fêtes).

    A une partie : *moi* + *toi* = nous. (Nous étions bien embêtés, *toi* à garder le chien, et *moi* à surveiller le bébé.)

8.5.7.3 La mise en relief avec *c'est … qui / c'est … que* .

C'est la façon la plus simple et la plus efficace de mettre en relief un mot ou un groupe de mots.
Qui doit être sujet du verbe principal, et *que* s'emploie dans tous les autres cas.

Comme d'habitude, tout dépend de ce que l'on met en relief.
Un nom :
- Sujet : ✦ *C'est Johann Strauss fils qui* (sujet) *a composé le Beau Danube bleu.*
- Sujet : ✦ *C'est le charcutier qui vend du jambon, et le boucher qui vend du gigot.*
- Cod : ✦ *Le Beau Danube bleu est la valse la plus célèbre que* (CV{—}=cod) *Johann Strauss fils ait composée.*
- CV(de) (=C.O.Indirect introduit par *de*) : ✦ *C'est de ma tante que je pense cela.*

Un verbe :
- ✦ *Dans ce problème, c'est multiplier qu'il faut, pas additionner.*
- ✦ *C'est fumer qui est plus dangereux que vapoter.* (On fume la cigarette, on vapote avec la cigarette électronique)

Un adjectif :
✦ *C'est orange qu'il était, le feu, quand vous êtes passée, et non pas vert.*

Un adverbe :
✦ *C'est lentement qu'il faut remuer la sauce.*

Un gérondif :
✦ *C'est en forgeant qu'on devient forgeron.*

 **Exercice n° 31 :**

> **Mettez en relief avec *qui* ou *que*.**
>
> C'est dans Zadig, de Voltaire [   ] l'on raconte une histoire étonnante : Une affiche annonçait que le Calife voulait engager un collaborateur. C'était d'un ministre des Finances [   ] l'on avait besoin. Alors, on avait fait venir toutes sortes de gens. Comme l'important, c'était [   ] on engage un ministre honnête, on avait fait venir plusieurs personnes. C'est dans une grande salle d'attente [   ] ils devaient attendre. Celui [   ] l'on appelait devait entrer dans une anti-chambre. C'était tout seul [   ] il attendait son tour, et c'était dans une demi-pénombre, assis dans un fauteuil [   ] il attendait l'appel de son nom. Au début, il distinguait un tas sombre, à l'autre bout de l'antichambre, et c'était avec étonnement [   ] il constatait que ce tas contenait en fait des vases en or, des assiettes serties de pierres précieuses, des bracelets de grande valeur.
>
> Au bout d'une vingtaine de minutes, c'est avec soulagement [   ] le candidat entendait appeler son nom, et c'est d'un pas plus ou moins léger [   ] il quittait l'antichambre pour se rendre dans une grande salle. Un jury d'une dizaine de personnes l'attendait, et c'est l'homme assis au milieu [   ] lui adressait la parole. Et c'est avec un étonnement mêlé de peur [   ] il entendait qu'on lui demandait de danser.
>
> Car c'est en faisant danser les candidats [   ] le Calife espérait trouver celui [   ] allait diriger les finances du pays.
>
> C'est sans surprise que vous comprendrez [   ] c'est celui qui danse avec grâce et légèreté qui est le plus honnête des candidats. En effet, ceux [   ] dansaient lourdement s'étaient rempli les poches dans l'antichambre. Comme ils étaient lourds, c'est avec difficulté [   ] ils dan-saient, d'autant que pour empêcher les assiettes, vases et objets précieux de tomber, c'est des deux mains [   ] ils devaient les tenir, tout en serrant les jambes.
>
> Un seul avait dansé avec grâce, et c'est lui [   ] avait été choisi.
>
> C'est pour cela [   ] l'on dit que c'est le meilleur danseur [   ] est le meilleur ministre des finances.

C'est dans Zadig, de Voltaire [que] l'on raconte une histoire étonnante : Une affiche annonçait que le Calife voulait engager un collaborateur. C'était d'un ministre des Finances [que] l'on avait besoin. Alors, on avait fait venir toutes sortes de gens. Comme l'important, c'était [qu'] on engage un ministre honnête, on avait fait venir plusieurs personnes. C'est dans une grande salle d'attente [qu'] ils devaient attendre. Celui [que] l'on appelait devait entrer dans une antichambre. C'était tout seul [qu'] il attendait son tour, et c'était dans une demi-pénombre, assis dans un fauteuil [qu'] il attendait l'appel de son nom. Au début, il distinguait un tas sombre, à l'autre bout de l'antichambre, et c'était avec étonnement [qu'] il constatait que ce tas contenait en fait des vases en or, des assiettes serties de pierres précieuses, des bracelets de grande valeur.

Au bout d'une vingtaine de minutes, c'est avec soulagement [que] le candidat entendait appeler son nom, et c'est d'un pas plus ou moins léger [qu'] il quittait l'antichambre pour se rendre dans une grande salle. Un jury d'une dizaine de personnes l'attendait, et c'est l'homme assis au milieu [qui] lui adressait la parole. Et c'est avec un étonnement mêlé de peur [qu'] il entendait qu'on lui demandait de danser.

Car c'est en faisant danser les candidats [que] le Calife espérait trouver celui [qui] allait diriger les finances du pays.

C'est sans surprise que vous comprendrez [que] c'est celui qui danse avec grâce et légèreté qui est le plus honnête des candidats. En effet, ceux [qui] dansaient lourdement s'étaient rempli les poches dans l'antichambre. Comme ils étaient lourds, c'est avec difficulté [qu'] ils dansaient, d'autant que pour empêcher les assiettes, vases et objets précieux de tomber, c'est des deux mains [qu']ils devaient les tenir, tout en serrant les jambes.

Un seul avait dansé avec grâce, et c'est lui [qui] avait été choisi.

C'est pour cela [que] l'on dit que c'est le meilleur danseur [qui] est le meilleur ministre des finances.

La plupart des apprenants ne sont pas habitués à poser de questions, du fait que, pendant les cours, ils en ont rarement l'occasion. Ils sont plus habitués à répondre aux questions de leurs enseignants. Pourtant, lorsque l'on se retrouve en France, on est, au moins au début, amené plus souvent à poser des questions qu'à fournir des réponses pour résoudre les problèmes que l'on rencontre.

Après avoir revu les règles de l'intonation de l'interrogative, nous nous pencherons sur les problèmes qu'elle pose, et particulièrement :

- Sur les trois façons de poser une question,
- Sur les problèmes annexes de l'inversion du sujet,
- Sur le choix des mots interrogatifs.

8.6.1   Revoir les règles de l'intonation des interrogatives.

Nous avions vu dans l'unité sur le système phonique du français et son intonation un certain nombre de règles concernant :

Patron A : L'interrogative sans mot interrogatif.

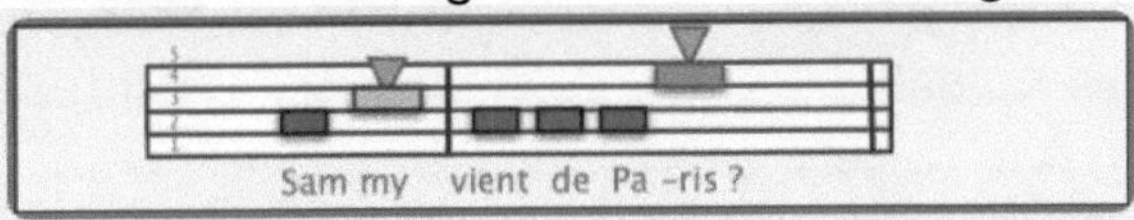

Patron B : L'interrogative avec mot interrogatif à la fin.

Patron C : L'interrogative avec mot interrogatif au début.

Patron D : La parenthèse haute.

Les différentes façons de poser une question suivront forcément l'un des patrons intonatifs définis ci-dessus.
Entraînez-vous en groupes à dire les quatre patrons ci-dessus : lisez chaque patron à tour de rôle.

8.6.2   Les trois façons de poser une question.

Rappels : question totale, question partielle

Rappelons d'abord que l'on appelle **interrogation totale** le fait de poser une question sur l'ensemble d'une phrase, simplement pour savoir si cela est vrai ou non. Dans ce cas, on n'emploie pas de mot interrogatif. Cette question suivra forcément le patron A, sans mot interrogatif.

Ex : ✦ *La cigale chante, tandis que la fourmi travaille.*

Question totale : ✦ « *Est-ce que la cigale chante, tandis que la fourmi travaille ?*
— Oui. »

En revanche, lorsque l'on pose une question seulement sur un élément de l'information, **l'interrogation est partielle**, et on emploie un mot interrogatif. Si vous mettez le mot interrogatif au début, vous suivrez le patron intonatif C, avec montée sur le mot interrogatif.

Question partielle : ✦   « *Que mangez-vous ?*
— Une quiche. »

Mais si vous mettez le mot interrogatif à la fin, vous suivrez le patron B.

Question partielle : ✦   « *Vous mangez quoi ?*
— Une quiche. »

Et n'oubliez pas que « *est-ce que* » n'est pas un mot interrogatif, mais un simple moyen pour éviter l'inversion.

 **Recherches grammaticales : Question totale / question partielle**

Répartissez les apprenants en groupes. Faites-leur analyser ensemble les points suivants :
*   Lorsqu'une question porte sur la totalité de l'information, on dit qu'elle est *totale*.
*   Lorsqu'elle porte sur une partie de l'information (sujet, complément de temps, de cause, de lieu etc.), on dit qu'elle est *partielle*.

 **Exercice n° 32 :**

A vous de trouver si la question porte sur la totalité de l'information ou sur un aspect particulier.

Question	Réponse	to-tale	par-tielle
Quelle heure est-il ?			
D'où vient-il ?			
Votre sœur est-elle avocate ?			
Ma fille vous a-t-elle parlé ?			
A qui avez-vous parlé ?			
Avec qui est-ce que vous avez fait le voyage ?			
La police ne les a-t-elle pas arrêtés ?			

Expliquez à quoi on peut reconnaître qu'une interrogation est totale ou partielle.
1. En observant la question ?
2. En observant la réponse ? **La réponse à une question totale est généralement:** .

Solutions

Question	Réponse	to-tale	par-tielle
Quelle heure est-il ?	Il est 8 heures et demie.		x
D'où vient-il ?	Il vient du Tchad.		x
Votre sœur est-elle avocate ?	Non. Elle est juge.	x	
Ma fille vous a-t-elle parlé ?	Oui. Elle m'a tout expliqué.	x	
A qui avez-vous parlé ?	Avec mes voisins.		x
Avec qui est-ce que vous avez fait le voyage ?	Avec Pierre.		x
La police ne les a-t-elle pas arrêtés ?	Si, bien sûr !	x	

Expliquez à quoi on peut reconnaître qu'une interrogation est totale ou partielle.
1. En observant la question ? **La question totale s'emploie sans mot interrogatif. (Attention, « est-ce que » n'est pas un mot interrogatif).**
2. En observant la réponse ? **La réponse à une question totale est généralement:** *oui*, *non* **ou** *si*.

Rejoignez les autres groupes et comparez vos résultats.

Exercice n° 33

Vous pouvez faire un exercice pour apprendre aux élèves quand on emploie un mot interrogatif, et quand on ne le fait pas.		
• Est-ce qu'il est 8 heures ?	[ ] totale	[ ] partielle
• Quand est-ce qu'il arrive ?	[ ] totale	[ ] partielle
• De qui tenez-vous cette information ?	[ ] totale	[ ] partielle
• Quand il pleut, sortez-vous ?	[ ] totale	[ ] partielle
• Vous venez nous voir quand ?	[ ] totale	[ ] partielle

Solutions

Vous pouvez faire un exercice pour apprendre aux élèves quand on emploie un mot interrogatif, et quand on ne le fait pas.		
• Est-ce qu'il est 8 heures ?	[x] totale	[ ] partielle
• Quand est-ce qu'il arrive ?	[ ] totale	[x] partielle
• De qui tenez-vous cette information ?	[ ] totale	[x] partielle
• Quand il pleut, sortez-vous ?	[x] totale	[ ] partielle
• Vous venez nous voir quand ?	[ ] totale	[x] partielle

Vous pouvez faire un exercice pour apprendre aux élèves quand on emploie un mot interrogatif, et quand on ne le fait pas.

Il y a en français trois façons officielles de poser une question :

La question **avec inversion du sujet**, sans *est-ce que*, qui est du meilleur style.

La question **sans inversion**, **avec est-ce que**, qui est correcte et de style courant.

La question **intonative**, familière, surtout employée à l'oral.

8.6.2.1   La question avec inversion

La question avec inversion du sujet correspond à un style élevé.

Le problème principal vient de l'inversion :

- Soit on ne peut pas la faire du tout .
- Soit le sujet est un substantif, avec lequel on peut faire l'inversion.
- Soit le sujet est un substantif, mais on fait l'inversion avec un pronom personnel à la place.
- Soit le sujet est un pronom personnel, et on fera l'inversion avec.

8.6.2.2   On ne fait pas l'inversion

8.6.2.2.1   L'emploi d'est-ce que

D'abord et avant tout, l'inversion ne se fait pas lorsque l'on emploie « *est-ce que* », simplement parce que la tournure « *est-ce que* » a été inventée pour éviter l'inversion.

8.6.2.2.2   Question sur le sujet

Montrez bien aux apprenants que si l'on pose la question sur un sujet, donc avec un pronom interrogatif sujet, on ne peut pas faire l'inversion.

Si le sujet est animé, on posera la question avec qui

✦ *Qui est là ? Qui est venu ce matin ?*

Si le sujet n'est pas animé, on doit employer la forme avec *est-ce qui* :

✦ *Qu'est-ce qui te plairait, pour ton anniversaire.*

Dans aucun des deux cas on ne peut faire d'inversion parce que le mot interrogatif est sujet, et qu'il doit se situer au début de la phrase.

Apprenez aux élèves à trouver, quand on pose la question sur le sujet, s'il est animé ou non.
• S'il est animé, on emploiera *Qui*, sans inversion.
• S'il n'est pas animé, on emploiera *Qu'est-ce qui*, sans inversion.

8.6.2.2.3 Le sujet

Le sujet est un substantif, avec lequel on peut faire l'inversion.

Ce sera le cas lorsque la question porte sur l'objet direct non-animé:

> ✦ *Qu'a vu ton frère, en Afrique ?*

Mais lorsque la question porte sur un CV{−} (=cod) animé, cela ne sera pas possible. En effet, dans :

> ✦ *Qui a vu ton père ?*

Le sujet est *qui*, et *ton père* est CV{−} (Complément dans la valence sans Préposition =cod). La seule solution sera :

> ✦ *Qui ton père a-t-il vu ?*

Dans ce cas, *père* est sujet, et *qui* est CV{−}   (=cod).

Apprenez aux apprenants à distinguer si qui est sujet ou CV{−}   (=cod).
> ✦ *Qui a photographié ta sœur ?* **Qui = sujet. Sœur= CV{−}   (=cod)..**
> ✦ *Qui ta sœur a-t-elle photographié ?* **Qui = CV{−}   (=cod). Sœur = sujet.**

Ensuite, apprenez-leur à poser la bonne question.

Ce sera aussi le cas avec les pronoms interrogatifs *où* et *comment* :

> ✦ *Comment va ton père ?*

> ✦ *Où va ton père ?*

> ✦ *Où va travailler ta mère ?*

Apprenez à poser la bonne question avec *où* **et** *comment.*
Posez une question sur la partie soulignée
> **Ma voisine va au travail <u>à pied</u>.** *Comment va-t-elle au travail ?*
> **Mon voisin va <u>au marché</u> à vélo.** *Où va-t-il à vélo ?*

8.6.2.2.4 Le sujet est un substantif, et on fait l'inversion avec un pronom personnel.

Il en est ainsi dans tous les autres cas où le sujet est un substantif.

> ✦ *Les allocations sont-elles suffisantes pour payer la crèche du bébé ?*

> ✦ *Pourquoi les allocations chômage sont-elles payées tous les quinze jours ?*

> ✦ *A qui le professeur a-t-il donné 2 heures de colle ?*

- **Apprenez à poser la bonne question en repérant le sujet.**
- **A trouver le pronom qui correspond.**
- **Et à faire l'inversion, même si le verbe est à un temps composé, ou s'il est pronominal.**

8.6.2.2.5 Le sujet est un pronom personnel, et on fera l'inversion avec.

Si le sujet est un pronom personnel, il ne sera pas difficile de faire une inversion avec, sauf, bien sûr, si la question porte sur le sujet (cf. § 4.2.2.1)

> ✦ *Il a mangé tout le gâteau ?* (Patron A)

> ✦ *A-t-il mangé tout le gâteau ?* (Patron A)

> ✦ *Qu'a-t-il mangé ?* (Patron C)

8.6.2.3 La question sans inversion avec *est-ce que*

Comme dit plus haut, il n'y a jamais d'inversion lorsque l'on emploie *est-ce que*. En effet, c'est pour ne pas avoir à faire l'inversion qu'on l'emploie. C'est donc une simplification, même si l'on rallonge un peu la phrase.

Si l'on ne veut pas s'embêter avec les problèmes d'inversion, on peut systématiquement employer « *est-ce que* ». D'ailleurs, le style est tout à fait correct.

> ✦ *« Est-ce que la cigale a chanté tout l'été ?*

> ✦ *— Oui, la cigale a chanté tout l'été. »*

On voit qu'il suffit de mettre « *est-ce que* » devant l'affirmative pour avoir une question totale.

Pour l'emploi avec le mot interrogatif, la méthode est simple :

✦ *Quand est-ce que le train arrive ?*

✦ *A quelle heure est-ce que nous partons ?*

✦ *Pourquoi est-ce que tu n'as plus faim ?*

On met *est-ce que* derrière le mot interrogatif, mais dans le groupe nominal sujet.
Reprécisez bien à vos apprenants que « *est-ce que* » n'est pas un mot interrogatif. C'est une simple expression qui empêche d'avoir à faire l'inversion.

8.6.2.4 La question intonative

La question intonative est aussi une méthode employée pour ne pas avoir à faire l'inversion du sujet.
Cependant, le style n'est pas des meilleurs, surtout lorsque l'on emploie un mot interrogatif :

✦ *Rio de Janeiro est la capitale du Brésil ?*

✦ *Tu habites où ?*

✦ *L'Amérique a été découverte par qui ?*

✦ *Tu manges quoi ?*

Ce dernier exemple ne dénote pas un très bon style. On notera cependant un détail intéressant le [ə].
Que devient *quoi* [kwa] pour des raisons d'intonation.
Nous savons que, à part pour le pronom *le*, on ne peut pas mettre d'accent tonique sur le [ə].
Ainsi,   ✦ *Tu me regardes* devient : *regarde-moi* !

✦ *Tu te laves devient* : *lave-toi*.

Ici, le *que* devient *quoi* ✦ *Que manges-tu ?* devient: *Tu manges quoi ?*

Nous vous épargnerons, pour l'instant, la question telle qu'on l'entend souvent :

☻ * ~~C'est qui que tu as vu~~ ?

☻ * ~~C'est qui qui a fait ça~~ ?

☻ * ~~C'est quoi que tu manges~~ ?

Nous observerons l'évolution, mais pour l'instant, nous rangerons ce mélange d'interrogation et de mise en relief dans la catégorie : **faute inélégante**.

8.6.2.5 Les problèmes annexes de l'inversion du sujet

L'inversion du sujet ne se passe pas toujours sans difficulté annexe lorsqu'on la fait avec un pronom personnel.

➜ Si le pronom personnel est *je*, et que le verbe se termine par un *e*, il faudra écrire *é* :

Présent de l'indicatif : Je pense = ✦ *Que pensé-je de tout cela ?*

Imparfait du subjonctif : ✦ *J'irai, dussé-je me battre avec lui.* (= même si je dois).

➜ Si le pronom personnel est *je*, et que le verbe est *pouvoir*

Avec le verbe *pouvoir*, l'inversion de *je peux* est : *puis-je ?*

✦ *Puis-je vous demander l'heure qu'il est ?*

➜ Si le pronom personnel est *il* ou *elle* :

Si le verbe se termine par un *t*, il n'y a pas de problème. ✦ *Vient-elle ? Peut-il ?*

S'il se termine par un *d*, il y a un demi-problème : *d* se prononce [t]. ✦ *Le coiffeur, combien prend-il [pʁɑ̃til] pour une coupe ?*

S'il se termine par *e* ou *a* on ajoute un –t- : ✦ *Où va-t-il ? Aime-t-elle le roquefort ?*

Il faut absolument faire des exercices en mélangeant les cas, pour habituer les apprenants à bien contrôler la situation.

 **Exercice n° 34** : *est-ce que*

Posez la même question avec est-ce que
1.   Pourquoi les coccinelles ont-elles des points sur les ailes ? ➜
2.   Puis-je vous donner mon chien à garder, pendant les vacances ? ➜
3.   Que pensé-je de lui ? ➜
4.   Qui vous a parlé de moi ? ➜

5.   Un bon chasseur chasse-t-il sans son chien ? ➜
6.   Pourquoi ne voulez-vous pas m'épouser ? ➜
7.   Quand la Tour-Eiffel a-t-elle été construite ? ➜
8.   A quelle heure aurez-vous le temps de nous recevoir ? ➜
9.   Pourquoi voulez-vous à tout prix l'inviter ? ➜
10. De quoi parliez-vous avec vos parents ? ➜

Solutions

1.   Pourquoi est-ce que les coccinelles ont des points sur les ailes ?
2.   Est-ce que je peux vous donner mon chien à garder, pendant les vacances ?
3.   Qu'est-ce que je pense de lui ?
4.   Qui est-ce qui vous a parlé de moi ?
5.   Est-ce qu'un bon chasseur chasse sans son chien ?
6.   Pourquoi est-ce que vous ne voulez pas m'épouser ?
7.   Quand est-ce que la Tour-Eiffel a été construite ?
8.   A quelle heure est-ce que vous aurez le temps de nous recevoir ?
9.   Pourquoi est-ce que vous voulez à tout prix l'inviter ?
10. De quoi est-ce que vous parliez avec vos parents ?

 **Exercice n° 35** : l'inversion

Posez la même question avec l'inversion

1.   Est-ce que c'est l'heure de partir ?
2.   Qui est-ce qui te l'a donné ?
3.   A quelle heure est-ce que le TGV démarre ?
4.   Est-ce que je peux vous demander votre prénom ?
5.   Qu'est-ce qui vous plairait pour votre anniversaire ?
6.   Est-ce qu'elle peut vous aider ?
7.   Est-ce qu'il imagine son avenir ?
8.   Avec qui est-ce que vous en avez parlé ?
9.   Où est-ce que votre frère travaille ?
10. Et vous, est-ce que vous êtes au courant ?

Solutions

1.   Est-ce l'heure de partir ?
2.   Qui te l'a donné ?
3.   A quelle heure le TGV démarre-t-il ?
4.   Puis-je vous demander votre prénom ?
5.   Qu'est-ce qui vous plairait pour votre anniversaire ? (inversion impossible lorsqu'on interroge sur un sujet non-animé)
6.   Peut-elle vous aider ?
7.   Imagine-t-il son avenir ?
8.   Avec qui en avez-vous parlé ?
9.   Où travaille votre frère ? / Où votre frère travaille-t-il ?
10. Et vous, êtes-vous au courant ?

8.6.2.6   Le choix des mots interrogatifs

Si l'on veut employer un mot interrogatif, encore faut-il employer le bon.

On peut les classer en deux catégories :

- les pronoms, qui sont spécialisés : *où, pourquoi, comment, quand* etc.

  (On fera des exercices pour choisir le bon mot interrogatif.)

- les adjectifs, qui, ajoutés à un substantif, servent à construire une interrogation :

ex :   ✦ *Quelle heure est-il ?*

✦ *A quel étage habite-t-il ?*

✦ *Quel mari de Gloria Lasso était-il producteur de cinéma ?*

✦ *Pour quelle artiste cette maison a-t-elle été construite ?*

Ces adjectifs peuvent-être remplacés par des pronoms : *lequel, laquelle, lesquels, lesquelles.*
Il faudra donc revoir avec les apprenants les règles d'accord.
Voici un exercice possible :

 **Exercice n° 36 :**

Trouvez le mot interrogatif qui manque : [________]

« [________] est-ce que vous partez en vacances ?
— En juillet.
— Et vous partez [________] de temps ?
— Trois semaines.
— Et [________] allez-vous, cette année ?
— En Irlande.
— Et vous y allez avec [________] moyen de transport.
— On y va en avion, c'est plus pratique.
— Pour [________] raison ?
— Parce que cela va plus vite. Et vous, dans [________] pays allez-vous ?
— On reste en France.
— Et [________] ?
— Parce que nous marions notre fille en octobre. Il faut faire des économies.
— Ah bon ! Catherine va se marier ? Mais avec [________] ?
— Avec un de ses collègues.
— Et [________] d'invités aurez-vous ?
— Une soixantaine, alors, vous pensez…
— Et [________] sorte de robe va-t-elle porter ?
— Quelque chose de simple. Mais vous la verrez, puisque vous êtes invités.
— Formidable. Mais [________] cadeau pouvons-nous lui faire ?
— Elle a fait une liste. Je crois qu'il ne reste plus qu'un presse-purée.
— De [________] marque, et de [________] prix ?
— Elle aimerait quelque chose de chez WMF. Je crois qu'il coûte 250 euros [________] en pensez-vous ?
— Vous êtes sûre que ce n'est pas un presse-portefeuille ? »

Et voici les solutions… Mais en avez-vous vraiment besoin ?

Solutions

Trouvez le mot interrogatif qui manque :
« [Quand] est-ce que vous partez en vacances ?
— En juillet.
— Et vous partez [combien] de temps ?
— Trois semaines.
— Et [où] allez-vous, cette année ?
— En Irlande.
— Et vous y allez avec [quel] moyen de transport.
— On y va en avion, c'est plus pratique.
— Pour [quelle] raison ?
— Parce que cela va plus vite. Et vous, dans [quel] pays allez-vous ?
— On reste en France.
— Et [pourquoi] ?
— Nous marions notre fille en octobre. Il faut faire des économies.

8.6.2.7   La parenthèse haute et l'objet de la question

Comme nous avions une parenthèse basse, nous avons aussi une parenthèse haute, qui permet de mettre à la fin des informations qui ne sont pas essentielles, parce qu'on les connaît déjà.

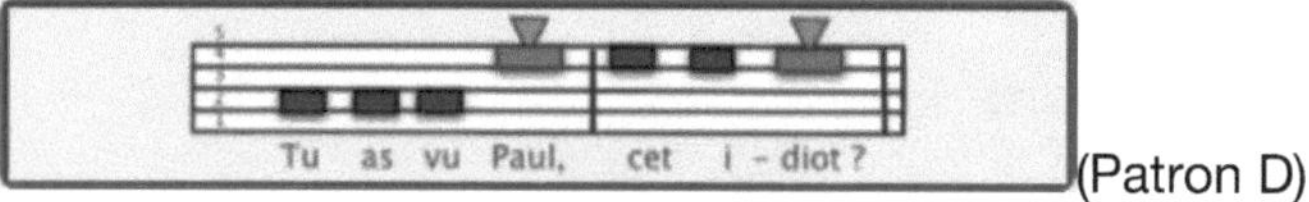

(Patron D)

Par exemple, on peut se demander :
    ✦ *On va visiter le Louvre mercredi avec les voisins ?*
On peut tout aussi bien demander :
    ✦ *On va visiter le Louvre avec les voisins mercredi ?*
Ou encore :
    ✦ *Mercredi, avec les voisins, on va visiter le Louvre ?*
Si l'on part du principe que l'essentiel est à la fin, la question porte plutôt sur le dernier élément.
    ✦ *On va visiter le Louvre mercredi* avec les voisins ? *Non, avec Pauline et Jacques.*
    ✦ *On va visiter le Louvre avec les voisins* mercredi ? *Non, jeudi.*
    ✦ *Mercredi, avec les voisins, on va visiter* le Louvre ? *Non, le musée d'Orsay.*
N'oublions pas que la parenthèse haute, située à la fin, ne fait pas partie de l'information de base, son contenu étant connu.
    ✦ *On va visiter* le Louvre, *avec les voisins ? Non, le musée d'Orsay.*
Vous allez devoir apprendre à vos élèves à repérer l'objet de la question. Voici un exemple d'exercice :

 **Exercice n° 37** : **pour les interrogatives**

Vérifiez si la question contient des éléments qui font partie de l'information principale ou non et trouvez l'objet de la question.

Vous êtes allés hier à Paris en train ?
    [   ] Non, à vélo.
    [   ] Non avant-hier.
Votre fille va à son cours de danse le mercredi ?
    [   ] Non, le jeudi.
    [   ] Non, au judo.
Le matin, vous prenez un petit déjeuner copieux ?
    [   ] Non, l'après-midi.
    [   ] Non, juste une tartine.
Et vous prenez un gros repas, le soir ?
    [   ] Non, à midi.
    [   ] Non, un repas léger.

Voici les solutions : les parties surlignées contiennent l'élément sur lequel porte la question.

146

Solutions

Vous êtes allés hier à Paris en train ?
  [x] Non, à vélo.
  [   ] Non avant-hier.
Votre fille va à son cours de danse le mercredi ?
  [x] Non, le jeudi.
  [   ] Non, au judo.
Le matin, vous prenez un petit déjeuner copieux ? (le matin : info connue, placée avant le sujet)
  [   ] Non, l'après-midi.
  [x] Non, juste une tartine.
Et vous prenez un gros repas, le soir ?   (le soir : parenthèse)
  [   ] Non, à midi.
  [x] Non, un repas léger.

Remarque : l'accord du participe passé conjugué avec *avoir* présentant un degré de difficulté particulièrement haut, différents ministres de l'Éducation, effrayés par le nombre élevé de fautes commises au cours d'examens relevant de leur ministère, tels que le brevet des collèges (fin du premier cycle) et le baccalauréat (fin du deuxième cycle), ont produit à plusieurs reprises sous forme de décrets des listes de tolérances donnant une description des fautes de grammaire pour lesquelles les correcteurs doivent fermer les yeux et faire semblant de ne pas les voir.

Cela entraîne pour nous deux problèmes :

- Ce n'est pas parce que la faute se trouve dans une liste de tolérances que ce n'est plus une faute. C'est tout simplement une faute que l'on ne compte plus dans un examen d'état.
- Apprendre, outre les règles, la liste des cas où l'on peut se permettre de faire la faute, ne simplifie pas la tâche. Quand on fait une faute, encore faut-il savoir si l'on a le droit de la faire ou non.

À notre humble avis, il vaut mieux réserver les efforts des apprenants et de leur enseignante au strict apprentissage de l'accord des participes. Cela permettrait un enseignement plus ciblé, sans compter qu'une faute d'aujourd'hui peut très bien se retrouver sur une nouvelle liste de tolérances, ou disparaître de celle où elle se trouve actuellement, comme cela s'est déjà vu par le passé

Pour bien saisir l'esprit du système participatif, nous allons mettre au point ensemble un module traitant de l'accord du participe passé conjugué avec *avoir* ou avec *être*.

9.1   Introduction :

Pourquoi a-t-on choisi ce problème ? L'accord du participe passé, qu'il soit conjugué avec *être* ou avec *avoir*, montre bien les difficultés que l'on rencontre lorsque l'on veut enseigner un problème grammatical. Nous allons donc commencer par étudier le problème dans l'optique de bien formuler les règles, tout en réfléchissant sur les problèmes qui se posent à nous qui devons l'enseigner.

9.2   La règle de base :

Tout le monde a appris la règle d'accord du participe passé conjugué avec *être* ou avec *avoir*.

L'accord avec être :

Partons d'une série d'exemples :

- *Le chat est sorti de sa cachette.*
- *La souris est sortie de sa cachette.*
- *Les chats sont sortis de leur cachette.*
- *Les chattes sont sorties de leur cachette.*

Ces quatre exemples illustrent la règle bien connue :

> *Le participe passé conjugué avec être s'accorde en genre (féminin/masculin) et en nombre (singulier/pluriel) avec son sujet.*

Reprenons le même exemple à l'oral. Nous allons écrire les exemples en API (Alphabet Phonétique International) de la façon que nous avons définie dans notre Introduction à la Phonétique corrective.

- [lə-ʃa / ɛ-sɔʁ-ti-də-sa-ka-ʃɛt]
- [la-su-ʁi / ɛ-sɔʁ-ti-də-sa-ka-ʃɛt]
- [le-ʃa / sɔ̃-sɔʁ-ti-də-lœʁ-ka-ʃɛt]
- [le-ʃat / sɔ̃-sɔʁ-ti-də-lœʁ-ka-ʃɛt]

On retrouvera le découpage en syllabes, marqué par la présence d'un tiret [-] et celui en mots phoniques, marqué par un trait oblique [/].

Eh oui ! à l'oral, tous les participes sont identiques : [sɔʁ-ti].

Notre règle ne serait-elle pas réservée à l'écrit ? Il n'y a pas trace d'accord à l'oral avec « sortir ».

Tentons notre chance avec un participe se terminant par une consonne.

Mon voisin a été pris à l'ENA.	[mɔ̃-vwa-zɛ̄ / a-e-te-pʁi-a-le-na]
Ma voisine a été prise à l'ENA.	[ma-vwa-zin / a-e-te-pʁi-za-le-na]
Mes voisins ont été pris à l'ENA.	[me-vwa-zɛ̄ / ɔ̃-te-te-pʁi-a-le-na]
Mes voisines ont été prises à l'ENA.	[me-vwa-zin /ɔ̃-te-te-pʁiz-za-le-na]

ENA = nom de l'ancienne « *École Nationale d'Administration* »

À l'écrit, le participe masculin se terminant déjà par s au singulier, il reste identique au pluriel.

En revanche, au féminin, le s du participe est impliqué dans une liaison au féminin singulier : [pʁi-za].

Au pluriel, on a deux [z], celui du participe passé [pʁiz] en fin de syllabe, puis le s du pluriel : [za] dans une liaison, au début de la syllabe suivante.

La présence d'une consonne capable d'être prononcée en fin de syllabe [pʁiz] ou dans une liaison, au début de la syllabe suivante, [-za-] permet à l'auditeur de repérer le féminin ou le pluriel, le record étant dans le féminin pluriel, où l'on a les deux à la fois.

Il faudra donc tenir compte de l'écrit et de l'oral dans nos explications.

Tentons maintenant notre chance avec l'auxiliaire *avoir*.

Le garçon que j'ai vu était sportif.	*J'ai vu un garçon sportif.*
La fille que j'ai vue était sportive.	*J'ai vu un garçon sportif.*
Les garçons que j'ai vus étaient sportifs.	*J'ai vu des garçons sportifs.*
Les filles que j'ai vues étaient sportives.	*J'ai vu des filles sportives.*

Les deux colonnes correspondent à deux cas différents : le COD placé avant, et le COD placé après.
Notre règle illustrée par ces exemples est :

> **Le participe passé conjugué avec *avoir* s'accorde en genre et en nombre avec le COD si celui-ci est *placé avant*.**

Évidemment, on retrouve le même problème à l'oral.

Le garçon que j'ai vu était sportif.	[lə-gaʁ-sɔ̃-kə-ʒe-vy-ɛtɛ-spɔʁ-tif]
La fille que j'ai vue était sportive.	[la-fij-kə-ʒe-vy-ɛtɛ-spɔʁ-tiv]
Les garçons que j'ai vus étaient sportifs.	[le-gaʁ-sɔ̃-kə-ʒe-vy-ɛtɛ-spɔʁ-tif]
Les filles que j'ai vues étaient sportives.	[le-fij-kə-ʒe-vy-ɛtɛ-spɔʁ-tiv]

À l'oral, tous les participes sont identiques : [vy], comme s'il n'y avait pas d'accord.

Nous devrons donc envisager les deux aspects du problème, l'oral comme l'écrit.

9.3 Problèmes annexes :

Outre le problème oral / écrit que nous avons découvert plus haut, il faut se poser un certain nombre de questions concernant les problèmes dus au choix de l'auxiliaire, ainsi que ceux qui viennent des difficultés à reconnaître l'auxiliaire et à son fonctionnement. Voici la carte mentale de notre démarche :

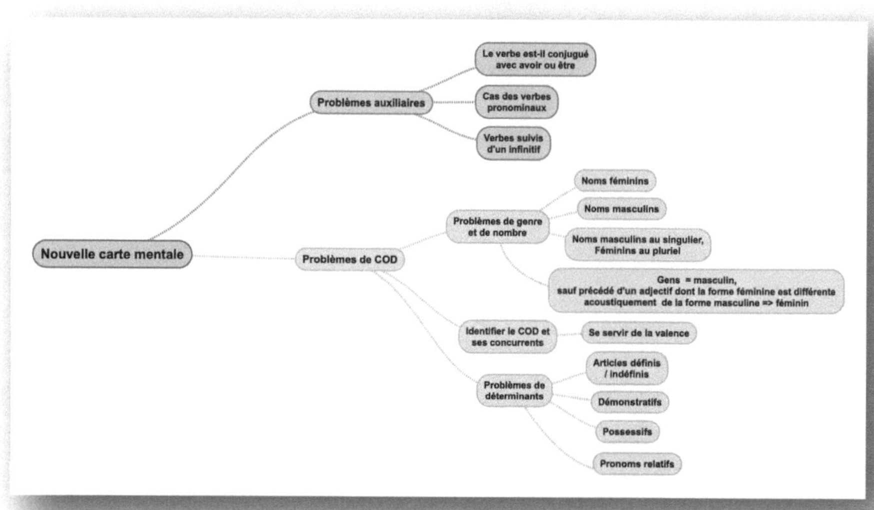

9.3.1 Étudier le problème. À la recherche des différents cas

Nous allons commencer par les problèmes en rapport avec l'auxiliaire.

9.3.1.1 Avoir ou être ?

Nous avons en français deux cas possibles :

o   Le verbe est conjugué avec *avoir*,
o   Il est conjugué avec *être*.

9.3.1.1.1   Conjugaison : avec quel auxiliaire les verbes sont-ils conjugués aux temps composés ?

Le choix d'*avoir* ou d'*être* dépend avant tout du verbe lui-même et de sa valence.
Le verbe *avoir* se conjugue avec *avoir* (*j'ai eu*) de même qu'*être* (*j'ai été*).

Les verbes conjugués avec *être* sont assez peu nombreux. Voici une liste des verbes les plus utilisés :

Gpe	Par ordre alphabétique	
	Par ordre alphabétique	*Accourir, advenir, aller, apparaitre, arriver, décéder, demeurer, descendre, devenir, entrer, intervenir, monter, mourir, naitre, partir, parvenir, redescendre, remonte, rentrer, repartir, ressortir, rester, retomber, retourner, revenir, sortir, survenir, tomber, tomber amoureux / malade, venir*
A	Changement d'état	*Décéder, devenir, mourir, naitre*
B	Changement de lieu	*Aller, venir, revenir, (re)descendre, (re) monter, entrer, rentrer, sortir, ressortir, tomber, retourner, revenir*
C	Fin, début d'action	*Accourir, apparaître, arriver, partir, parvenir*
D	Verbes d'état inchangé	*Demeurer, rester,*
E	Atteindre un but	*Intervenir, parvenir, survenir, advenir*

Remarque : certains de ces verbes peuvent être occasionnellement utilisés avec la valence *qc/qn*. Dans ce cas, ils se conjuguent avec *avoir* :

Verbes	Conjugué avec être	Vbe + qc / qn
Monter	Elle est montée au premier.	*Elle a monté le bébé.* Elle a monté la chaise au premier
Descendre	Elle est descendue au sous-sol.	*Elle a descendu la poubelle. Elle a descendu le chien.*
rentrer	Elle est rentrée dans la maison.	*Elle a rentré les chaises. Elle a rentré sa fille.*
sortir	Elle est sortie dans la rue.	*Elle a sorti le chien.* Elle a sorti ses enfants.

Règle :

> **Un verbe de valence Vbe qc/qn possédant un COD (qc/qn) se conjugue avec *avoir*.**

Il y a des cas où des verbes qui correspondent à cette valence sont conjugués avec être : c'est lorsqu'on les emploie à la voix passive :

Le chat a mangé la souris : la souris a été mangée par le chat.

N'oublions pas que, lorsque l'on met un verbe au passif, le COD (ici, *la souris*) devient **sujet**, et le sujet (ici, *le chat*) devient **complément d'agent**, précédé de la préposition *par*.

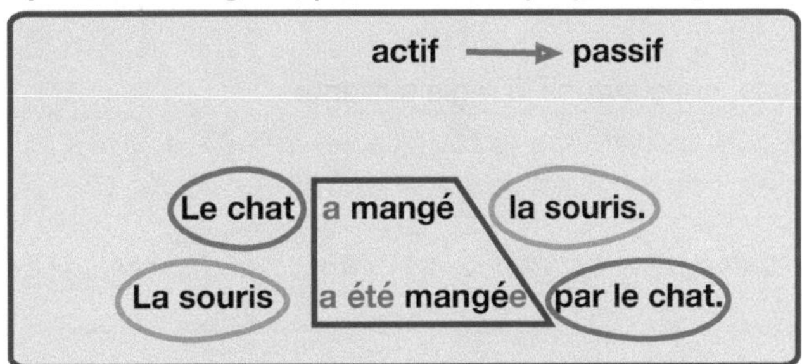

Remarque :
On entend souvent des passifs abusifs. En voici quelques exemples :

Passif abusif, donc faux	Valence	Passif correct
* Le patient ~~a été greffé~~.	Greffer qc à -qn	Un rein a été greffé au patient.
* Le libraire ~~a été livré~~ hier.	Livrer qc à qn	Un livre a été livré hier au libraire.

Attention : certains ont des difficultés pour savoir si un verbe est conjugué avec *avoir* ou avec *être*.

Pierre est sorti.	*est* : verbe *être*
Pierre a sorti la poubelle.	*a* : verbe *avoir*

| *La victime a été assassinée hier.* | *a été* : verbe *être*, conjugué avec l'auxiliaire *avoir*. |

Dans le dernier cas, nous avons l'auxiliaire *être* au passé composé. Il est comme toujours conjugué avec l'auxiliaire avoir. Le verbe *assassiner* est ici au passif passé composé, et donc conjugué avec *être*.

9.3.1.1.2   Les cas désespérants

Rassurez-vous : nous n'avons pas encore fini de nous arracher les cheveux. En effet, il se passe des choses à peine croyables dans deux cas particuliers :

- Les verbes suivis d'un infinitif
- Les verbes pronominaux

9.3.1.1.2.1   Les verbes suivis d'un infinitif

Partons d'une série d'exemples :
1. *Les fruits que j'ai vus étaient mûrs.*
2. *Les fruits que j'ai vus tomber étaient tous mûrs.*
3. *Les fruits que j'ai vu cueillir étaient tous mûrs.*
4. *Les photos que nous avons fait développer étaient ratées.*

Le cas n° 1 est assez classique : Le COD de *j'ai vu* (voir qc) est *que*, mis pour *fruits*, placé avant le verbe conjugué avec avoir. Il faut donc faire l'accord en genre (masculin) et en nombre (pluriel) : *les fruits que j'ai vus*.

Les cas n° 2 et n° 3 sont assez semblables. Pourtant, dans le cas n° 2, on fait l'accord, alors que dans celui qui porte le numéro 3, on ne le fait pas. Pourquoi ?

Eh bien, dans le cas n° 2, le COD *que*, qui représente les fruits, fait l'action de l'infinitif : ce sont les fruits que je vois, et ce sont eux qui tombent.

Dans le cas n° 3, ces mêmes fruits *ne cueillent pas.* : *ils sont cueillis*. Ils subissent donc l'action de l'infinitif, sans que l'on sache ici qui les cueille. Ce que je vois ici, c'est cueillir les fruits, une action donc, qui n'a ni genre ni nombre, et ne permet donc pas que l'on fasse l'accord.

Enfin, dans le cas n° 4, qu'avons-nous fait ? Nous avons fait développer des photos. *Que = les photos* est le COD de *développer*. Ce qui est COD de *faire*, c'est *développer les photos*. C'est donc une action bâtie autour d'un verbe à l'infinitif, qui n'a donc pas de genre ni de nombre, et interdit donc de faire l'accord.

Pour les deux premiers cas, nous aurons la règle suivante :

Lorsqu'un verbe à un temps composé est suivi d'un infinitif de sens actif (le sujet de l'infinitif fait l'action), le participe s'accorde en genre et en nombre avec son COD s'il est placé avant. (cas n° 2)
Mais si le sujet de l'infinitif subit l'action de cet infinitif (sens passif), il n'y aura pas d'accord. (cas n° 3)

Pour le dernier cas, nous retiendrons :

Lorsqu'un verbe à un temps composé est suivi d'un infinitif et que son COD est constitué autour de l'infinitif, il n'y aura pas d'accord, le COD n'ayant ni genre ni nombre. (cas n° 4)
Le verbe faire suivi d'un infinitif correspondant toujours à ce cas, il n'y aura jamais d'accord possible.
Ceci est aussi valable pour le verbe laisser suivi d'un infinitif

9.3.1.1.2.2   Les verbes pronominaux.

Les verbes pronominaux se divisent en quatre catégories :
+ Les verbes essentiellement pronominaux, qui n'existent que comme tels, comme *se suicider, se souvenir.*

Ils sont conjugués avec *être*, et suivent logiquement les règles selon *être*. Ils s'accordent donc avec leur sujet.

- ***De nombreux policiers se sont suicidés cette année en France.***
- ***La centenaire s'est souvenue de tous les détails de sa jeunesse.***

+ Les verbes pronominaux, de sens passif, dont le sujet subit l'action. Ils sont conjugués avec *être* et s'accordent avec le sujet.

- ***Les frites se sont toujours mangées avec les doigts.***

Les frites ont été mangées, et ceux qui les ont mangées, et dont on ne parle pas ici, l'ont fait avec les doigts.

+ Les verbes occasionnellement pronominaux, qui se conjuguent avec l'auxiliaire *être* mais continuent à suivre les règles d'accord selon *avoir*.

Accrochez-vous pour lire ces exemples et pour les expliquer :

Exemple	auxiliaire	Accord selon	Accord avec le
Elle s'est lavée ce matin.			
Elle s'est aussi lavé les mains.			
Les pieds, elle se les était lavés la veille.			

Le verbe se laver est à l'origine un verbe non-pronominal conjugué avec *avoir.*

- ***Ses serviettes, il les a lavées avec la machine.***

Pourtant, lorsque le sujet fait l'action sur lui-même, on emploie le pronom réfléchi (*me, te, se*, etc.) Dans ce cas, le verbe devient pronominal et se conjugue avec *être*. Cependant, comme dans tous les autres cas, il se conjugue avec *avoir*, il continue à appliquer les règles selon *avoir,* même s'il se conjugue, pour des raisons formelles, avec *être*.

Voici les solutions :

Exemples	auxiliaire	Accord selon	Accord avec le
Elle s'est lavée ce matin.	être	Avoir	COD
Elle s'est aussi lavé les mains.	être	Avoir	COD
Les pieds, elle se les était lavés la veille.	être	Avoir	COD

+ Les verbes occasionnellement pronominaux, essentiellement pronominaux avec changement de sens.

Prenons le cas du verbe *oublier*. Sa valence est {*oublier qc/qn*}. Si, en coupant le gâteau d'anniversaire, j'ai coupé quatorze parts alors que nous sommes quinze, lorsque je les distribue, le dernier servi n'aura rien.

Si le dernier servi est quelqu'un d'autre que moi, parce que je me suis servi le premier, par exemple, je pourrai dire : *on l'a oublié dans le partage*, avec l'auxiliaire *avoir*.

Mais si je suis poli, et si je me sers en dernier, je devrai dire : *je me suis oublié dans le partage.*

La forme pronominale s'explique parce que je fais l'action sur moi-même. Le verbe devient pronominal. L'auxiliaire est alors, pour des raisons formelles, *être*.

S'oublier (oublier soi-même) est donc un cas particulier du verbe *oublier* : on s'oublie soi-même comme on oublie les autres, mais dans ce cas, avec l'auxiliaire *être*, tout en suivant la règle selon *avoir* (cf. cas précédent).

Cependant, dans la phrase : *La chatte s'est oubliée sur le tapis*, le verbe *oublier* pronominal a un autre sens : Elle a fait pipi sur le tapis. Elle n'a oublié personne. Elle a seulement oublié où elle était : on ne fait pas pipi sur le tapis !

Cette forme d'oublier est donc quasiment essentiellement pronominal avec ce sens.

- ***Elle a oublié où elle était.*** (Non pronominal, conjugué avec *avoir*, accord selon *avoir*).
- ***Elle s'est oubliée sur le tapis.*** (Quasiment essentiellement pronominal, conjugué avec être, accord selon *être*).

Comme vous voyez, enseigner le français, ce n'est pas si facile ! Cela se mérite !

9.3.1.2 Identifier le C.O.D.

Une fois qu'il faut appliquer la règle d'accord selon *avoir*, il va nous falloir trouver le COD, s'il y en a un. Beaucoup croient qu'il suffit de trouver un complément sans préposition pour tenir le COD. Mais ce n'est pas si simple. Étudions les exemples suivants :

1. *J'aime le matin et sa fraîcheur.*
2. *Le matin, j'aime me promener dans les champs.*
3. *J'aime, le matin, me promener dans les champs.*

Nous allons maintenant essayer de trouver la fonction de « *le matin* ».
Dans l'exemple n° 1, le matin est COD du verbe aimer. Si l'on part de la valence du verbe : aimer qc/qn *qc* est le COD du verbe. Ici, c'est *le matin.*
En revanche, dans les exemples 2 et 3, l'emploi de la valence nous montre que *qc = se promener dans les champs*. Le matin est donc un complément circonstanciel de temps : *Quand ? = le matin.*

9.3.1.2.1 Se servir de la valence

Le meilleur moyen de retrouver le rôle des éléments de la phrase, c'est de se servir de la valence du verbe. L'enseignante devra donc, lorsqu'elle introduit un nouveau verbe, livrer sa valence, avec si possible des exemples. **L'apprentissage de la valence est donc l'un des piliers de l'apprentissage du français langue étrangère.**
Où trouver la valence ? Dans le dictionnaire, comme le Robert illustré 2019, on trouve à l'entrée *aimer* « V. tr », que l'on traduira par verbe transitif.
Le verbe *penser*, lui, est qualifié par le dictionnaire de « verbe intransitif », ce qui est malheureusement faux. En effet, il est transitif indirect.

Il y a en réalité trois sortes de verbes en ce qui concerne leur valence :

1. Ceux qui sont du type vbe qc (*aimer qc*) ou vbe qn (*aimer qn*), que l'on peut résumer ici par vbe qc/qn (*aimer quelque chose ou quelqu'un*). On les appelle verbes transitifs directs. On peut ajouter au COD construit sans aucune préposition un complément second introduit par une préposition : *donner qc à qn*, qui désigne à qui va le COD.

2. Ceux qui sont du type vbe à qc (*penser à qc*) ou vbe à qn (*penser à qn*), que l'on peut résumer ici par vbe à qc/à qn (*penser à quelque chose ou à quelqu'un*). On les appelle verbes transitifs indirects. La préposition peut aussi être de (*rêver de qn*), par (*passer par*), pour etc...

3. Ceux qui sont du type vbe – (*naître, mourir, ronfler*), qui n'ont pas de complément dans leur valence et que l'on appelle verbes intransitifs.

Ainsi, seuls les verbes transitifs directs ont un COD et nous intéressent pour l'accord selon *avoir*.
On trouvera plus de détails sur la valence dans notre ouvrage :
Christian Meunier : Enseigner la valence verbale BOD ISBN-978-2-322-12841-9

9.3.1.2.2 Problèmes de genre et de nombre

Une fois que l'on a repéré le COD, encore faut-il en connaître le genre et le nombre.
En cas de besoin, on peut toujours consulter le dictionnaire.
Un nom possède un genre qui lui est propre. Il faudra se méfier des cas suivants :

- Des noms qui commencent par un {a} ou un {e}. *L'ascenseur* [la-sã-sœʁ] est masculin, malgré le début en [la]. Beaucoup de Français croient que le mot est féminin et disent, en parlant de l'ascenseur : *~~*Elle est en panne~~*, ce qui est faux.
- Des trois noms *amour*, *délice* et *orgue*, qui sont masculins au singulier, mais féminins au pluriel. On joue de l'*orgue* (masculin), mais on se marie au son des *grandes orgues*.
- Du nom *gens,* qui est masculin, sauf lorsqu'il est précédé d'un adjectif qualificatif **dont la forme féminine est acoustiquement différente de la forme masculine.** *Dormez, bonnes gens.* : *bonnes* est un adjectif qualificatif placé avant, et la forme féminine *bonnes* [bɔn] est acoustiquement différente du masculin *bons* [bɔ̃].
- Des noms qui désignent un groupe de personnes qui peuvent être des deux sexes, et qui sont féminins, même s'il s'agit de personnes masculines : *personne, victime, sentinelle, crapule,*

etc. *Les victimes étaient toutes barbues.* (C'étaient des hommes, mais le mot *victime* est féminin).

- Et bien sûr les personnes féminines que l'on désigne sous un nom masculin. *Le docteur est absent. Il est *enceinte.* Cette phrase semble ridicule, mais si le docteur est une femme, et qu'elle est enceinte, on est coincé : le *docteur* n'a pas (encore) de féminin, les *docteurs femmes* ne voulant pas être appelé(e) s *doctoresses*, et l'adjectif enceinte n'a pas de masculin au sens figuré. En revanche, un château peut être *enceint* d'un mur (un *mur d'enceinte* qui l'entoure).

Remarque : les femmes se sentant discriminées par la langue française, on agit maintenant pour inventer de nouveaux noms féminins aux professions problématiques du fait de leur nom masculin.

Vous pouvez en apprendre plus ici : https://www.lemonde.fr/societe/article/2019/02/28/l-academie-francaise-se-resout-a-la-feminisation-des-noms-de-metiers_5429632_3224.html :

SOCIÉTÉ · EGALITÉ FEMMES-HOMMES

L'Académie française se résout à la féminisation des noms de métiers

L'institution a tranché un sujet longtemps tabou, estimant qu'il n'existait « aucun obstacle de principe » à la féminisation des métiers.

Par Raphaëlle Rérolle

Publié le 28 février 2019 à 18h57, mis à jour le 01 mars 2019 à 07h42 · Lecture 4 min.

9.3.1.2.3 Problèmes de place

Le COD devant être placé avant le participe passé, ce qui n'est pas sa place habituelle, il faudra le chercher le plus souvent sous la forme d'un déterminant, ou d'un pronom relatif. Voici quelques exemples :

1. *Charles a mangé des cerises mûres.*
2. *Les cerises mûres qu'il a mangées l'ont rendu malade.*
3. *Il les a mangées. Elles l'ont rendu malade.*
4. *Il en a mangé beaucoup trop.*

Dans l'exemple 1, le COD est *cerises*. Il est placé après le participe passé : il n'y a donc pas d'accord.

Dans l'exemple 2, le COD est *qu'* (= *que*), qui a pour antécédent. Le COD « *les cerises mûres* » étant placé avant, il faut faire l'accord.

Dans l'exemple 3, le COD est le pronom personnel « *les* », qui représente « *les cerises mûres* ». Le COD étant placé avant, il faut faire l'accord.

Enfin, le quatrième exemple représente un cas où l'on ne fait pas l'accord parce que le COD *beaucoup trop* est placé derrière. Nous reviendrons sur ce problème ci-dessous. *En* n'est pas un COD, puisqu'il remplace un complément introduit par la préposition *de*.

9.3.1.2.4 Problèmes de déterminants

Les déterminants existent en deux catégories : les adjectifs, qui accompagnent un nom, et les pronoms, qui le remplacent. Nous allons nous intéresser aux articles (définis et indéfinis), aux démonstratifs et aux possessifs.

9.3.1.2.4.1 Problèmes d'articles

Les articles qui nous intéressent ici sont les articles définis et les articles indéfinis qui accompagnent le COD et ceux qui accompagnent les COind (compléments d'objet indirects) ou les compléments seconds (CSec), appelés plus souvent « compléments d'attribution ».

Réfléchissons sur quelques exemples :

- *Les voitures qu'il a conduites étaient toutes rapides. (1)*
- *Des voitures rapides, il en a conduit un grand nombre. (2)*
- *Des voitures rapides, il en a conduit beaucoup. (3)*
- *Des voitures rapides, il n'en a jamais conduit. (4)*

Dans l'exemple (1), le verbe *conduire* (*conduire qc*) a pour COD *qu'*, pronom relatif reprenant l'antécédent *les voitures* (féminin, pluriel). Comme le verbe est conjugué avec l'auxiliaire *avoir* et que le COD est placé avant, on doit faire l'accord : *qu'il a conduites*.

L'exemple (2) ressemble beaucoup au précédent, mais cette fois-ci, on ne fait pas l'accord. Pourquoi pas ? Eh bien, cette fois, le nom *voitures* est défini par un article indéfini : *des*, pluriel de *une*. La différence fondamentale entre *les* et *des*, c'est que *les*, l'article défini, représente la totalité des objets dont on parle. *Les voitures*, c'est la totalité des voitures qu'il a conduites. En revanche, l'article indéfini *des* ne représente qu'une partie de toutes les voitures dont on parle. Et lorsque l'on représente *ces voitures*, on emploie le pronom *en*, qui remplace un complément commençant par *de* : *de ces voitures*, il a conduit un grand nombre. Un complément introduit par la préposition *de* ne peut pas être direct, et on ne peut pas faire l'accord avec lui.

Les exemples 3 et 4 correspondent au cas numéro deux.

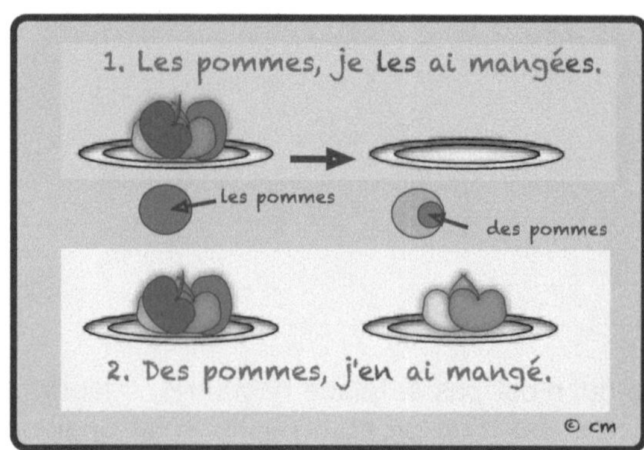

Donc, il faudra se méfier de l'emploi du pronom *en*.
- *Les pommes, je les ai mangées.*
- *Les pommes, je ne les ai pas mangées.*
- *Des pommes, j'en ai mangé deux.*
- *Des pommes, je n'en ai pas mangé.*

Les pommes représentent toutes les pommes présentes. *Des pommes* représentent une partie des pommes (*de ces pommes qui sont là*).

Et n'oubliez pas que *des* correspond aussi à *de* + *les,* d'où l'emploi du pronom *en*.

Remarque : dans l'exemple qui suit, on fait l'accord alors que l'on a l'article *des*.
- *Dans ce musée, il y a des voitures qu'Alain Prost a conduites personnellement.*

Comment se fait-il que l'on fasse l'accord, alors que l'on a l'article *des* ? Tout simplement parce que le COD du verbe *conduire* est le pronom relatif *que*, qui représente « *des voitures* ». Mais le pronom relatif n'a pas d'article indéfini. Il se rapporte à l'ensemble des voitures conduites par Prost qui se trouvent là, même si ces voitures sont en nombre réduit (comme le montre l'article indéfini). **Il y a donc dans le musée des voitures dont la caractéristique principale est qu'elles ont été conduites par Prost**, et bien sûr, ces voitures-là, il les a toutes conduites. C'est le pronom relatif qui est le COD, et il représente **toutes les voitures présentes qui ont été conduites par Prost**.

Vous aurez plus de détails sur les pronoms relatifs plus loin.

9.3.1.2.4.1 Problèmes d'adjectifs et de pronoms démonstratifs

On retrouvera le même problème avec les démonstratifs, adjectifs (n° 1 et n° 3) et pronoms (n° 2 et 4):
- *Ces pommes, je les ai mangées.* (1) *Les* est un COD (*manger qc*)
- *Celles-ci, je les ai mangées.* (2) *Les* est un COD (*manger qc*)
- *De ces pommes, j'en ai mangé deux.* (3) *en*, placé avant, n'est pas COD puisqu'il remplace (*de* + *pommes*)
- *De celles-là, je n'en ai pas mangé.* (4) *en*, placé avant, n'est pas COD puisqu'il remplace (*de* + *celles-là*)

9.3.1.2.4.2 Problèmes d'adjectifs et de pronoms possessifs

On retrouvera le même problème avec les possessifs, adjectifs (n° 1 et n° 3) et pronoms (n° 2 et n° 4) :
- *Tes pommes, je les ai mangées.* (1)
- *Les siennes, je les ai mangées.* (2)
- *De tes pommes, j'en ai mangé deux.* (3)
- *Des leurs, je n'en ai pas mangé.* (4)

9.3.1.2.5 Problèmes de pronoms personnels

→Notons d'abord que devant voyelle ou h muet, *me, te, le, la* deviennent respectivement *m', t', l', l'*.

→Notons ensuite que les pronoms personnels se divisent en deux catégories : les **définis** et les **non définis**.

Les définis sont variés, puisqu'ils varient selon **le genre, le nombre et la personne.**

Les pronoms de la 3e personne du singulier font la différence entre le masculin (*le*) et le féminin (*la).* Au pluriel, il n'y en a qu'un, *les,* quel que soit le genre.

Rappelons-nous que, comme pour le pronom sujet, le pronom personnel défini transmet le genre, que cela se voie, comme pour *le* ou *la,* ou non, comme avec *les.*

Une femme pourra raconter à une amie :

✦ *Mon futur mari m'a découverte dans un bal, alors que nous nous étions déjà rencontrés plusieurs fois.*

Le verbe *découvrir* est conjugué avec *avoir,* et le CV{—} (COD) *m'* est placé avant. **Comme il est féminin, il faudra accorder le participe passé.**

Remarque : Comme nous parlons de valence, nous allons employer le vocabulaire que nous avons mis au point dans notre ouvrage sur la valence, qui va nous permettre d'être plus précis d'une part, et qui va attirer notre attention sur les problèmes principaux de prépositions.

Voici les cas les plus importants :

Exemples	Valence	Structure
Elle a mangé le gâteau.	Manger qc	qc= CV{—} complément dans la valence sans préposition.
Il a vu sa mère.	Voir qn	qn= CV{—} complément dans la valence sans préposition.
Il pense à sa fille.	Penser à qn	à qn= CV{à} complément dans la valence avec préposition *à*
Elle donne un stylo à son élève.	Donner qc à qn	qc= CV{—} complément dans la valence sans préposition. à qn = CV{—} complément supplémentaire dans la valence avec préposition *à.*

Correspondance entre les nouvelles et les anciennes dénominations

Exemple	Nouveau nom	Ancien nom
Elle a mangé le gâteau.	qc= CV{—} complément dans la valence sans préposition.	COD = complément d'objet direct
Il a vu sa mère.	qn= CV{—} complément dans la valence sans préposition.	COD = complément d'objet direct
Il pense à sa fille.	à qn= CV{à} complément dans la valence avec préposition *à*	COInd = complément d'objet indirect
Elle donne un stylo à son élève.	qc= CV{—} complément dans la valence sans préposition. à qn = CV{—} complément supplémentaire dans la valence avec préposition *à.*	COD = complément d'objet direct Complément d'attribution ou Complément second

9.3.1.3 Les indéfinis sont beaucoup moins variés.

Avec négation, c'est *en.*

✦ *Des cigarettes, je n'en ai pas.*

À la forme affirmative, les dénombrables seront accompagnés de *un* (ou *deux, trois etc.*)

✦ *Des livres, j'en ai cinquante.*

Si l'on se limite à *en,* c'est qu'on ne veut pas en donner le nombre : *Des livres, j'en ai.*

Les non dénombrables, eux, se résument à *en,* puisqu'on ne peut pas les compter, et que, donc, on ne peut pas en donner le nombre.

Attention, on ne peut pas faire l'accord comme ci-dessus avec *en* placé avant, qui ne transmet *ni le nombre, ni le genre* :

✦ *Des livres, j'en ai possédé plusieurs.*

Il n'est pas permis de mettre ici un *–s* à *possédé.*

En fait, il semblerait que la langue considère la partie placée après (ici : *plusieurs*) comme une partie du CV{—}(= COD), le *en* signifiant *de qc* :

✦ *J'en possède deux, de ces livres.*

En correspond à *de ces livres,* qui comporte un *de,* et n'est donc pas un CV{—}, mais un CV{de}, un complément avec pour préposition : *de.*

Cette forme avec **en** serait donc un curieux CV{—} (COD .), puisqu'il fait référence à une préposition, et qu'il est de ce fait un CV{Prép=*de*}) (un COInd).

9.3.1.3.1   Problèmes de pronoms relatifs

Le pronom relatif transmet les caractéristiques de son antécédent (genre, nombre, et même personne). Parmi les pronoms relatifs, seuls ceux qui représentent un COD ou qui peuvent être confondus avec un COD nous intéressent : *que, dont*.

♦ *Ce sont les femmes que Landru a épousées avant de les assassiner.* (1)
♦ *Voilà une liste de femmes dont Landru a épousé plusieurs avant de les assassiner.* (2)

On ne sera pas surpris de la ressemblance de ces deux exemples avec ceux que nous avons discutés plus haut. (1= toutes, 2 = une partie)

9.4   Établissons les règles
En reprenant les points abordés au début du chapitre 5, on obtient la carte mentale suivante.

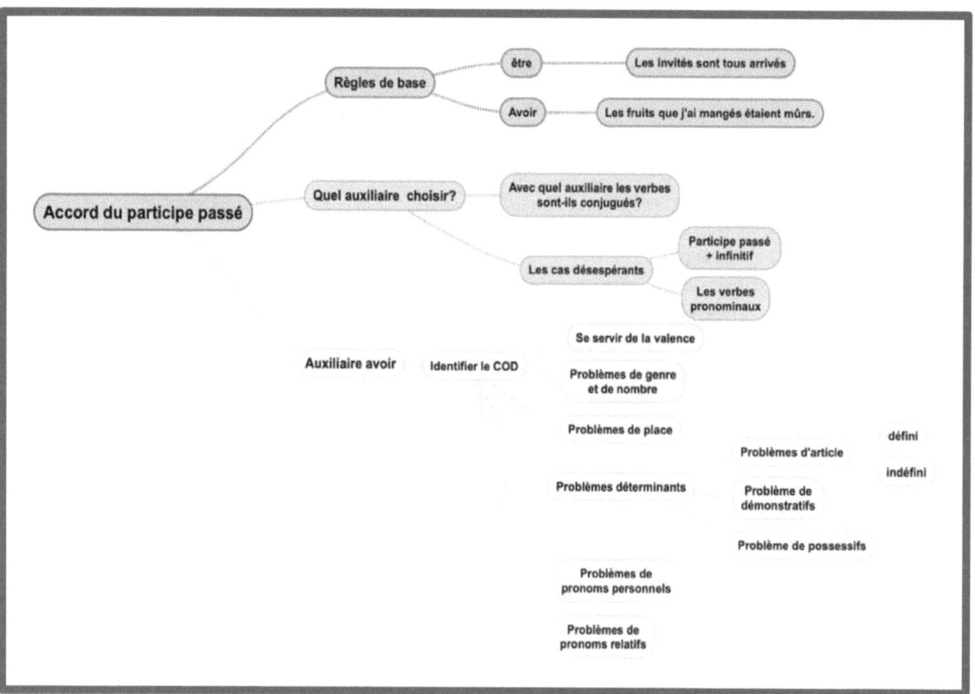

9.5   Accords oraux, accords écrits

Entourés de livres, nous oublions un peu trop que le français est **une langue**, et que donc, il est surtout utilisé à l'oral. Le problème, c'est que l'accord du participe à l'oral est souvent quelque peu fantomatique, mais qu'il mène une existence plus officielle à l'écrit. C'est ce que nous avons vu avec les exemples du début.

Exemples écrits	Exemples oraux
Le chat est sorti de sa cachette.	[lə-ʃa / ɛ-sɔʁ-ti-də-sa-ka-ʃɛt]
La souris est sortie de sa cachette.	[la-su-ʁi / ɛ-sɔʁ-ti-də-sa-ka-ʃɛt]
Les chats sont sortis de leur cachette.	[le-ʃa / sɔ̃-sɔʁ-ti-də-lœʁ-ka-ʃɛt]
Les chattes sont sorties de leur cachette.	[le-ʃat / sɔ̃-sɔʁ-ti-də-lœʁ-ka-ʃɛt]

Dans la colonne de gauche, nous avons quatre terminaisons différentes (*sorti, sortie, sortis, sorties*), alors qu'à l'oral, nous n'en avons qu'une : [sɔʁ-ti]. C'est donc un peu comme si l'on ne faisait pas l'accord.

Mais rappelons-nous qu'il y a des cas où l'on entend l'accord, lorsqu'une consonne intervient dans la prononciation :

Exemples écrits	Exemples oraux
Mon voisin a été pris à l'ENA.	[mɔ̃-vwa-zɛ̃/a-e-te-pʁi-a-le-na]
Ma voisine a été prise à l'ENA.	[ma-vwa-zin/a-e-te-pʁi-za-le-na]
Mes voisins ont été pris à l'ENA.	[me-vwa-zɛ̃/ɔ̃-te-te-pʁi- za -le-na]
Mes voisines ont été prises à l'ENA.	[me-vwa-zin/ɔ̃-te-te-pʁizə-za-le-na]

Si l'on doit faire attention à l'accord à l'écrit, on a intérêt à y penser à l'oral, car les liaisons servent souvent à signaler que l'on a affaire à un pluriel, ou à un féminin.

9.6   Préparons le travail des apprenants

Nous allons maintenant nous servir de ce que nous avons vu jusqu'à présent pour faire notre feuille de travail qui va servir à organiser et à diriger le travail des apprenants en groupes. Nous allons prévoir des moments stratégiques où les apprenants devront prendre contact avec l'enseignante, qui pourra soit donner son avis directement sur les résultats obtenus par le groupe, soit rassembler les groupes pour une réflexion commune, pour remettre les choses en perspective.
Nous allons suivre l'ordre établi pour la carte mentale, et prévoir des activités pour trouver les règles et pour s'entraîner à la réflexion, ainsi que des exercices d'emploi direct, puis déconnectés pour bien s'entraîner à accorder les participes, puis des tests pour contrôler les résultats acquis.

Nous allons construire notre fiche de l'apprenant. Notre but est d'organiser le travail de la classe de telle façon que l'apprenant soit amené à réfléchir :

	En groupes de 3 ou 4.		En plénum, avec l'enseignante et l'ensemble des apprenants.
	Seuls avec l'ordinateur		En expliquant aux autres ce qu'il a découvert

Nous nous servirons de ces icônes pour préciser comment doit avoir lieu le travail.

9.6.1   Règles de base

Nous allons commencer par une étude sur exemples menant aux deux règles d'accord de base.

Étudiez bien les exemples suivants, et déduisez-en la règle de base de l'accord du participe conjugué avec avoir.

- *J'ai toujours aimé les pommes. (1)*
- *Les pommes, je les ai toujours aimées. (2)*
- *Ma sœur, elle, a toujours préféré les poires. (3)*
- *Les enfants ont toujours préféré le chocolat. (4)*

Pour cela, remplissez le tableau suivant :

N°	participe	genre	nombre	auxiliaire	S'accorde avec	genre	nombre
1							
2							
3							
4							

Trouvez la fonction du mot avec lequel le participe s'accorde. C'est le _________. Complétez la règle après avoir étudié le tableau :

Le participe passé conjugué avec *avoir* s'accorde en genre et en nombre avec le __________ placé __________ le participe.
Solution : Le participe passé conjugué avec *avoir* s'accorde en genre et en nombre avec le <u>COD placé</u> avant le participe.

Bien entendu, nous ferons disparaître les solutions de la fiche de l'apprenant.

Passons maintenant à l'auxiliaire être :

♦ *Les filles des voisins sont allées au cinéma ensemble. (5)*
♦ *Les garçons, eux, sont allés au stade pour y voir un match de football. (6)*
♦ *Les missionnaires ont été dévorés par les cannibales. (7)*

N°	participe	genre	nombre	auxiliaire	S'accorde avec	genre	nombre
5							
6							
7							

Trouvez la fonction du mot avec lequel le participe s'accorde. C'est le __________. Complétez la règle après avoir étudié le tableau :

Le participe passé conjugué avec *être* s'accorde en genre et en nombre avec le __________, où que celui-ci se trouve.
Solutions :
… c'est *le sujet*
Le participe passé conjugué avec *être* s'accorde en genre et en nombre avec le <u>sujet, où qu'il soit</u>.

Exercice :

Accord selon être : accordez le participe passé selon le cas. Attention aux verbes qui sont au passif.

Hier, il faisait beau. Pauline et Paulette sont donc __________ [1] (sortir). Elles sont __________ [2] (aller) à la plage et se sont __________ [3] (se baigner).

Elles y ont rencontré leur amie Julie qui, elle, ne s'est pas __________ [4] (se baigner), vu qu'elle a peur de l'eau, surtout des vagues qui sont __________ [5] (pousser) par le vent et vous font perdre pied.

De plus, elle avait vu un jour une photo représentant deux hommes qui s'étaient __________ [6] (se noyer), et elle avait été __________ [7] (traumatiser) à vie. Son frère, lui, n'était pas du tout __________ [8] (effrayer) par l'eau de mer. Quand ils étaient __________ [9] (arriver), Julie et lui, il s'était __________ [10] (lancer) vers le large, comme pour traverser la Méditerranée.

Solutions	
[1] (ils) sont donc sortis	[6] ils s'étaient noyés
[2] Elles sont allées	[7] elle avait été traumatisée
[3] elles se sont baignées	[8] il n'était pas effrayé
[4] elle ne s'est pas baignée	[9] ils étaient arrivés
[5] qui sont poussées	[10] il s'était lancé

9.6.2 Comment savoir quel auxiliaire choisir ?

Nous allons maintenant nous pencher sur le choix de l'auxiliaire.

Avant d'accorder le participe passé, il faut savoir :
- à la compréhension, reconnaître quel est l'auxiliaire.
- à la production, quel auxiliaire choisir.

9.6.2.1 Avec quel auxiliaire les verbes sont-ils conjugués ?

Voici une liste de verbes. Trouvez avec quel auxiliaire il faut les conjuguer.

> *Accourir, advenir, aller, apparaitre, arriver, décéder, demeurer, descendre, devenir, entrer, intervenir,*
> *monter, mourir, naitre, partir, parvenir, redescendre, remonter, rentrer, repartir, ressortir, rester, re-*
> *tomber, retourner, revenir, sortir, survenir, tomber, tomber amoureux / malade, venir.*

Ces verbes se conjuguent tous avec l'auxiliaire _______ (être). La plupart des autres verbes se conjuguent avec **avoir**.

Il suffit donc d'apprendre les verbes de la liste dont vous avez besoin et de vous rappeler qu'ils sont conjugués avec _______ (être).

9.6.2.2 Les cas particuliers

Mais attention : il y a des cas qui obligent le verbe à utiliser un certain auxiliaire :

9.6.2.2.1 Les verbes qui ont un COD :

On dit ou on écrit : ***Elle est montée au premier étage.*** *(*Le verbe se trouve dans la liste ci-dessus).

Mais si vous montez une valise au premier étage, on dira : « Elle **a monté** la valise au premier étage. »

D'où la règle :

Un verbe qui a un COD se conjugue avec l'auxiliaire __________.
Un verbe qui a un COD se conjugue avec l'auxiliaire <u>avoir</u>.

Un verbe qui a un COD s'appelle un verbe transitif direct, transitif parce qu'il a un objet, et direct parce que cet objet est direct.

Exercice : complétez les phrases de la colonne de droite en employant le bon auxiliaire.

Remarque : certains de ces verbes peuvent avoir la valence qc/qn. Dans ce cas, ils se conjuguent avec **avoir** :

	Conjugué avec être	Verbe + qc / qn
Monter	Elle est montée au premier.	*Elle _____ le bébé. Elle _____ la chaise au premier*
Descendre	Elle est descendue au sous-sol.	*Elle _____ la poubelle. Elle _____ le chien.*
rentrer	Elle est rentrée dans la maison.	*Elle _____ les chaises. Elle _____ sa fille.*
sortir	Elle est sortie dans la rue.	*Elle _____ le chien.*
Solutions : *Elle a monté le bébé / la chaise. Elle a descendu / /la poubelle/le chien. Elle a rentré les chaises/sa fille. Elle a sorti le chien*		

 **Recherches grammaticales : l'accord du participe**

Étudiez bien en groupe les cas qui suivent pour dégager les règles d'accord avec **avoir**, avec **être**.
Avec avoir : écrivez la terminaison - / e / s / es
Marie a toujours aimé____ {01} les pommes. Les poires, elle les a aussi mangé____ {02}, mais sans enthousiasme. Des cerises, elle en a acheté____ {03} un bon kilo, mais elle en a fait____ {04} des confitures.
Trouvez la valence, écrivez l'équation, et contrôlez s'il doit y avoir accord ou non. CV(-)=COD. CV(de) = COind. Introduit par de. 01. aimer qc {CV(-)=les pommes}. 02. manger qc {CV(-)=les (mis pour poires)}. Le CV est placé avant : donc, on fait l'accord. 03. acheter qc {CV(-)=un bon kilo (de cerises)}. Le CV(-) est placé après : pas d'accord. 04. faire qc {CV(-)=des confitures}} de qc {CV(de)=en / des cerises). Le CV(-) est placé après : pas d'accord.

Solutions :
  01 Aimé
  02 mangé
  03 acheté
  04 fait (aucun accord)

Exercices :

Quand on va voir l'Opéra Carmen, qui a pour héroïne principale une ouvrière gitane que Georges Bizet a ___________ [1](immortaliser), on se demande ce qui a pu motiver la réaction de rejet que le public a ___________ [2] (avoir) dès la première de cet opéra.

Les spectateurs que cet opéra a ___________ [3] (choquer) n'ont pas supporté la vulgarité du personnage. Carmen est une femme libre. Les hommes qu'elle a ___________ [4] (aimer), puis ___________ [5] (quitter) sont nombreux, et elle en a ___________ [6] (changer)souvent. On voit un exemple de la liberté que les spectateurs n'ont pas ___________ [7] (supporter) dans cet opéra. Don José, brigadier dans la police de Séville, avait été chargé par son officier d'escorter Carmen, jeune femme qu'un soldat avait ___________ [8] (arrêter) après l'avoir ___________ [9] (voir) frapper une autre jeune femme. Malheureusement pour Don José, la jeune coquette lui avait ___________ [10] (faire) comprendre qu'une fois qu'il l' aurait ___________ [11] (laisser) partir, elle voudrait bien l'aimer. D'ailleurs, elle avait déjà des sentiments pour lui, lesquels avaient complètement ___________ [12] (envahir) sa raison. Elle lui avait ___________ [13] (donner) un rendez-vous dans une auberge, près des remparts de Séville.

José, qu'elle avait ___________ [14] (conquérir) si facilement, l'avait ___________ [15] (regarder) partir après qu'elle l'avait ___________ [16] (bousculer), sans même faire semblant de vouloir la rattraper. Bien sûr, l'officier n'a pas voulu accepter les explications que le brigadier lui avait ___________ [17] (fournir). Don José avait été ___________ [18] (expédier) en prison pour quelques jours. Cela lui avait ___________ [19] (donner) l'occasion de chanter à Carmen : «la fleur que tu m'avais ___________ [20] (jeter), dans ma prison était [21] (rester).»

Après sa libération, Don José a ___________ [22] (retrouver) sa belle à l'auberge qu'elle lui avait ___________ [23] (indiquer). Malheureusement, alors qu'ils se rapprochaient, voilà qu'une trompette a ___________ [24] (annoncer) la retraite, c'est-à-dire que Don José devait rentrer à la Caserne. Évidemment, lui qui sortait de prison, ne pouvait pas se permettre d'ignorer les ordres. Carmen était très mécontente de cette décision, et la méchanceté avec laquelle elle lui a ___________ [25] (parler) l'a obligé à ne pas rentrer à la caserne. Il a alors décidé de tenter l'aventure avec Carmen, qu'il a ___________ [26] (entendre) appeler par des hommes, des contrebandiers, qui voulaient échapper aux soldats en utilisant la beauté de femmes qu'ils avaient ___________ [27] (employer) maintes fois pour détourner les militaires. C'est alors que Carmen a ___________ [28] (voir) arriver le bel Escamillo, torero de son métier, qui lui a ___________ [29] (tourner) la tête, si bien qu'elle a ___________ [30] (oublier) ses amours avec Don José.

À la fin de l'opéra, une grande corrida que le maire de Séville a organisée dans les arènes a servi de décor à la dernière rencontre entre la belle et le soldat. Celui-ci lui a ___________ [31] (demander) de l'aimer, alors qu'il était clair qu'elle n'éprouvait plus rien pour lui. Il l'avait d'abord ___________ [32] (supplier) de le suivre, puis, devant son refus, l'avait ___________ [33] (menacer). Finalement, il lui a ___________ [34] (donner) un coup de poignard. Effrayé par son geste, malheureux jusqu'au fond de l'âme, il ne lui restait plus qu'à avouer aux soldats : « Vous pouvez m'arrêter, c'est moi qui l'ai ___________ [35] (tuer). »

Solutions :	[5] quittés (*hommes*)	[11] laissé (comme « *faire* »)
	[6] changé (*en* n'est pas COD)	[12] envahi (*avoir*, COD après)
[1] immortalisée (*ouvrière*)	[7] arrêtée (*jeune femme*)	[13] donné (*avoir*, COD après)
[2] a eue (*réaction*)	[8] supportée (*liberté*)	[14] conquis (*José*, masculin)
[3] choqués (*spectateurs*)	[9] vue (*frapper*=actif)	[15] regardée (*partir* actif)
[4] aimés (*hommes*)	[10] fait (*fait* +infinitif invariable)	[16] bousculé (*l'*=*José*, masc.)

	Solutions (suite) :	
[17] fournies (*explications*) [18] expédié (*être / José* sujet) [19] donné (*occasion* après) [20] jetée (COD = *fleur*) [21] restée (être / sujet=*fleur*) [22] retrouvé (COD *belle,* après)	[23] indiquée (COD=*auberge*) [24] annoncé (COD *après*) [25] parlé (pas de COD) [26] entendu (infinitif passif) [27] employées (*femmes*) [28] vu (COD après)	[29] tourné (COD après) [30] oublié (COD après) [31] demandé (COD après) [32] suppliée (*l'=Carmen*) [33] menacée (*l'=Carmen*) [34] donné (COD après) [35] tuée (*l'= Carmen*)

9.6.2.2.2   Les verbes au passif

Étudiez ce qui se passe lorsque l'on met un verbe au passif :

- ***Le chat a mangé la souris. → La souris a été mangée par le chat.***

Que devient le sujet *chat* ? Il devient _______________.
Quel est la fonction du mot à l'actif qui va devenir sujet au passif ? Il est _______________.
A quelle condition peut-on mettre un verbe au passif ? Il doit avoir un _________.

Que devient le sujet **chat** *? Il devient* <u>*complément d'agent*</u>*.*
Quel est la fonction du mot à l'actif qui va devenir sujet au passif ? Il est <u>*COD*</u>*.*
A quelle condition peut-on mettre un verbe au passif ? Il doit avoir un <u>*COD*</u>*.*

9.6.2.3   Les cas « désespérants »

Jusqu'à présent, on a trouvé des participes passés conjugués avec être et qui s'accordaient au sujet, et des participes conjugués avec avoir et qui s'accordaient au COD si celui-ci était placé avant. Nous allons faire la connaissance de cas où l'accord subit des transformations inattendues.

9.6.2.3.1   Participes passés + infinitif

Voici deux exemples sur lesquels nous allons nous pencher :

- ***Les fruits que j'ai vus tomber étaient bien mûrs. (1)***
- ***Les fruits que j'ai vu cueillir étaient bien mûrs. (2)***

Comme vous le voyez, ces deux phrases se ressemblent beaucoup. Pourtant, il y a une différence qui doit expliquer pourquoi l'on fait l'accord dans le cas n°1, alors qu'on ne le fait pas dans le cas n° 2.

Si vous ne voyez pas la différence, demandez-vous quel est le sujet de l'infinitif, et ensuite, qui fait l'action de cet infinitif.
Cas n°1 : Le sujet de *tomber* est *que*, mis pour _______ (fruits).
Ce que j'ai vu, ce sont ***des fruits***. J'ai donc vu ***des fruits qui étaient en train de tomber.***
Cas n°2 : L'acteur de *cueillir* n'est pas _______ (nommé). Ce que j'ai vu, c'est *quelqu'un qui cueillait des fruits*. Le sujet *que* mis pour *fruit* ne fait pas l'action. Le verbe a donc un sens passif. Ce que j'ai vu, ce sont des fruits qui étaient cueillis (par des gens), une action donc. Une action n'a ni genre ni nombre. On ne peut donc pas faire d'accord.

La règle est :

Lorsqu'un participe passé conjugué avec *avoir* est suivi d'un *infinitif de sens actif* (exemple 1), on fait l'accord avec le sujet de l'infinitif. (C'est le sujet de l'infinitif qui fait l'action)
Lorsqu'un participe passé conjugué avec *avoir* est suivi d'un *infinitif de sens passif* (exemple 2) on ne fait pas l'accord. (Le sujet de l'infinitif subit l'action)

Attention donc aux participes passés suivis d'un infinitif.

9.6.2.3.2   Les verbes pronominaux

On peut considérer qu'il y a quatre sortes de verbes pronominaux, de verbes qui s'emploient avec le pronom réfléchi *se* qui renvoie au sujet :

+ Les verbes essentiellement pronominaux, qui n'existent qu'à la voix pronominale.

> ***Sa grand-mère s'est suicidée en se jetant dans la Seine.***
> ***Elles se sont souvenues du jour de leur communion.***

Ces verbes sont conjugués avec l'auxiliaire _________ *(être)* et s'accordent avec leur __________ *(sujet)*.

+ Les verbes pronominaux de sens passif.

Étudiez ces trois exemples :

♦ ***Autrefois, le mot « clé » s'est écrit avec un « f » à la fin (clef).***
♦ ***Au Moyen Âge, les feux s'étaient allumés avec beaucoup de difficultés.***
♦ ***En Normandie, la viande s'était toujours mangée avec du cidre.***

Ils sont dits de sens passif, car leur sujet ne fait pas l'action, mais la subit. Le mot clé ne s'écrit pas lui-même, les feux ne s'allument pas eux-mêmes, et la viande ne se mange pas elle-même. Cependant, on ne parle pas de celui qui fait l'action, car on ne le trouve pas important.

> Ces verbes sont conjugués avec l'auxiliaire _________ et s'accordent avec leur _________.
> Ces verbes sont conjugués avec l'auxiliaire <u>être</u> et s'accordent avec leur <u>sujet</u>.

+ Les verbes occasionnellement pronominaux.

Ces verbes ne deviennent pronominaux que lorsque le sujet (*elle*) fait l'action sur lui-même (*se*). On utilise alors le pronom réfléchi : *je me, tu te, il se, elle se, nous nous, vous vous, ils se, elles se.* Étudiez les exemples suivants pour trouver comment se fait l'accord.

♦ ***Elle a lavé la voiture. (1)***
♦ ***Elle s'est lavée de la tête aux pieds. (2)***
♦ ***Elle s'est lavé les mains. (3)***
♦ ***Les pieds, elle se les est lavés hier soir. (4)***

Trouvez avec quel auxiliaire le verbe est conjugué, et avec quel mot il s'accorde. Déduisez-en la règle (avoir / être) utilisée.

N°	Participe passé	auxiliaire	Accord avec	selon	Catégorie du verbe
1	A lavé				
2	S'est lavée				
3	S'est lavé				
4	Est lavés				

Solutions :

N°	Participe passé	auxiliaire	Accord avec	selon	Catégorie du verbe
1	A lavé	Avoir	elle	Règle d'avoir	Verbe non pronominal
2	S'est lavée	être	elle	Règle d'avoir	Verbe occasionnellement pronominal
3	S'est lavé	être	pieds placé après	Règle d'avoir	
4	Est lavés	être	pieds placé avant	Règle d'avoir	

> Les verbes occasionnellement pronominaux, qui ne le sont que lorsque le sujet fait l'action sur lui-même, continuent à suivre l'accord du participe selon *avoir* même lorsqu'ils sont pronominaux.

+ Les verbes devenus pronominaux en changeant de sens.

Prenons le cas du verbe *oublier*. Sa valence est {*oublier qc/qn*}. Si, en coupant le gâteau d'anniversaire, j'ai coupé 14 parts alors que nous sommes 15, lorsque je les distribue, le dernier servi n'aura rien.

Si le dernier servi est quelqu'un d'autre, parce que je me suis servi le premier, par exemple, je pourrai dire : *on l'a oublié dans le partage*, avec l'auxiliaire *avoir*

Mais si je suis poli, et si je me sers en dernier, je devrai dire : *je me suis oublié dans le partage.*

La forme pronominale s'explique parce que je fais l'action sur moi-même. L'auxiliaire est alors, pour des raisons formelles, *être*.

S'oublier (oublier soi-même) est donc un cas particulier du verbe *oublier* : on s'oublie soi-même comme on oublie les autres, mais dans ce cas, avec l'auxiliaire *être*, tout en suivant la règle selon *avoir* (cf. cas précédent).

Cependant, dans la phrase : *La chatte s'est oubliée sur le tapis*, le verbe *oublier* pronominal a un autre sens : *Elle a fait pipi sur le tapis*. Elle n'a oublié personne. Elle a seulement oublié où elle était : on ne fait pas pipi sur le tapis !

Cette forme d'*oublier* est donc quasiment essentiellement pronominal avec ce sens.

- ◆ *Elle a oublié où elle était.* (Non pronominal, conjugué avec *avoir*, accord selon *avoir*).
- ◆ *Elle s'est oubliée sur le tapis.* (Quasiment essentiellement pronominal, conjugué avec *être*, accord selon *être*).

Ces verbes sont conjugués avec l'auxiliaire _________ et s'accordent avec leur _________.

Solution : Ces verbes sont conjugués avec l'auxiliaire <u>être</u> et s'accordent avec leur <u>sujet</u>.

Exercice

Différents verbes pronominaux. Déterminez à quelle catégorie ils appartiennent

ess. pron. = essentiellement pronominal

pron. passif = pronominal de sens passif

occ. pron. = occasionnellement pronominal

quas.ess.pron. = quasiment essentiellement pronominal (avec changement de sens)

Lorsqu'elle rentra de son travail, Marie alluma la télévision et s'assit _________ [1] sur le canapé. Elle s'était fatiguée _________ [2] à essayer de résoudre une équation sans aucun succès. Dans la physique nucléaire, les équations ne se résolvent _________. [3] pas si facilement. Elle se saisit _________. [4] de la télécommande et alluma la télévision.

Sur l'écran s'offrait _________ [5] l'image horrible de ce qui avait été une ville. Des maisons ne restaient que 20 cm de hauteur, les murs, les meubles et les habitants s'étant évanouis _________ [6]. D'autres images montraient des centaines de corps constituant un cimetière à ciel ouvert qui s'étendait _________. [7] à perte de vue.

Marie se posait _________ [8] des questions, se demandait _________ [9] si c'était du réel ou de la fiction, lorsqu'elle entendit, dans le commentaire, le mot Hiroshima. Elle se souvint _________ [10] alors d'avoir vu, dans le programme, que l'on donnait le Film d'Alain Resnais et de Marguerite Duras « *Hiroshima mon amour* ».

Il s'agissait [11] donc des effets de la bombe atomique américaine lancée sur Hiroshima. Marie se rappela _________ [12] alors que l'un de ses professeurs de physique nucléaire avait été là-bas comme simple étudiant, et qu'il s'était posé _________ [13] ensuite la question de savoir s'il allait vraiment se spécialiser dans la physique nucléaire, ou s'il allait un jour devoir se repentir de ce choix.

Marie préféra s'abstenir _________ [14] de trop réfléchir avant de se coucher _________ [15]. La question de conscience se poserait _________ [16] une autre fois.

Solutions :	
	[8] occasionnellement pronominal
	[9] occasionnellement pronominal
1] occasionnellement pronominal	[10] essentiellement pronominal
2] occasionnellement pronominal	[11] quasiment essentiellement pronominal
3] pronominal de sens passif	12] occasionnellement pronominal
4] quasiment essentiellement pronominal	[13] occasionnellement pronominal
5] pronominal de sens passif	[14] essentiellement pronominal
6] essentiellement pronominal	15] occasionnellement pronominal
7] occasionnellement pronominal	[16] pronominal de sens passif

Accordez le participe des verbes pronominaux

Les chanteuses Lola et Léa, qui s'étaient ___________ [1] (s'associer) pour former le duo Loléa, s'étaient particulièrement ___________ [2] (se préparer) à donner leur spectacle ce soir-là. Elles étaient encore au début de leur carrière. Celle-ci s'était ___________ [3] (se présenter) au début comme relativement facile. En effet, elles s'étaient ___________ [4] (s'exhiber) plusieurs fois devant un public bon enfant, et leur répertoire était audible par beaucoup parmi les plus jeunes et les moins jeunes. Elles s'étaient ___________ [5] (se rappeler) les conseils de leur manager : il faut se montrer aimable, sourire, et chanter en dansant, pour capter l'attention du public.

Leur agent, Madame Douze, une dame très entreprenante, s'était ___________ [6] (se donner) beaucoup de peine pour leur avoir le contrat de ce soir. Elles s'étaient ___________ [7] (se réserver) une soirée libre pour l'honorer. Elles s'étaient ___________ [8] (s'engager) à passer en première partie d'un groupe très connu : les Rolling Stones. Lorsqu'elles avaient appris la nouvelle, elles s'étaient ___________ [9] (se dire) qu'elles avaient bien de la chance, que la salle serait pleine à craquer, et qu'elles se seraient vite ___________ [10] (se faire) connaître par un vaste public.

Ce à quoi elles n'avaient pas pensé, c'est que les gens qui s'étaient ___________ [11] (se réunir) pour voir les Rolling Stones étaient d'un tout autre style que leurs fans. C'étaient des rockers de la pire espèce, limite casseurs. C'est ce qu'elles ont bien vite compris quand elles se sont ___________ [12] (se présenter) sur la scène. Les cris qui se sont échappés de la bouche de ces sauvages ne leur laissaient aucun doute : ce serait dur. Elles se sont ___________ [13] (s'entendre) insulter, mais elles ne se sont pas ___________ [14] (s'enfuir). D'autres chanteuses se seraient peut-être [15] (s'évanouir), mais pas elles.

Elles avaient dans leur répertoire une chanson rock, qu'elles n'osaient jamais chanter devant leur public, des gens calmes qui s'étaient___________ [16] (s'habituer) à des chansons douces. Elles se sont donc ___________ [17] (se décider) à la chanter. Même les cris misogynes du genre « à poil ! » (Déshabillez-vous) ne pouvaient pas les atteindre. Survoltées, elles se sont ___________ [18] (s'attaquer) à la conquête de ce public difficile. Elles étaient en transe. Léa s'est même ___________ [19] (s'entendre) crier « fuck you ! », elle qui était si calme, d'habitude.

En fin de compte, les personnes présentes se sont ___________ [20] (se calmer), et même, se sont ___________ [21] (se mettre) à chanter avec elles. Les applaudissements furent nourris. Malheureusement, leur chanson était la seule de ce genre. Elles se sont vite ___________ [22] (se rendre) compte qu'il serait difficile de chanter autre chose, et elles quittèrent bien vite la scène. Madame Douze, qui s'était ___________ [23] (se réjouir) avec elles de ce succès, les félicita non seulement d'être sorties vivantes, mais en plus de s'être ___________ [24] (s'imposer) dans l'adversité.

La prochaine fois, elles se seraient ___________ [25] (se renseigner) avant de s'engager et prépareraient un programme plus proche du style des vedettes se présentant en deuxième partie.

Solutions		
1] associées	[9] dit (dire qc à qn)	18] attaquées
2] préparées	10] fait (faire + inf.)	19] entendue (infinitif actif)
3] présentée	11] réunis	20] calmées
[4] exhibées	[12] présentées	21] mises
5] rappelé (rappeler qc à qn)	13] entendu (inf. passif)	22] rendu (rendre compte à quelqu'un)
6] donné (donner qc à qn)	14] enfuies	23] réjouie
7] réservé (réserver qc à qn)	15] évanouies	24] imposées
8] engagées	16] habitués	25] renseignées
	17] décidées	

9.6.3   Auxiliaire avoir

Lorsque l'on sait qu'il faut appliquer la règle selon *avoir* et que l'on va chercher le COD, encore faut-il être en mesure de l'identifier.

9.6.3.1   Se servir de la valence

Remarque : Comme nous parlons de valence, nous allons employer le vocabulaire que nous avons mis au point dans notre ouvrage sur la valence, qui va nous permettre d'être plus précis d'une part, et qui va attirer notre attention sur les problèmes principaux de prépositions. Voici les cas les plus importants :

Exemples	Valence	Structure
Elle a mangé le gâteau.	Manger qc	qc= CV{—} complément dans la valence sans préposition.
Il a vu sa mère.	Voir qn	qn= CV{—} complément dans la valence sans préposition.
Il pense à sa fille.	Penser à qn	à qn= CV{à} complément dans la valence avec préposition *à*
Elle donne un stylo à son élève.	Donner qc à qn	qc= CV{—} complément dans la valence sans préposition. à qn = CV{—} complément supplémentaire dans la valence avec préposition *à*.

Correspondance entre les nouvelles et les anciennes dénominations

Exemple	Nouveau nom	Ancien nom
Elle a mangé le gâteau.	qc= CV{—} complément dans la valence sans préposition.	COD = complément d'objet direct
Il a vu sa mère.	qn= CV{—} complément dans la valence sans préposition.	COD = complément d'objet direct
Il pense à sa fille.	à qn= CV{à} complément dans la valence avec préposition *à*	COInd = complément d'objet indirect
Elle donne un stylo à son élève.	qc= CV{—} complément dans la valence sans préposition. à qn = CV{—} complément supplémentaire dans la valence avec préposition *à*.	COD = complément d'objet direct Complément d'attribution ou Complément second

Pour accorder selon *être*, il suffit d'identifier le sujet du verbe et de faire l'accord avec, ce qui ne pose pas de gros problèmes.

En revanche, avec *avoir*, nous allons devoir mobiliser nos connaissances sur la valence pour bien identifier le **CV{—}**(= le complément dans la valence, sans préposition), qui doit être placé avant pour qu'il y ait accord. Le CV{—}correspond à l'ancien COD.

Attention cependant au pronom *en*, qui n'est pas CV{—}:

Les pommes, elle les a mangées. « *Les* » est CV{—}, placé avant, féminin, pluriel.

Des pommes, elle en a mangé quatre. En n'est pas CV{—}, mais CV{de}, car cela signifie : de ces pommes. Le CV{—}est en fait *quatre* (pommes), placé après.

Dans le cas des **verbes occasionnellement pronominaux**, il faut bien identifier les compléments, ce qui est difficile avec les pronoms réfléchis, dont il est difficile de savoir quelle est leur fonction. Nous devrons :

- o   Vérifier quelle est la valence du même verbe à l'actif. En effet, un verbe occasionnellement pronominal ne le devient que lorsque le sujet fait l'action sur lui-même. (*Elle se maquille, il se rase*.
- o   Ensuite, nous devrons essayer de retrouver cette structure à la voix pronominale.

Par exemple :

♦   *Marie s'est souvenue de ses amis.*

Se souvenir est un verbe essentiellement pronominal. Il suit les règles d'accord de l'auxiliaire *être* et s'accorde donc avec le sujet *elle*.

♦   *Marie s'est rappelé ses amis.*

A la voix active, on a : *rappeler qc/qn à qn.* On dira par exemple : *On a rappelé ses amis à Marie.*
Cela correspond à l'équation : *rappeler qc* {CV(—) = *ses amis*} à qn {CV+(à) =*à Marie*}.
Le CV(-) est donc : *ses amis.*

A la voix pronominale, on retrouve la même structure.

> ◆ *Marie s'est rappelé ses amis*.

rappeler qc {CV(−) = ses amis} à qn {CV(à) =se}.

Le pronom « *se* » est donc CV+(à). Cela signifie : Complément dans la valence (CV) s'ajoutant à un autre (+), et introduit par la préposition *à* (à). Ainsi, c'est avec le CV(-) *ses amis* qu'il faut faire l'accord. Mais comme il est placé après, on ne peut pas faire l'accord avec.

9.6.3.2   Problèmes liés aux déterminants

Les déterminants existent en deux catégories : les adjectifs, qui accompagnent un nom, et les pronoms, qui le remplacent.

Nous allons nous intéresser aux articles (définis et indéfinis), aux démonstratifs et aux possessifs.

9.6.3.2.1.1   Problèmes d'articles

Les articles qui nous intéressent ici sont les articles définis et les articles définis qui accompagnent le CV{−} (COD)et ceux qui accompagnent les CV{Prép} (COind = compléments d'objet indirects) ou CV+{à} (CSec = les compléments seconds). Réfléchissons sur quelques exemples :

> ◆ *Les voitures qu'il a conduites étaient toutes rapides. (1)*
> ◆ *Des voitures rapides, il en a conduit un grand nombre. (2)*
> ◆ *Des voitures rapides, il en a conduit beaucoup. (3)*
> ◆ *Des voitures rapides, il n'en a jamais conduit. (4)*

Dans l'exemple (1), le verbe *conduire* (conduire qc) a pour CV{−} (COD) *qu'*, pronom relatif reprenant l'antécédent les voitures (féminin, pluriel). Comme le CV{−} est placé avant, et que le verbe est conjugué avec l'auxiliaire *avoir*, on doit faire l'accord : *qu'il a conduites*.

L'exemple (2) ressemble beaucoup au précédent, mais cette fois-ci, on ne fait pas l'accord. Pourquoi pas ? Eh bien, cette fois, le nom *voitures* est défini par un article indéfini : *des*, pluriel de *une*. La différence fondamentale entre *les* et *des*, c'est que *les*, l'article défini, représente **la totalité des objets dont on parle**. Les voitures, c'est la totalité des voitures qu'il a conduites. En revanche, l'article indéfini *des* ne représente **qu'une partie de toutes les voitures dont on parle**. Et lorsque l'on représente ces voitures, on emploie le pronom *en*, qui remplace un CV{de} (un complément commençant par *de*) : *de ces voitures, il a conduit un grand nombre*.

Un complément introduit par *de* ne peut pas être CV{−} (direct), et on ne peut donc pas faire l'accord avec lui. Les exemples 3 et 4 correspondent au cas numéro deux.

Donc, il faudra se méfier de l'emploi du pronom *en*.

> ◆ *Les pommes, je les ai mangées.*
> ◆ *Les pommes, je ne les ai pas mangées.*
> ◆ *Des pommes, j'en ai mangé deux.*
> ◆ *Des pommes, je n'en ai pas mangé.*

 Et n'oubliez pas que *des* correspond à *de + les*

> ➢ **Problèmes d'adjectifs et de pronoms démonstratifs**

On retrouvera le même problème avec les démonstratifs, adjectifs (n° 1 et n° 3) et pronoms (n° 2 et n° 4) :

> ◆ *Ces pommes, je les ai mangées.* (1)
> ◆ *Celles-ci, je les ai mangées.* (2)
> ◆ *De ces pommes, j'en ai mangé deux.* (3)
> ◆ *De celles-là, je n'en ai pas mangé.* (4)

> **Problèmes d'adjectifs et de pronoms possessifs**

On retrouvera le même problème avec les possessifs, adjectifs (n° 1 et n° 3) et pronoms (n° 2 et n° 4) :

- ◆ *Tes pommes, je les ai mangées.* (1)
- ◆ *Les siennes, je les ai mangées.* (2)
- ◆ *De tes pommes, j'en ai mangé deux.* (3)
- ◆ *Des leurs, je n'en ai pas mangé.* (4)

9.6.3.3 Problèmes liés aux pronoms personnels

→Notons d'abord que devant voyelle ou h muet, *me, te, le, la* deviennent respectivement *m', t', l', l'*.

→Notons ensuite que les pronoms personnels se divisent en deux catégories : les **définis** et les **non définis**.

Les définis sont variés, puisqu'ils changent selon **le genre, le nombre et la personne.**

Les pronoms de la 3e personne du singulier font la différence entre le masculin (*le*) et le féminin (*la*). Au pluriel, il n'y en a qu'un, *les*, quel que soit le genre.

Rappelons-nous que, comme pour le pronom sujet, le pronom personnel défini transmet le genre, que cela se voie, comme pour *le* ou *la*, ou non comme pour *les*.

Une femme pourra raconter à une amie :

> ✦ *Mon futur mari m'a découverte dans un bal, alors que nous nous étions déjà rencontrés plusieurs fois, sans qu'il me remarque.*

Le verbe découvrir est conjugué avec avoir, et le CV{—} (COD) *m'* est placé avant. **Comme il est féminin, il faudra accorder le participe passé.**

9.6.3.4 Les indéfinis sont beaucoup moins variés.

Avec négation, c'est *en*.

> ✦ *Des cigarettes, je n'en ai pas.*

À la forme affirmative, les dénombrables seront accompagnés de *un* (ou *deux, trois etc.*)

> ✦ *Des livres, j'en ai cinquante.*

Si l'on se limite à *en*, c'est qu'on ne veut pas en donner le nombre : *Des livres, j'en ai.*

Les non dénombrables, eux, se résument à *en*, puisqu'on ne peut pas les compter, et que, donc, on ne peut pas en donner le nombre.

Attention, on ne peut pas faire l'accord comme ci-dessus avec *en* placé avant, qui ne transmet *ni le nombre, ni le genre* :

> ✦ *Des livres, j'en ai possédé plusieurs.*

Il n'est pas permis de mettre un *–s* à *possédé*.

En fait, il semblerait que la langue considère la partie placée (ici : *plusieurs*) après comme une partie du CV{—}(= COD), le *en* signifiant *de qc* : CV{de}

> ✦ *J'en possède deux, de ces livres.*

En correspond à *de ces livres*, qui comporte un *de*, et n'est donc pas un CV{—}, mais un CV{de}, un complément avec pour préposition : *de*.

Cette forme avec *en* est donc un curieux CV{—} (COD .), puisqu'il fait référence à une préposition, et qu'il est de ce fait un CV{Prép=*de*}) (un COInd).

9.6.3.5 Problèmes liés aux pronoms relatifs

Le pronom relatif transmet les caractéristiques de son antécédent (genre, nombre, et même personne). Parmi les pronoms relatifs, seuls ceux qui représentent un COD ou qui peuvent être confondus avec un COD nous intéressent : *que, dont*.

- ◆ *Ce sont les femmes que Landru a épousées avant de les assassiner.* (1)
- ◆ *Voilà une liste de femmes dont Landru a épousé plusieurs avant de les assassiner.* (2)

On ne sera pas surpris de la ressemblance de ces trois exemples avec ceux que nous avons discutés plus haut.

| **Accord du participe passé pour les Championnes et les Champions** |
| *Vous pouvez vous servir de l'algorithme de la page 64* |

Voici une histoire qui a été [1] _______________ (raconter) à la radio, et qui s'est [2] _______________ (se dérouler) à Antibes il y a quelques années. Les Padbol s'étaient [3] _______________ (s'installer) dans un immeuble relativement neuf, mais comme dans beaucoup de pays chauds, certaines bestioles étaient [4] _______________ (venir) s'installer avec eux. Parmi elles, certains cafards avaient [5] _______________ (prendre) leurs quartiers chez eux.

Mme Padbol, qui ne les avait jamais [6] _______________ (aimer), en a découvert un qui traversait tranquillement la table de la cuisine. La bestiole se dirigeait vers l'une des assiettes que Mme Padbol avait [7] _______________ (poser) sur la nappe pour le repas de midi. Son sang n'a [8] _______________ (faire) qu'un tour. Cette bestiole avait peut-être [9] _______________ (avoir) l'intention de polluer les assiettes, mais Mme Padbol n'avait pas l'intention de la laisser faire. Elle lui a [10] _______________ (barrer) le chemin. La bestiole s'était [11] _______________ (se rendre) compte de la présence de son ennemie, et elle s'est [12] _______________ (se permettre) de prendre la direction du placard qui se trouvait sous l'évier. Là, elle aurait [13] _______________ (pouvoir) se cacher parmi les seaux, serpillières et flacons que Mme Padbol avait [14] _______________ (ranger).

Mme Padbol ouvrit la porte de ce placard. Si la bestiole avait [15] _______________ (avoir) une once d'intelligence, elle aurait [16] _______________ (pouvoir) se réjouir de ce que la porte soit ouverte. Mais elle s'était fait avoir par Mme Padbol, qui s'était _______________ [17] (se saisir) d'une bombe d'insecticide, avait [18] _______________ (refermer) le placard.

Elle avait [19] _______________ (viser) la bestiole, [20] _______________ (appuyer) deux ou trois fois sur le bouton. Elle s'était [21] _______________ (s'arrêter) un instant de l'arroser, attendant la mort de la bestiole.

Mais Mme Padbol n'en a pas [22] _______________ (croire) ses yeux : la bestiole, que l'insecticide n'avait pas [23] _______________ (incommoder) le moins du monde continuait son chemin. Elle semblait ne pas vouloir rater la chance qu'elle s'était [24] _______________ (se voir) accorder par son adversaire qui s'était [25] _______________ (s'arrêter) d'elle-même de la combattre.

La moutarde lui montant au nez, Mme Padbol s'est [26] _______________ (s'énerver). Elle a [27] _______________ (saisir) sa sandale et en a [28] _______________ (frapper) son ennemi par trois fois. Une fois qu'elle s'est [29] _______________ (se rendre) compte que la bestiole ne remuait plus, elle a [30] _______________ (déduire) de cette observation que la bestiole était [31] _______________ (mourir), l'a [32] _______________ (cueillir) avec une cuillère et l'a [33] _______________ (jeter) dans la cuvette des WC. À peine arrivée dans l'eau, la bestiole s'est [34] _______________ (se mettre) à pédaler de ses six pattes pour essayer d'atteindre la rive salvatrice, le bord de la cuvette. Mme Padbol, étonnée de cette rage de vivre, s'est [35] _______________ (se saisir) à nouveau de la bombe d'insecticide, l'a [36] _______________ (vider) jusqu'à la dernière gouttelette dans la cuvette, et a rapidement [37] _______________ (refermer) le couvercle.

Sûre de sa victoire, elle a [38] _______________ (quitter) les toilettes s'en est [39] _______________ (s'éloignée), et elle s'est [40] _______________ (se dépêcher) d'aller acheter un bocal de sauce, car elle n'en avait plus assez pour le repas.

Entre-temps est [41] _______________ (arriver) M. Padbol. Comme il ressentait une envie pressante, il s'est vite [42] _______________ (se rendre) aux toilettes et s'est [43] _______________ (s'asseoir) sur le siège. La cigarette lui avait été [44] _______________ (interdire) dans l'appartement, mais comme sa femme était [45] _______________ (sortir), il a [46] _______________ (prendre) une cigarette, se l'est [47] _______________ (s'allumer) avec une allumette, qu'il a [48] _______________ (jeter) entre ses jambes dans l'eau de la cuvette pour l'éteindre.

Mal lui en a [49] _______________ (prendre) , car le mélange d'insecticide qui se trouvait sous ses fesses s'est [50] _______________ (s'enflammer), provoquant une explosion qui a [51] _______________ (brûler) la petite différence entre hommes et femmes qui se trouvait là, sans dé-fense.

La douleur qui l'avait [52] _______________ (envahir) était à peine supportable, et lorsque Mme Pad-bol a [53] _______________ (découvrir) son mari, qui hurlait de douleur, le bas ventre à l'air, elle a [54] _______________ (appeler) une ambulance qui est [55] _______________ (arriver) rapidement. Les deux brancardiers, deux costauds qui en avaient [56] _______________ (voir) d'autres, l'ont [57] _______________ (coucher) sur une civière. Celle-ci n'entrant pas dans l'ascenseur, ils l'ont [58] _______________ (descendre), avec le blessé, en passant par l'escalier. M. Padbol, entre deux gé-missements, leur a [59] _______________ (raconter) son histoire. Les deux brancardiers furent [60] _______________ (secouer) par un fou-rire, et, perdant tout contrôle, ils ont [61] _______________ (lâcher) la civière. C'est ainsi que la victime s'est [62] _______________ (se voir) dévaler les marches, et qu'elle s'est [63] _______________ (se retrouver) avec deux côtes fêlées et un bras cassé sur le palier du dessous.

Solutions				
1. a été racontée	14. avait rangés	27. a saisi	40. s'est dépêchée	53. a découvert
2. s'est déroulée	15. avait eu	28. a frappé	41. est arrivé	54. a appelé
3. s'étaient installés	16. aurait pu	29. s'est rendu	42. s'est rendu	55. est arrivée
4. étaient venues	17. s'était saisie	30. a déduit	43. s'est assis	56. avaient vu
5. avaient pris	18. avait refermé	31. était morte	44. avait été interdit	57. ont couché
6. avait aimés	19. avait visé	32. a cueilli	45.était sortie	58. ont descendu
7. avait posée	20. (avait) appuyé	33. a jeté	46. a pris	59. a raconté
8. n'a fait	21. s'était arrêtée	34. s'est mise	47. se l'est allumée	60. furent secoués
9. avait eu	22. n'en a pas cru	35. s'est saisie	48. a jetée	61. ils ont lâché
10. a barré	23. avait incommodé	36. l'a vidée	49. a pris	62. vue dévaler
11. s'était rendu	24. s'était vu (inf)	37. (a) refermé	50. s'est enflammé	63. s'est retrouvée
12. s'est permis	25. s'était arrêté	38. a quitté	51. a brûlé	
13. aurait pu	26. s'est énervée	39. s' est éloignée	52.avait envahi	

9.7   Emploi de Graphiques

Comme disait mon institutrice de cours élémentaire 2ème année, Mme Arène, un petit croquis vaut mieux qu'un long discours. Encore faut-il que le croquis soit adapté à notre problème.

9.7.1   Graphiques simples

Nous utilisons les graphiques pour illustrer le texte, rendre les choses plus claires. Voyez par exemple celui de la page 54 :

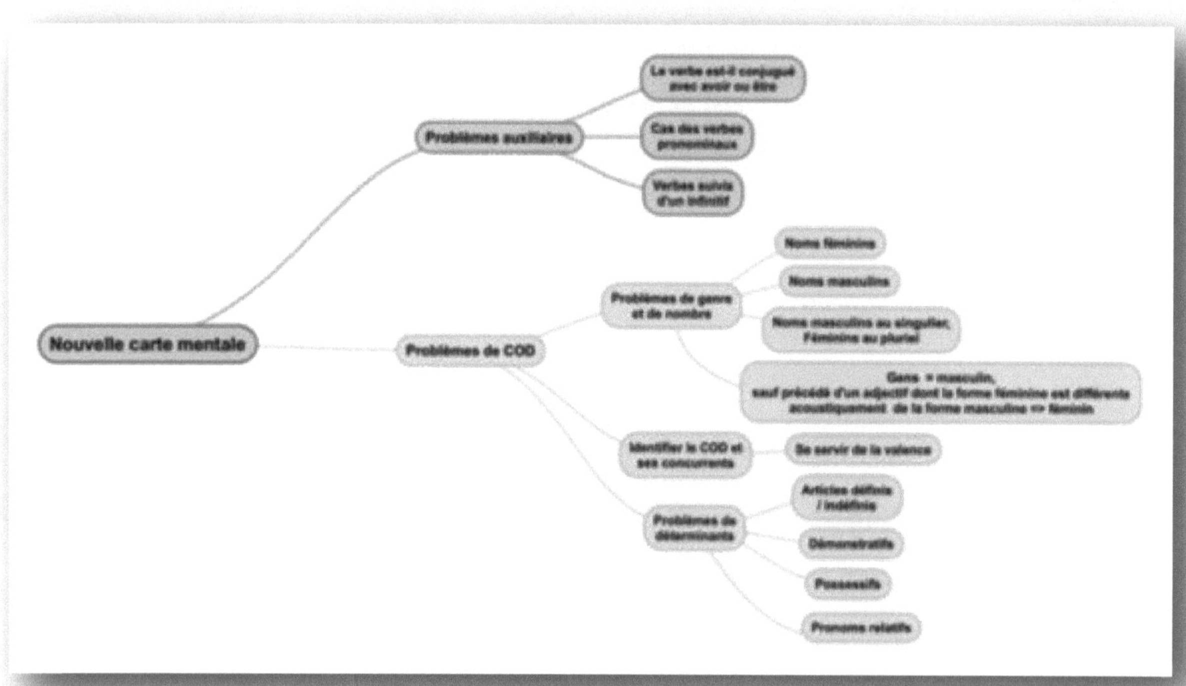

9.7.2   Cartes mentales

Les cartes mentales servent à organiser la pensée. On y montre les rapports entre les différents problèmes, les origines et les implications.
Elles peuvent aussi représenter des groupes d'idées en y mettant de l'ordre comme nous l'avons fait

page 50. On peut ainsi montrer d'un coup l'ensemble des idées et la façon dont elles se répartissent dans notre argumentation.

9.7.3 Algorithmes, règle et exemples

Les algorithmes sont liés aux ordinateurs. L'ordinateur est une machine capable de travailler pourvu qu'on lui ait fourni un algorithme, un chemin à suivre qui ne comporte que de petites étapes, l'ordinateur ne pouvant répondre qu'à des questions simples par *oui* ou par *non*.

L'algorithme peut être utilisé pour des problèmes simples. Il permet alors d'organiser et de guider la réflexion.

Si l'on couple l'algorithme à un exercice permettant d'explorer tous les cas dans le bon ordre, on arrive à faire le tour du problème avec les apprenants.

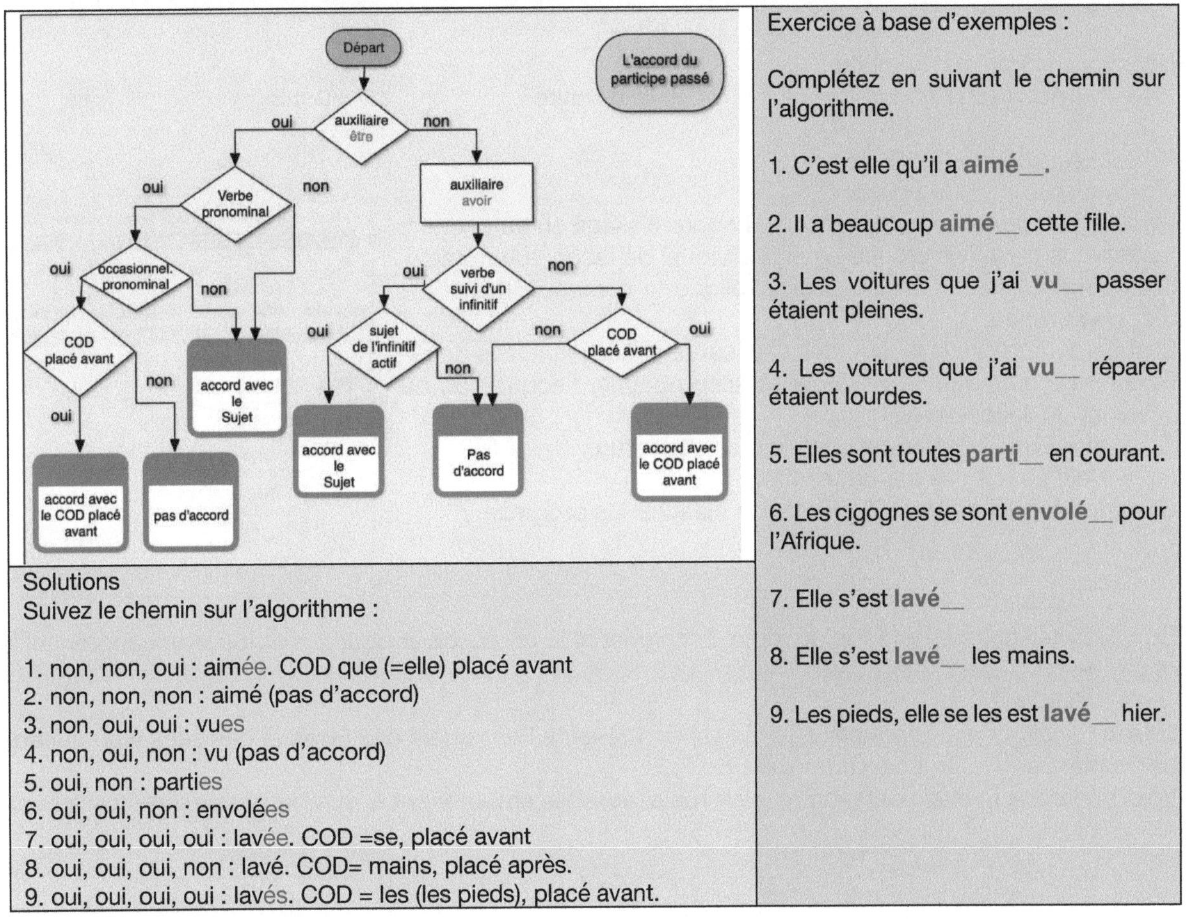

Exercice à base d'exemples :

Complétez en suivant le chemin sur l'algorithme.

1. C'est elle qu'il a **aimé__**.

2. Il a beaucoup **aimé__** cette fille.

3. Les voitures que j'ai **vu__** passer étaient pleines.

4. Les voitures que j'ai **vu__** réparer étaient lourdes.

5. Elles sont toutes **parti__** en courant.

6. Les cigognes se sont **envolé__** pour l'Afrique.

7. Elle s'est **lavé__**

8. Elle s'est **lavé__** les mains.

9. Les pieds, elle se les est **lavé__** hier.

Solutions
Suivez le chemin sur l'algorithme :

1. non, non, oui : aimée. COD que (=elle) placé avant
2. non, non, non : aimé (pas d'accord)
3. non, oui, oui : vues
4. non, oui, non : vu (pas d'accord)
5. oui, non : parties
6. oui, oui, non : envolées
7. oui, oui, oui, oui : lavée. COD =se, placé avant
8. oui, oui, oui, non : lavé. COD= mains, placé après.
9. oui, oui, oui, oui : lavés. COD = les (les pieds), placé avant.

On fait faire l'exercice à droite en se servant de l'algorithme de gauche. La solution, en bas, à gauche, contient le chemin à suivre et la solution.

9.8 Étudions notre œuvre commune sur site

Deux sites nous intéressent particulièrement :

Le site https://www.la-grammaire-du-fle.com/ , que nous avons décrit ici, avec ses neuf modules. C'est là que nous avons implémenté le module sur l'accord du participe passé, à l'adresse : https://www.la-grammaire-du-fle.com/xAccordPart/

Décrivons les points du menu :

< Accord du participe   < Feuille de route   < Outils

> **Accord du participe**

L'accord du participe est le module d'apprentissage en autonomie.

Il permet le travail en groupe ou en individuel de façon autonome.

Il propose un test d'entrée, puis, explique le contenu du module d'apprentissage.

Ensuite commence la leçon : des explications, des exercices de réflexion et d'autres pour s'exercer et accompagner l'acquisition du savoir et du savoir-faire.

On peut suivre la démarche dans le menu ci-contre.

Le module se termine par un test final.

Comparé à celui d'entrée, il permet de mesurer les progrès.

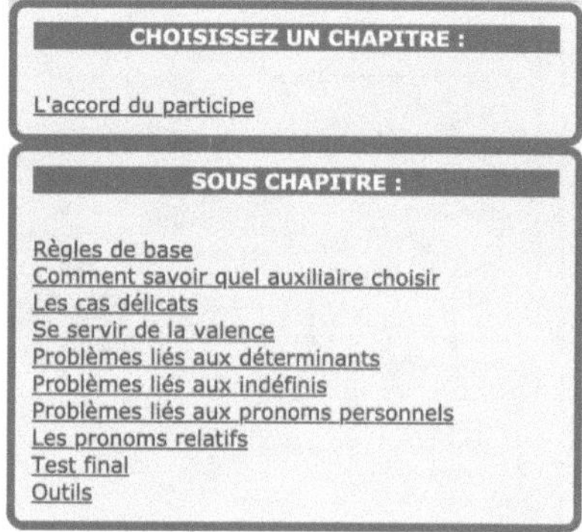

> **Feuille de route**

On peut y télécharger la feuille de route, l'imprimer et la photocopier pour la distribuer aux apprenants.

> **Outils**

Le site http://www.la-grammaire-du-fle.fr , lui, présente l'ensemble des livres et des sites web qui appartiennent au système La Grammaire du FLE.

Voici une carte mentale qui montre les livres et les sites appartenant à www.la-grammaire-du-fle.com

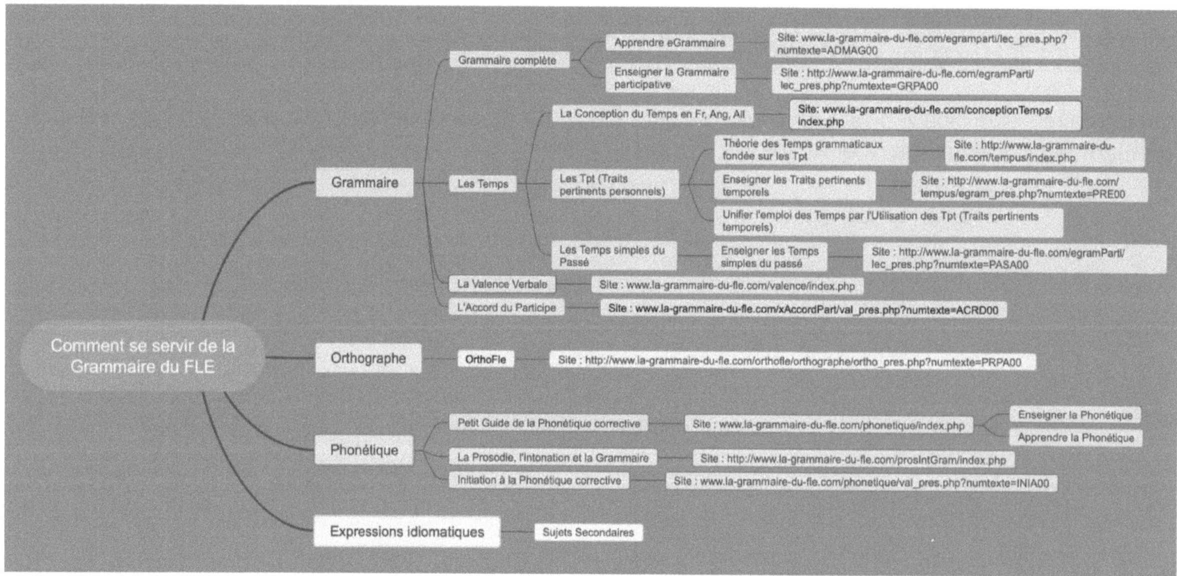

Vous trouverez sur https://www.la-grammaire-du-fle.com un menu dont le dernier but est : « Accord du Participe ». Celui-ci donne accès à un exemple de module fabriqué dans l'esprit de La Grammaire du FLE, consacré à un problème de grammaire particulier : l'accord du participe passé, que bon nombre de Français maltraitent régulièrement, y compris certains présentateurs ou invités des émissions de France Culture.

Ce module comporte trois parties :
- Une pour les enseignantes et enseignants de FLE.
- Une feuille de route pour les apprenants, permettant un travail alternatif en groupes ou en plénum.
- Un module permettant l'apprentissage en autonomie.

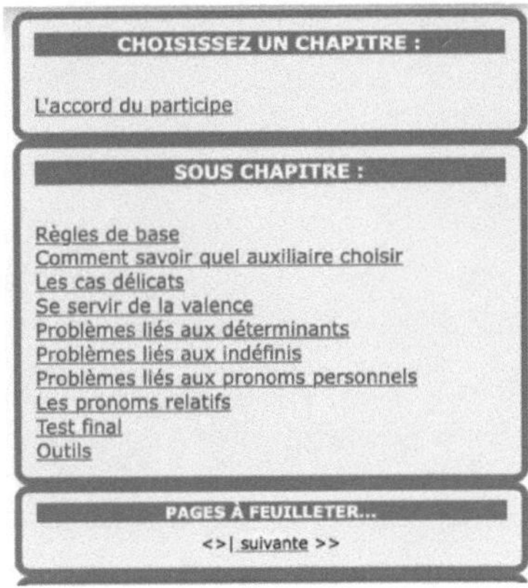

Ce module comprend les points que vous pouvez lire à gauche.
Les explications sont accompagnées d'exercices proposés et corrigés par l'ordinateur.
Le module permet à l'apprenant de découvrir les problèmes et d'en envisager les solutions grâce à l'emploi systématique de la valence.
Il apprendra l'accord avec *être*, celui avec *avoir*, mais aussi celui des verbes occasionnellement pronominaux qui, bien qu'ils soient conjugués avec avoir, suivent la règle de l'accord selon l'auxiliaire avoir, et même les cas où les verbes sont suivis d'un infinitif :
- *Les fruits que j'ai vus tomber*
- *Les fruits que j'ai vu cueillir.*

1   Avant-Propos 3

1.1   Son principe de base 5

1.2   Le public 6

1.3   Le contenu 6

1.4   Les modules et leur champ d'application 7

1.4.1   Le noyau principal couvre La-Grammaire-du-FLE : 7

1.4.2   La partie sur la valence verbale 8

1.4.3   La théorie des temps fondée sur les traits pertinents temporels (Tpt) ... 8

1.4.4   La Conception du temps en français, anglais, allemand (avec Jean Piètre-Cambacédès) ... 8

1.4.5   OrthoFLE, le guide de l'enseignement de l'orthographe, avec Gérard Meunier ... 8

1.4.6   Les trois axes de la Grammaire du FLE 9

1.5   Comment organiser un cours de grammaire avec le système eGrammaire ? ... 9

1.6   Le matériel : 9

1.7   Le public visé : 9

1.8   Contenu, cohérence, précision 10

1.8.1   Les conditions à remplir par la grammaire utilisée. 11

1.8.1.1   Contenu 11

1.8.1.2   Les explications 11

1.8.1.2.1   Des règles justes 11

1.8.1.2.2   Des règles précises 11

1.8.1.2.3   Importance des prérequis 12

1.8.1.2.4   Conditions d'application 12

1.8.1.2.5   Cohérence des explications : Les explications fournies doivent se correspondre entre elles, et converger vers un même but. ... 12

1.8.1.3   Comprendre, apprendre, s'exercer, tester ses connaissances ... 12

1.9   Enseigner avec la Grammaire participative 12

1.9.1   Vision d'ensemble de la Grammaire participative 13

1.9.2   Les objectifs 13

1.9.3   Le public 13

1.9.4   Le champ d'application 14

1.9.5   Les méthodes 14

1.9.6   Le travail de l'enseignante 15

1.9.7   Et l'apprenant, alors ? 16

1.10   Le Petit guide pratique de la phonétique corrective 16

1.11   La grammaire n'est pas réservée au FLE : 17

1.12   Conclusion 18

2   Les grands principes de l'apprentissage en autonomie avec eGrammaire ... 19

2.1   Penser en système 20

2.1.1   La langue est un système 20

Re: Rentre chez toi 20

2.1.2   Travailler avec le squelette 20

2.1.3   Tenir compte des prérequis 20

2.2   Voir la stratégie à appliquer selon le problème 21

2.2.1   Comprendre les règles 21

2.2.2   Tenir compte des conditions d'applications 21

2.2.3   Apprendre les exemples 21

2.2.3.1   S'exercer 21

2.2.3.2   Contrôle des acquis 22

2.2.3.2.1   Bilan avant apprentissage 22

2.2.3.2.2   Apprentissage selon votre plan 22

2.2.3.2.3   Préparation du test 22

2.2.3.2.4   Bilan après apprentissage 22

2.2.3.3   Contrôle de ma méthode 22

2.2.3.3.1   Le résultat est-il à la hauteur de mes attentes ? 22

2.2.3.3.2   Ma façon d'apprendre est-elle adaptée ? 22

2.2.3.3.2.1   Efficacité en termes de résultats 22

2.2.3.3.2.2   Efficacité en termes de moyens 22

2.2.3.4   Mon environnement et mon apprentissage 23

2.2.3.4.1   Plaisir d'apprendre 23

2.2.3.4.2   Les gens qui m'entourent 23

2.2.3.4.3   Le cadre de mon environnement 23

2.2.3.4.4   Améliorations à apporter 23

2.2.3.5   Chercher des appuis 23

2.2.3.5.1.1   Apprendre seul ou se tourner vers les autres ? 23

2.2.3.5.1.2   Contacter les « compagnons de chaîne » (comme dans les galères…). 23

2.2.3.5.1.3   Contacter une enseignante 23

2.2.3.5.1.4   Organiser un travail en équipe 23

2.3   Travailler en autonomie avec eGrammaire 23

2.3.1   Réflexions sur l'apprentissage en autonomie avec eGrammaire 23

2.3.2   Fixons les objectifs 24

2.3.3   Contrôlons que vous remplissez bien les conditions 24

2.3.4   Pourquoi eGrammaire ? 24

2.3.4.1   D'abord, à cause des contenus : 24

2.3.4.2   Ensuite, à cause de l'organisation qu'apporte le système : 25

2.3.4.3   Enfin, eGrammaire vous permet d'entrer en contact avec d'autres apprenants et une enseignante ou un enseignant. 25

2.3.5   Planifions le travail 25

2.3.5.1   Tout d'abord, il faudra planifier votre travail dans le temps : 25

2.3.5.2   Il vous faudra aussi trouver un lieu adapté, ... 25

2.3.5.3 Il vous faudra en outre une méthode adaptée : 25

2.4 Attaquons la grammaire 26

2.4.1 Le test d'entrée 26

2.4.2 La leçon 26

2.4.3 Les explications 27

2.4.4 N'oubliez pas de prendre des notes, c'est-à-dire : 27

2.4.5 Les exercices 27

2.4.6 Le test de sortie 28

2.5 Apprendre à apprendre : comparer les tests 28

2.5.1 Contrôlez votre motivation. 29

2.5.2 Souvent, il suffit de trouver la raison pour trouver une solution. 29

2.5.3 Contribuez à améliorer eGrammaire 29

3 En résumé : eGrammaire, l'apprenant, son apprentissage et sa motivation 31

3.1 Qu'est-ce qu'eGrammaire ? 31

3.2 Le public 31

3.3 Les objectifs 31

3.4 Les moyens proposés 32

3.4.1 Le savoir et les compétences 32

3.4.2 Apprendre à apprendre 32

3.4.3 Motivation 32

3.4.4 Le travail en autonomie eGrammaire est donc un système permettant le travail en autonomie, éclairé et soutenu par plusieurs fonctions. 32

3.4.4.1 Désenclaver l'apprenant 32

4 L'organigramme d'eGrammaire livre / site 33

4.1 Où trouver eGrammaire ? 33

4.1.1 Le module de grammaire : 33

4.1.2 Le module de phonétique corrective 33

4.1.3 Le module sur la valence verbale 35

4.1.3.1 Enseigner la valence 35

4.1.3.2 Apprendre la valence 35

4.1.4 Le module sur la conception des temps en français, anglais et allemand (avec Jean Piètre-Cambacédès et la participation, pour l'allemand, de Corinne Meunier) 36

4.1.5 Le module sur la théorie des temps fondée sur les traits pertinents temporels 36

4.1.6 L'orthographe (avec Gérard Meunier) 39

4.1.6.1 Principe de base 39

4.1.6.2 Orthographe en autonomie 39

4.1.6.3 Cours accompagné 39

4.1.7 Et pour les débutants en français... 39

5 Le site http:// www.la-grammaire-du-fle.fr 41

5.1 Livres de Grammaire 41

5.2 Sites de Grammaire 41

5.3	Utiliser la Grammaire du Fle	41
5.4	Enseignement et Apprentissage	41
5.5	Enseigner la-grammaire du FLE	42
5.6	Apprendre en Autonomie	42
6	Le site http://www.prof-de-grammaire.com	43
6.1	Avant-Propos	43
6.2	Organisation Apprentissage	44
6.3	Notre Apprenant	44
6.4	Matériel utilisé	44
6.5	Valence verbale	45
6.6	Accord du Participe	46
6.6.1	Accord du participe passé	46
6.6.2	Feuille de Route	46
6.6.3	Outils	46
7	Étude de la subordonnée relative	47
7.1	Étudions le problème.	47
7.2	Décrivons comment nous allons construire notre unité.	48
7.3	Principes	49
7.4	Antécédent et ponctuation	49
7.5	Le pronom relatif	52
7.5.1	Caractéristiques : genre, nombre, personne	52
7.5.2	L'antécédent est CE, RIEN ou QUELQUE CHOSE	52
7.5.3	Choix des pronoms relatifs / Fonction	53
7.6	Construire sa relative	57
7.7	Le subjonctif dans la relative	57
7.8	Exercice final	59
8	Etude de la Valence	63
8.1	Mise au point	63
8.2	Survol des compléments du verbe	65
8.2.1	Principe : valence verbale et compléments	65
8.2.2	Les autres compléments ne font pas partie de la valence du verbe.	67
8.2.2.1	Le complément d'agent.	67
8.2.2.2	Le complément circonstanciel.	68
8.3	Les différents cas de valence dans le détail :	69
8.3.1	Les verbes à valence 0 :	69
8.3.2	Les verbes à valence 1_a, sans préposition :	69
8.3.3	Les verbes à valence 1_b , le complément étant introduit par une préposition :	70
8.3.4	Les verbes à valence 2_a avec un complément sans préposition, et un autre avec :	70
8.3.5	Les verbes à valence 2_b avec deux compléments introduits par une préposition :	71
8.3.6	Les verbes d'état à valence 1 avec attribut du sujet	71

8.3.7   Les verbes à valence 2 avec *CV{qc/qn} et* attribut du *CV{qc/qn}* 71

8.4   Quelles sont les conséquences découlant de la valence ? 72

8.4.1   La valence des verbes et l'interrogative. 72

8.4.1.1   Les verbes à valence 0 (catégorie 1) : *CV{∅}* 72

8.4.1.2   Les verbes à valence 1_a, sans préposition (catégorie 2) : *CV{qc}, CV{qn}, CV{inf}* 72

8.4.1.3   Les verbes à valence 1_b, le complément étant introduit par une préposition (catégorie 3) : 73

8.4.1.4   Les verbes à valence 2_a avec un complément sans préposition, et un autre avec (catégorie 4) :   74

8.4.1.5   Les verbes à valence 2_b avec deux compléments introduits par une préposition (catégorie 5) :   74

8.4.1.6   Les verbes d'état à valence 1 avec attribut du sujet (catégorie 6) : 75

8.4.1.7   Les verbes à valence 2 avec CV{qc/qn} et ACo{qc/qn} (catégorie 7) 75

8.4.2   La valence et l'accord du participe passé 75

8.4.2.1   Exemples A : Cas du partitif 76

8.4.2.2   Exemples B : Identifier le contenu du pronom réfléchi 77

8.4.2.3   Exemples C : Règles d'accord des verbes pronominaux 77

8.4.3   La valence des verbes et la relative 77

8.4.3.1   Tableaux des pronoms relatifs : 78

8.4.3.2   Exemples 78

8.4.4   La valence des verbes et les pronoms personnels 79

8.4.4.1   Le pronom personnel sujet 79

8.4.4.2   Le pronom personnel CV{—} 80

8.4.4.2.1   Le signifié est défini. 80

8.4.4.2.2   Le signifié est indéfini : 80

8.4.4.3   Le pronom personnel CV_i {Prép + qn/qc/inf} 81

8.4.4.4   Le pronom personnel comme complément second CV_2 {Prép+qc/qn} 81

8.4.4.5   Le choix des pronoms CV_2(à) dans la valence qc à qn. 82

8.4.4.6   La place des pronoms CV2 {Prép=àqc/qn} dans la valence qc à qn. 83

8.4.4.6.1   Cas normal : 83

8.4.4.6.2   Lorsque le verbe conjugué est suivi d'un infinitif (verbe opérateur) 84

8.4.4.6.3   À l'impératif sans négation 84

8.4.4.7   Cas particulier des pronoms réfléchis. 85

8.4.5   Lorsque l'on met un complément en relief. 86

8.4.5.1   c'est que / qui 86

8.4.5.2   avec un sujet: c'est ... qui 87

8.4.5.3   avec un CV{—}(=COD): c'est ... que 87

8.4.5.4   avec un CVi(Prep+qc/qn/inf) mot précédé d'une préposition 87

8.4.5.5   avec un CV(inf) infinitif 87

8.4.5.6   avec un adjectif ou un substantif attribut CA(adj) ou CA(qc/qn) 87

8.4.5.7   avec un verbe conjugué 88

8.4.5.8   avec un complément de nom 88

8.5   Mise au point d'une étude de la valence verbale. Apprentissage avec la participation des apprenants 88

8.5.1   Enseigner la valence 88

8.5.2   Recherches et exercices en groupes ou seul 89

8.5.2.1   Apprendre à reconstituer le modèle de la valence d'un verbe dans un exemple. 89

8.5.2.2   Apprendre à reconstituer le patron de la valence d'un verbe dans un exemple. 91

8.5.3   Se servir de la valence pour accorder le participe passé. 93

8.5.3.1   Utiliser la valence pour mettre au passif. 96

8.5.3.1.1   Passage de la voix active à la voix passive 96

8.5.3.1.2   La phase de découverte 97

8.5.3.1.3   Exercices voix active / voix passive 98

8.5.3.2   Passage de la voix active à la voix pronominale de sens passif 101

8.5.3.3   Passage de la voix active à la voix pronominale (verbes occasionnellement pronominaux) 102

8.5.4   La phase d'exercices : verbes occasionnellement pronominaux........................ 105

8.5.5   Choisir le bon pronom relatif. 107

8.5.5.1   L'antécédent est CE, RIEN ou QUELQUE CHOSE 108

8.5.5.2   Choix des pronoms relatifs / Fonction 109

8.5.6   Choisir le bon pronom personnel. 115

8.5.6.1   Les grandes familles de pronoms 115

8.5.6.2   Le pronom sujet 116

Particularités de certains pronoms 116

Les emplois du pronom sujet 118

L'inversion du sujet 118

8.5.6.3   Le pronom CV{—}(= cod) 119

8.5.6.3.1   Les divers pronoms CV{—} (= cod) 119

8.5.6.3.2   Les pronoms définis 120

8.5.6.3.3   Les indéfinis sont beaucoup moins variés. 120

8.5.6.3.4   Expliquons les définis 120

8.5.6.3.5   Expliquons les indéfinis 121

8.5.6.3.6   Mélangeons les pronoms CV{—}.. 123

8.5.6.4   Le pronom CV(x) (complément avec préposition x) 124

Solutions 128

8.5.6.5   Le pronom tonique 129

8.5.6.6   Le pronom réfléchi... 131

Solution 132

8.5.6.7   La place des pronoms 132

Ordre changé à l'impératif.. 133

Position des pronoms personnels avec infinitif. 133

8.5.7   Mettre en relief. 135

8.5.7.1   La mise en relief par l'accent d'insistance. 135

8.5.7.2   La mise en relief par l'utilisation du pronom personnel tonique 135

8.5.7.3   La mise en relief avec *c'est … qui / c'est … que* 137

8.6   La forme interrogative 139

8.6.1   Revoir les règles de l'intonation des interrogatives. 139

8.6.2   Les trois façons de poser une question. 139

Rappels : question totale, question partielle 139

8.6.2.1   La question avec inversion 141

8.6.2.2   On ne fait pas l'inversion 141

8.6.2.2.1   L'emploi d'est-ce que 141

8.6.2.2.2   Question sur le sujet 141

8.6.2.2.3   Le sujet 142

8.6.2.2.4   Le sujet est un substantif, et on fait l'inversion avec un pronom personnel. 142

8.6.2.2.5   Le sujet est un pronom personnel, et on fera l'inversion avec. 142

8.6.2.3   La question sans inversion avec *est-ce que* 142

8.6.2.4   La question intonative 143

8.6.2.5   Les problèmes annexes de l'inversion du sujet 143

8.6.2.6   Le choix des mots interrogatifs 144

8.6.2.7   La parenthèse haute et l'objet de la question 146

9   Construisons ensemble une unité d'apprentissage sur l'accord du participe passé 149

9.1   Introduction : 149

9.2   La règle de base : 149

9.3   Problèmes annexes : 150

9.3.1   Étudier le problème. À la recherche des différents cas 150

9.3.1.1   Avoir ou être ? 150

9.3.1.1.1   Conjugaison : avec quel auxiliaire les verbes sont-ils conjugués aux temps composés ? 151

9.3.1.1.2   Les cas désespérants 152

9.3.1.1.2.1   Les verbes suivis d'un infinitif 152

9.3.1.1.2.2   Les verbes pronominaux. 152

9.3.1.2   Identifier le C.O.D. 154

9.3.1.2.1   Se servir de la valence 154

9.3.1.2.2   Problèmes de genre et de nombre 154

9.3.1.2.3   Problèmes de place 155

9.3.1.2.4   Problèmes de déterminants 155

9.3.1.2.4.1   Problèmes d'articles 155

9.3.1.2.4.1 Problèmes d'adjectifs et de pronoms démonstratifs 156

9.3.1.2.4.2   Problèmes d'adjectifs et de pronoms possessifs 156

9.3.1.2.5   Problèmes de pronoms personnels 156

9.3.1.3   Les indéfinis sont beaucoup moins variés 157

9.3.1.3.1   Problèmes de pronoms relatifs 158

9.4   Établissons les règles..158

9.5   Accords oraux, accords écrits..158

9.6   Préparons le travail des apprenants...159

   9.6.1   Règles de base...159

   9.6.2   Comment savoir quel auxiliaire choisir ?..160

      9.6.2.1   Avec quel auxiliaire les verbes sont-ils conjugués ?................................161

      9.6.2.2   Les cas particuliers..161

         9.6.2.2.1   Les verbes qui ont un COD :...161

         9.6.2.2.2   Les verbes au passif...163

      9.6.2.3   Les cas « désespérants »..163

         9.6.2.3.1   Participes passés + infinitif..163

         9.6.2.3.2   Les verbes pronominaux...164

   9.6.3   Auxiliaire avoir..167

      9.6.3.1   Se servir de la valence..167

      9.6.3.2   Problèmes liés aux déterminants...168

         9.6.3.2.1.1   Problèmes d'articles...168

         ➢   Problèmes d'adjectifs et de pronoms démonstratifs...............................168

         ➢   Problèmes d'adjectifs et de pronoms possessifs.....................................169

      9.6.3.3   Problèmes liés aux pronoms personnels...169

      9.6.3.4   Les indéfinis sont beaucoup moins variés..169

      9.6.3.5   Problèmes liés aux pronoms relatifs...169

   9.6.4   Exercices...170

9.7   Emploi de Graphiques...172

   9.7.1   Graphiques simples...172

   9.7.2   Cartes mentales...172

   9.7.3   Algorithmes, règle et exemples..173

9.8   Étudions notre œuvre commune sur site...174

10   Table des Matières..177

Les sites et livres qui font partie du système « la-Grammaire-du-FLE »

> **Les sites Web**

- ☐ https://www.la-grammaire-du-fle.com
- ☐ http://www.la-grammaire-du-fle.fr
- ☐ http://prof-de-français.com
- ☐ http://www.christianmeunier.fr

Ces sites sont utilisables gratuitement… jusqu'à la disparition de l'auteur principal.
Le plus important est le premier, qui est le plus utilisé dans cet ouvrage.

> **Les livres**

♦ **Ensemble de la grammaire française**

Auteur : Christian MEUNIER
eGrammaire
ISBN : 9 782322 083985 – Books on Demand (www.bod.fr) 502 pages

eGrammaire est un système de la grammaire composé de trois modules d'apprentissage et d'enseignement :
   ➢ Un site internet, www.la-grammaire-du-fle.com, contenant des unités explicatives, des exercices et des tests autocorrigés,
   ➢ Un livre, celui que vous avez en mains, qui contient la théorie de la grammaire.
   ➢ Un livre, « la Grammaire participative », destiné aux enseignants et leur permettant d'enseigner la grammaire en faisant participer les apprenants.
Ce livre contient quelques points originaux :
   ➢ Une intégration systématique du système phonique et de l'intonation marquée et non-marquée, dans l'explication des phénomènes grammaticaux.
   ➢ Une utilisation systématique de la valence du verbe pour expliquer la construction du groupe verbal
   ➢ Autour du verbe et de sa valence.
   ➢ Une approche nouvelle de l'explication des temps simples du passé (imparfait, passé simple et passé composé lorsqu'il remplace le passé simple)
   ➢ Une explication en système, pas à pas, fondée sur un dialogue avec le lecteur.

Auteur : Christian Meunier
Grammaire participative (Enseigner avec la contribution active des apprenants.)
ISBN : 9 782322 084036 - Books on Demand (www.bod.fr) 484 pages
La Grammaire participative est le livre du professeur accompagnant le livre eGrammaire et le site www.la-grammaire-du-fle.com. Pour chacun des chapitres d'eGrammaire, la Grammaire participative propose des pistes d'explications, des activités permettant le travail quasi-autonome en groupes des apprenants, avec retour à la classe pour confronter les résultats obtenus par les groupes et permettre à l'enseignant de guider les élèves dans leur apprentissage. Les objectifs sont d'habituer l'apprenant au travail en groupe, dans lequel il défendra ses idées et apprendra à accepter les idées des autres quand il y adhérera. Il apprendra ainsi à prendre en main son apprentissage et à se responsabiliser. Les groupes travaillent avec un cahier de l'apprenant, téléchargeable sur le site eGrammaire : www.la-grammaire-du-fle.com Ce cahier permet le travail selon les principes et la philosophie de la grammaire participative. De nombreux exercices proposés peuvent être faits sur ordinateur, lequel corrigera et commentera les réponses.

♦   **Orthographe**

Auteurs : Gérard Meunier, Christian Meunier
Orthofle (Orthograhe du français)
ISBN : 9 782322 471508- Books on Demand (www.bod.fr) 388 pages

« **OrthoFLE** » est un système d'enseignement et d'apprentissage de l'orthographe du français destiné aussi bien au professeur qu'à l'apprenant en cours ou en autonomie.

Il s'appuie sur un site (https://www.la-grammaire-du-fle.com) qui fournit un cahier de l'apprenant téléchargeable, dont le but principal est de soutenir l'apprenant dans ses réflexions, et à faire ses exercices corrigés par l'ordinateur ou la tablette.

Ce site permet l'apprentissage en cours, en groupes pu en autonomie complète.

L'apprenant trouvera dans ce système un enseignement systématique de la prononciation et des façons de la rendre par écrit, des conjugaisons, des règles permettant l'accord dans le groupe no-minal, puis, dans le groupe verbal.

L'accent est mis sur l'apprentissage systématique de l'orthographe, mais aussi sur la compréhen-sion des raisons qui gèrent l'accord, y compris celui du participe passé.

♦   **La Valence verbale**

Auteur : Christian Meunier
Enseigner la Valence verbale (avec la participation des apprenants)
ISBN : 9 782322 128419- Books on Demand (www.bod.fr) 112 pages

La valence est le phénomène qui lie le verbe à ses compléments. Elle intervient sur la construction du groupe verbal, la formation du passif, l'accord du participe passé, le choix des pronoms rela-tifs, celui des démonstratifs, des pronoms interrogatifs, l'emploi de l'impératif en liaison avec les pronoms personnels et la mise en relief des principales.

Étant donné l'importance de la valence, alors que ce concept est fort peu enseigné dans les écoles ou collèges, il est nécessaire de mettre au point un système permettant de l'enseigner, de préférence avec la participation active des apprenants.

C'est ce que nous vous proposons ici, avec l'aide efficace de notre site « https://www.la-gram-maire-du-fle.com »

♦   **L'Emploi des modes et des temps**

Auteur : Christian Meunier
Apprendre et enseigner les Temps simples du Passé avec la participation active des apprenants
ISBN : 9 782322 084685- Books on Demand (www.bod.fr) 92 pages

L'imparfait et le passé simple sont des temps concurrents qui se partagent l'époque du passé. Ils sont en distribution complémentaire, chacun assurant une partie des fonctions.

Cela fait des siècles que l'on enseigne leur emploi. Pourtant, les résultats ne sont pas à la hauteur des attentes, car les règles utilisées sont souvent fausses. Comme l'emploi des temps est le plus souvent réglé par la grammaire intuitive de chacun, le francophone n'a pas besoin d'en connaître les règles.

S'appuyant sur eGrammaire et sur la Grammaire participative, ainsi que sur un site web (https://www.la-grammaire-du-fle.com), cet ouvrage s'adresse aux enseignants, leur offrant des règles vérifiées par l'usage. Il encourage le travail des apprenants en groupes pour les amener à comprendre et à découvrir les règles. Un cahier de l'apprenant, téléchargeable sur Internet, cana-lise leurs réflexions. Le site fournit également les exercices auto-corrigés.

Auteurs : Jean Piètre-Cambacédès - Christian Meunier
La Conception du temps Guide pour l'emploi des temps en français, anglais et allemand
ISBN : 9 782322 190768- Books on Demand (www.bod.fr) 408 pages

Le temps est une notion humaine qui rend compte du changement autour de nous. Psychologi-quement, c'est un concept crucial pour l'homme, car toute expérience est relatée au temps. Les

verbes, que ce soit en français, en anglais ou en allemand, peuvent être comparés à des outils permettant au locuteur d'exprimer la notion de temps dans sa langue. La difficulté vient du fait que chaque langue n'a pas toujours la même approche par rapport au temps
Le but de cet ouvrage est d'analyser le processus qui amène le locuteur d'une langue à utiliser tel ou tel temps ainsi qu'à comparer l'utilisation des temps entre les langues permettant ainsi de ré-soudre les questions que peuvent se poser les apprenants. Les nombreux exercices leur donne-ront la possibilité de s'entraîner de façon extensive et de vérifier ainsi leurs connaissances.
Ce livre accompagne le site « https://www.la-grammaire-du-fle.com ».

♦ **Nouvelle théorie grammaticale : les Traits pertinents temporels**

Auteur : Christian Meunier

Découvrez l'Emploi des Temps fondé sur les Traits pertinents temporel

ISBN : 9 782322 180721- Books on Demand (www.bod.fr) 108 pages

L'emploi des temps du français n'est pas facile à enseigner ou à apprendre dans le cadre du FLE. Les natifs apprennent à employer les temps de façon intuitive pour les cas de base, et de façon cognitive pour les cas relevant de la littérature.
Pour ceux qui apprennent le français comme langue étrangère et qui vont le faire de façon cogni-tive, les explications données par les grammairiens manquent souvent de système et de clarté. Les auteurs ont recours, outre des règles manquant de clarté, à des aspects et des modalités qui varient selon les auteurs, ce qui sème le doute dans les esprits.
L'auteur a recours à l'emploi de 12 traits pertinents temporels, clairement définis, expliqués et il-lustrés d'exemples, et propose un apprentissage en cours, en groupe et, grâce à l'emploi d'un site, « https://www.la-grammaire-du-fle.com », en autonomie avec des exercices corrigés.

Auteur : Christian Meunier

Théorie des Temps grammaticaux fondée sur les Traits pertinents temporels

ISBN : 9 782322 - Books on Demand (www.bod.fr) 90 pages

Partant de la notion des temps des physiciens, en passant par celui des philosophes, des hu-mains en général et des linguistes, le lecteur découvrira les **traits pertinents temporels** (TpT), et décrira d'abord l'époque du présent, puis celle du passé, ainsi que celle du futur. L'emploi des temps grammaticaux sera ainsi couvert par l'emploi des TpT, tant dans la principale et dans l'in-dépendante que dans la subordonnée, de quelque sorte qu'elle soit.
Un site web dédié à cette problématique « https://www.la-grammaire-du-fle.com », soutient l'en-seignement et l'apprentissage, tant pour l'enseignante que pour l'apprenant.

Auteur : Christian Meunier

Unifier l'Emploi des Temps par l'Utilisation des Traits pertinents temporels

ISBN : 9 782322 - Books on Demand (www.bod.fr) 90 pages

L'explication des temps grammaticaux du français fournie par les grammaires souffre générale-ment d'un manque de cohérence. On se perd dans les temps, les modes, les aspects et les mo-dalités. En outre, ces derniers varient souvent d'un auteur à l'autre.
Lorsqu'il s'agit d'expliquer les raisons de l'emploi d'un mode ou d'un temps, les auteurs fournis-sent des explications simplistes, ou, au contraire, à caractère littéraire voire ésotérique.
Pour mettre de l'ordre dans ces problèmes, nous partons des traits pertinents temporels (TpT), qui sont tous les traits grammaticaux qui interviennent dans le choix des modes et des temps.

Auteur : Christian Meunier

Enseigner les Traits pertinents temporels

avec la participation active des apprenants

ISBN : 9 782322 - Books on Demand (www.bod.fr) 218 pages

En s'appuyant d'une part sur les traits pertinents temporels pour la théorie grammaticale, et d'autre part sur la grammaire participative pour ce qui est des principes didactiques et pédago-giques, l'auteur montre comment aborder l'enseignement de l'emploi des temps grammaticaux au moyen des traits pertinents temporels.

L'enseignante ou l'enseignant de français langue étrangère découvrira ainsi une nouvelle approche beaucoup plus systématique de cet enseignement.
Un site web dédié à cette problématique, « https://www.la-grammaire-du-fle.com », pilote et soutient des activités en groupes et offre des exercices corrigés et expliqués par l'ordinateur pour permettre à l'apprenant de participer activement à son apprentissage.

♦   **Expressions idiomatiques**

Auteur : Jean Piètre-Cambacédès
Dictionnaire des expressions idiomatiques courantes en français, anglais et allemand
ISBN : 9 782322 486854- Books on Demand (www.bod.fr) 292 pages
Les expressions idiomatiques et les locutions adverbiales donnent de la couleur et de la saveur à une langue. Elles représentent l'aspect le plus fascinant et enrichissant dans l'apprentissage d'une langue étrangère. Elles sont le reflet d'une manière de penser unique, propre à une communauté linguistique, et c'est ce côté unique qui les rend difficiles à traduire d'une langue étrangère à l'autre. Traduites mot à mot dans une langue étrangère, elles risquent de perdre leur sens car elles ont un rapport très étroit avec la culture véhiculée par la langue dont elles font partie. Il y a une forte corrélation entre langue et culture. Les expressions idiomatiques sont comme le miroir de la pensée et de vie d'un peuple. Chaque langue exprime la réalité selon sa manière de voir les choses. Ce dictionnaire ne se veut pas exhaustif, loin de là. Il se limite aux expressions et locutions les plus courantes, encore utilisées dans le langage de tous les jours. Cette liste d'expressions n'existe qu'à titre de banque. Ce n'est pas un chapitre clos dans le développement des langues. Nous sommes conscients que de nouvelles expressions naissent chaque jour, que ce soit chez les marins, les pilotes, les techniciens, les étudiants, les artisans. Les expressions idiomatiques et locutions gagnent à être utilisées stratégiquement, elle expriment un état d'esprit du locuteur qui, avec un minimum de mots, atteint un effet maximum. Les expressions et locutions contenues dans cet ouvrage peuvent être utilisées dans n'importe quel contexte ou milieu social sans risquer de choquer l'interlocuteur. Le dictionnaires s'adresse aux lycéens, aux étudiants ainsi qu'aux adultes souhaitant aborder l'étude d'une langue étrangère sous un autre aspect et par là, enrichir leurs connaissances de français, de l'anglais ou de l'allemand. Nous remercions par avance celles ou ceux qui nous ferons part d'éventuelles remarques ou suggestions susceptibles d'améliorer la qualité de l'étude.

♦   **Le système participatif**

Auteur : Christian Meunier / Jean Piètre-Cambacédès
Emploi du système participatif : la Grammaire du FLE Comment enseigner la Grammaire du FLE avec l'Aide d'Internet Appliquons nos principes pour construire un module d'apprentissage sur l'accord du Participe passé
ISBN : 9 782322 482030 - Books on Demand (www.bod.fr) 70 pages

« Le système participatif : la Grammaire du FLE » permet d'enseigner et d'apprendre le français avec le soutien d'un ensemble de sites Internet.
Elle couvre l'ensemble de la grammaire française, présentant certaines parties inédites telles que :
  ➢ L'initiation à la phonétique, et à la phonétique corrective y compris l'intonation non marquée et sa variante marquée.
  ➢ Un approfondissement de la notion de valence verbale
  ➢ Une approche originale de l'emploi des temps simples du passé.
En outre, elle aborde d'une façon innovante l'emploi des temps grammaticaux en introduisant la notion des traits pertinents temporels, censés remplacer les notions plus que fluctuantes selon les auteurs d'aspects et de modalités.
De plus, cette grammaire permet :
  ➢ Aux enseignants étrangers de mettre leurs connaissances à jour.
  ➢ De se servir du système pour organiser l'apprentissage des apprenants en les soutenant dans un travail en groupe, ou dans un apprentissage individuel selon les besoins.

Nous traitons ici les problèmes liés à l'accord du participe, passé, quel que soit l'auxiliaire.

Auteur : Christian Meunier

La Grammaire du FLE

Présentation du système participatif

ISBN : 9 782322 242351- Books on Demand (www.bod.fr) 84 pages

Ce livre présente le système participatif « La -Grammaire-du-FLE », qui met à la disposition des utilisatrices et utilisateurs ;

> Des ouvrages imprimés : les livres ***eGrammaire*** et ***Grammaire participative*** couvrant l'ensemble de la grammaire du FLE, des ouvrages sur la phonétique (phonèmes, intonation, correction phonétiques. En outre, elle présente des ouvrages spécialisés sur l'emploi des temps, la valence verbale, l'orthographe et l'accord du participe.

> Le site https://www.la-grammaire-du-fle.com, qui peut être utilisé gratuitement, et qui comprend des modules accompagnant chacun des livres, et offrant des documents utiles, des leçons d'apprentissage en autonomie, des exercices et des tests auto-corrigés, des conseils pour l'apprentissage, d'autres pour l'organisation de l'enseignement.

Le tout constitue un système capable de seconder l'enseignante dans son enseignement, prodiguant des conseils, offrant des modules pour accompagner le travail des apprenants dans le cours (feuilles de route) ainsi que le travail en autonomie.

L'enseignante peut en profiter pour diversifier ses méthodes selon les cas.

Le public visé : les enseignantes de FLE et les futures enseignantes, les apprenants de niveau B2 au moins.

Cet ouvrage se nomme « **Enseigner le système participatif « la-grammaire-du-fle », avec la participation active des apprenants et l'utilisation d'internet »**.

Cet ouvrage se nomme "Enseigner le système participatif <la-Grammaire-du-FLE>, avec la participation active des apprenants et l'utilisation d'Internet".

Son but principal est d'organiser l'enseignement du FLE et son apprentissage en utilisant quatre sites Internet créés à cet effet et un certain nombre de livres qui couvrent :

> L'apprentissage et l'enseignement de la grammaire du FLE.

> L'apprentissage et l'enseignement de la phonétique (phonèmes et intonation.

> L'étude du système de la valence.

L'emploi des voix, modes et temps, avec comparaison des langues : français, anglais, allemand..

> Le système des traits pertinents temporels.

> L'enseignement de la grammaire avec l'aide d'Internet.

> La présentation du système participatif.

> L'étude de l'orthographe.

S'appuyant sur l'ensemble des sites et des livres appartenant au système, cet ouvrage apprend aux lectrices et lecteurs professeurs à s'en inspirer pour enseigner, et aux apprenants désireux de travailler seuls à s'en servir pour apprendre.

Le système fait partie des plus complets. Si vous voulez l'utiliser, il vous secondera dans l'organisation d'un enseignement efficace et intéressant, qui motivera aussi bien l'enseignante et l'enseignant que leurs apprenants.

Outre la présentation des chapitres de base, qui étudient l'ensemble de la grammaire dans eGrammaire, destinés à l'usage de l'enseignante ou de l'apprentie enseignante, ce livre montre à l'enseignante comment construire une unité d'apprentissage pour ses apprenants, comprenant en outre une initiation à la préparation d'un travail en groupes, voire individuel, en utilisant les quatre sites internet tournant autour de la Grammaire du FLE.

On propose à l'utilisatrice de participer activement à la création modèle de trois chapitres, explications, exercices et tests compris :

> Étude de la subordonnée relative.

> Étude de la valence verbale, y compris une étude poussée sur l'emploi des pronoms personnels.

> Étude de l'accord du participe passé conjugué avec "avoir" ou "être", y compris celle des cas les plus compliqués.

Ainsi, l'enseignante aura la possibilité d'apprendre à se servir des moyens mis à sa disposition et de créer ses propres chapitres, selon ses besoins.

Les auteurs : **Jean Piètre-Cambacédès, Gérard Meunier, Christian Meunier**